信山社叢書

ケルゼン研究 II

長尾龍一 著

信山社

長尾龍一　ケルゼン研究Ⅱ

目　次

1
ケルゼン＝シュミット・シンポジウム

一九九七年一月五・六日、フランクフルトMax Planck西洋法史研究所と、テル・アヴィヴ大学ドイツ史研究所の共催によるConference on Hans Kelsen and Carl Schmittが開かれ、その報告が英語で（原文が英語でないものは英訳されて）、公刊された。* 以下その内容のうち、評者［長尾］の興味を惹いたものを紹介し、感想を附記したい。

* Dan Diner & Michael Stolleis (eds.), *Hans Kelsen and Carl Schmitt : A Juxtaposition*, Bleicher Verlag, 1999.

1

テル・アヴィヴ大学教授（近代史）Dan DinerのIntroductionは、両者（KelsenとSchmitt）の法理論を、前者の「ユダヤ的・ハプスブルク的背景」「普遍主義」「抽象性」対後者の「ドイツ的・カトリック的背景」「具象的なるものへの志向」という仕方で対比した後、それをイスラエル史と関連づける。即ちDinerは、Schmittはその「スキャンダラスなナチ関与」にも拘らず、真剣に取り組むべき思想家であるとし、彼が法の発端においた「土地占拠」(Landnahme) をイスラエル建国に、「敵味方関係」をその後のイスラエルの状況に関連づける。しかし徐々にイスラエルとその敵との間に「承認」の関係が生じ、状況はSchmitt的「存在」からKelsen的「当為」へと移行している、という。

これはHannah Arendtが、シオニズムはドイツの有機体的国家観を無批判に承継したと評した問題と関連している（*The Jew as Pariah*, Grove Press, p. 156)。国家批判者であったユダヤ人思想家たちは、イスラエルという「自分の国」に関しては、国家主義的イデオロギーの信奉者になった。イスラエルは「一般国家学」上の一国家ではなく、「選ばれた民」が「約束の地」に築いた「具体的秩序」であり、敵に囲まれ、常に非常事態の中にあったこの国においては、国家の存立は法に優先する絶対的要請である。その意味で、この「序論」は、衣の裾から鎧を覗かせたものともいえよう。鎧とは即ち、「他国の分析は Kelsen 理論で、自国の行動は Schmitt 理論で」という使い分けである。

2

ドイツの公法学者 Manfred Baldus の "Hapsburgian Multiethnicity and the 'Unity of the State'——On the Structuring Setting of Kelsen's Legal Thought"は、Kelsen を純粋な理論家として評価する者にとっては、贔屓の引き倒しのような議論をしている。

「国家の統一は法の統一であり、社会学的一体性などというものは存在しない」という Kelsen の理論について、彼自身『自伝』の中で、人種・言語・宗教・歴史を異にする諸集団の寄せ集めであったオーストリア国家にふさわしい理論だと言っているよしであるが（Rudolf Aladár Métall, *Hans Kelsen: Leben und Werk*, 1969, p. 62）、少なくとも半ばは冗談であると思われる。Baldus は、まさしくこの冗談の上に Kelsen 論を構築する。

彼によれば、Kelsen は、多元的社会を統合するに当っての法の重要性という現実認識の上に、その国家論を築いた。彼の理論を現実無視の形式主義と批判したSchmittやHermann Hellerはこのことを誤解している。そして現代国家は、多元的諸集団を包摂しており、そこに秩序をもたらすものは法しかないというKelsenの洞察には、学ぶところがあるとしている。

他方Baldusは、「法秩序の統一性」という主題について、Kelsenは終生動揺を重ねたと指摘している。初期のKelsenは「後法優位の原則」を論理の原則と考え、カオスである法素材を、法認識がこの原則などを用いてコスモスに構成するとしていた（"Zur Lehre vom öffentlichen Rechtsgeschäft," *Archiv des öffentlichen Rechts*, 31, 1913, p. 200）。ところが彼はやがて、「後法優位の原則」は実定法の原則であると気づいた（*Das Problem der Souveränität*, 1920, p. 115）。

実定法は、立法者がいくら努力したところで、矛盾をすべて消去することなどできず、法認識もコスモスを構成する特別の武器をもたないとすれば、法秩序の統一性などどこにも存在しないことになる。従って晩年のKelsenは、「法認識は規範の衝突を解消することはできない」と告白した（*Allgemeine Theorie der Normen*, 1979, p. 179）。

Kelsenの国家論において、理論外的考慮が果たした役割を重視するのは、恐らく誤りであろう。彼がイデオロギー批判者として、「国家の統一は法の統一でしかない」と述べたのか、「多元的世界において、法は統一の唯一のカギである」と述べたのかといわれるならば、前者の方が真実に近いのではないかと思われる。

しかし、本書の後の部分で、Jablonerが「仮にKelsenにイデオロギーが存在するとすれば、それは法イデオロギーだ」と述べた（p. 52）ような志向が Kelsen に存在することも事実で、それゆえ彼は、最も多元的な世界である国際秩序が、極限的混乱を示していた時期に、「法による平和」（peace through law）［一九四四年の著書の題目］を説き続けたのである。その意味では、Baldus の指摘も Kelsen の一面をとらえている。

法秩序の統一性という問題は、新カント主義テーゼの、少くともある部分が、後期に放棄されたのではないか、という問題と関わる（長尾「ケルゼン再考」『ケルゼン研究Ⅰ』参照）。後期の彼は法認識の対象である Rechtsnorm を、法認識が Rechtssatz として記述するという理論を唱えた。Rechtsnorm がカオスであれば、Rechtssatz もそのカオスをそのまま認識する、という後期 Kelsen の態度は、例えば国連憲章の註釈書 *The Law of the United Nations*, 1949 においても、明確に見られる。

対象のカオスを、認識がコスモスに構成するという思想は Kant に遡り、この思想を倫理学の領域に転用したのは、「純粋認識の論理学」（Logik der reinen Erkenntnis）と「純粋意志の倫理学」（Ethik des reinen Willens）を並行関係にとらえた Hermann Cohen であるが、その基本思想は、更に「純粋理性」と「実践理性」を並行関係にとらえた Kant に遡る。「実践理性は存在しない」という Kelsen の立場からすれば、この並行性は崩れたのではないか。このことは、一層徹底的な哲学的考察を要求する。

ちなみに、Cohen の Kelsen への影響は、*Hauptprobleme der Staatsrechtslehre*（1911）に対する Oskar Ewald の書評によって始まったもので、「Kelsen マイナス Cohen」が何であるかを知るた

めには、初期の諸作品を再検討する必要がある。また *Society and Nature*（1943）において、Kant が実践理性の範疇（定言命法）であるとした応報律を、「未開人」の思考範疇と再解釈した。同書では、因果律の範疇についても、Hume や Heisenberg によってそれが解体に瀕しているとしている。このように、脱 Kant 化・脱 Cohen 化という主題は、Kelsen 哲学研究の中心主題であろう。

3

米国の Kelsen 学者 Stanley L. Paulson の "On the Origins of Hana Kelsen's *Spätlehre*" は、やや趣旨不明瞭な作品であるが、やはり Kelsen 理論の変遷を論じている。

Paulson は、デンマークの法哲学者 Alf Ross は、Kelsen 後期の変化は、米国の経験論的風土の影響を受けたからだと言っているが、正しくない、米国法思想の影響は殆ど見られないし、変遷は早い時期から始まっている、という。そこで初期 Kelsen が掲げた「法命題の理念的言語形式」を追求するという綱領（*Hauptprobleme*, p. 237）の変遷を、法規範における、国民の「遵守」（Befolgung）と国家機関の「適用」（Anwendung）の関係、要件と制裁を規範的に統合する「第一次規範」と、その要件を禁止する規範命題としての「第二次規範」の関係、法段階説と法命題の関係などについて論じているが、評者が2で触れたような、哲学的変遷とは関係がなく、trivial であるという印象を受けた。

Paulson が、Kant と「対極的に対立する」（diametrically opposed）とする Hume に、Kelsen が *So-*

ciety and Nature などで、「媚を呈した」（flirt）と言っているのは、恐らく全然誤っている。*Haupt-probleme* において、Kelsen は重要な点で繰り返し Ernst Mach を援用しており、Kelsen の Kant 主義は、初期以来徹底的な経験論と結びついている。

この点は更に、Kelsen に対する Schopenhauer の影響という主題とも関わる。意志界と表象界という Schopenhauer の二元構造のうちの、意志の方はともかく、表象の方は「因果律の範疇プラス Berkeley 的表象界」である。Kelsen が、「存在」の世界は因果律に支配された世界であると、自明のことのように信じている背景には、Kant の十二の範疇表は彼の勝手なドグマの産物に過ぎず、唯一理論的に正当なのは因果律だとする Schopenhauer の影響が存在するのではないかとは、評者の従来の推測であったが（Cf. Schopenhauer, "Über die vierfache Wurzel des Satzes vom zureichenden Grunde," *Sämtliche Werke*, 1. Bd., Brockhaus, p. 77）、Kelsen はこの範疇論を読んでいない可能性もある。

4

ドイツの公法学者 Walter Pauly の "Concepts of Universality —— Hans Kelsen on Sovereignty and International Order" は、①テーゼ：国家に対する他律的拘束を否定する Georg Jellinek の国家自己拘束説、②アンティテーゼ：初期 Kelsen の極端国際法優位説、③ジュンテーゼ：後期 Kelsen の穏和な国際法優位説、という図式の下で、EU などの現状を見ると、③が穏当なところであろう、と結んでいる。

「初期 Kelsen の極端国際法優位説」なるものは、*Das Problem der Souveränitäт*, p. 146 を典拠とするものであるが、これは、国際法優位説の一つの理論モデルを示したもので、彼自身の説ではない。彼自身の認識は、国際法上位説と自国法が国際法にも他国法にも上位にあるとする説を対比し、理論上は何れとも決し難いというものである。

この点で、評者が「優位」と「上位」を区別するのは、A規範がB規範に授権している場合、AはBの「上位」規範とよぶことができるが、その場合でも効力においてAがBに「優位」あるとは限らないからである。Kelsen によれば、A規範とB規範が衝突した場合にどのような法的措置をとるかは、全く実定法の問題で、このことは、Pauly のいう「初期」より一層初期の、"Reichsgesetz und Landesgedetz nach österreichischer Verfassung," *Archiv des öffentlichen Rechts*, 32, 1914, p. 215 で、オーストリアにおける「ライヒ法」と「ラント法」の関連で明言されている。

EU など現代国際法の問題との関連における Kelsen 理論の重要性については、*European Journal of International Law*, Vol. 9, No. 2［Kelsen 特集号］におけるフランスの国際法学者 Charles Leben の論文 "Hans Kelsen and the Advancement of International Law" が論じている。即ち、二元論が有力であった一九二〇年代に、Kelsen は、私人の国際法主体性を承認することを否定する理論的理由がないことを指摘していたが、現在国際人権法や国際投資に関する諸協定は、私人の当事者適格を実現している。これは、時代を超えて考え抜かれた理論のもつ巨視的な現実性を示しているという。

オーストリアの司法官・法学者 Clemens Jabloner の "Legal Technique and Theory of Civilization: Reflections on Hans Kelsen and Carl Schmitt"は、自分は Kelsen の支持者だが、善玉悪玉主義に陥らないように自戒しよう、という決意表明に始まる。

「憲法の護り手」をめぐるワイマール末期の両者の論争について、Jabloner は、大統領を「中立権力」(pouvoir neutre) とする Schmitt の議論は、Kelsen が指摘したように、事実を隠蔽するイデオロギーに過ぎない。憲法保障制度について当時のオーストリア憲法とワイマール憲法とを比較すると、ラント法が連邦法に違反したとして、連邦政府に拒否権を発動され、それをラントが無視した場合について、前者では連邦政府が憲法裁判所にその失効を求めて提訴する道が開かれているが、後者においてはその点が不明確で、大統領が四十八条に基づいて直接行動に出て、唐突に軍事対決に至る可能性がある。Kelsen の構想した憲法裁判所制度の方がすぐれているといえよう、という。

Kelsen と Schmitt の対立の根底には人間観 (anthropology) の対立がある。Kelsen は自我を抑制し、「我」の「汝」が平等に共存しうる文明的人間像を前提しており、若き日親しんだ Schopenhauer が好んだ「梵我一如」(Tat wam asi) という古代インド思想、Freud の精神分析、更には Franz Rosenzweig (1886-1929) や Martin Buber (1878-1965)、Ferdinand Ebner (1882-1931) の「我」と「汝」に関する思索などの、直接・間接の影響を受けている。

それに対しSchmittは、Hobbes的性悪説を信奉し、闘争が人間の徳性を増進するという反文明的思想の持主で、恒常的に潜在していると想定される内戦状態を抑制するために「司法化抜きの集権化」を求めた。これは集権化と司法化を結合しようとしたKelsenと対照的である、という。

「憲法の護り手」をめぐる両者の論争が、Kelsenの圧勝なのか、すれ違いなのかは、一つの問題である。確かに大統領を「中立権力」とするSchmittの議論は、いかがわしいし、第一「中立化」を批判し続けたSchmittらしくない。しかし、シュミットのいうVerfassungを「国家」と言い換え、彼の問題を「非常事態において国家を救う者は誰か」と再定式化してみるならば、「大統領の非常事態権限により、ナチと共産党を違法化する以外に国家は救えない」という彼の当時の主張が、その是非は別として、Kelsenの著書『憲法の護り手は誰か』の主題とすれ違っていることも事実である。

Jablonerは Kelsenの人間観について、optimismと特色づけているが（p. 55）、Mētallは彼の気質を悲観主義（immer schon pessimistisch veranlagt）と特色づけている（p. 37）。彼はFreudと同様、権威主義的人格を「超自我」の強い人格と考えており（“Gott und Staat,”（1922）, *Aufsätze zur Ideologiekritik*, pp. 35–36）、Freudが第一次大戦後、未来を「群集の時代」と見て悲観主義者になったのと同様な心境であったのではないか。

Hobbesは、人間にはvain-gloriousな「狼」的人間と、moderateな「羊」的人間（*De Cive*, I, 4）が存在すると考え、自然状態においては、後者は前者のペースに巻き込まれるが、国家状態ではそうでないと考えて、自然状態への回帰を何としても防止しようとした。それに対し、Schmitt のいう「政治」は、敵味方の「実存的」な闘争状態、Hobbes のいう自然状態であり、彼はその状態への回帰を煽動しているように見える（Cf. Leo Strauss, "Anmerkungen zu Carl Schmitt: *Der Begriff des Politischen*," *Hobbes' politische Wissenschaft*）。こうした意味では、Hobbes より Schmitt の方が、人間観において一層闘争的である。

なお、先に触れた *European Journal of International Law*, Vol.9, No.2 における Jabloner の "Kelsen and his Circle — The Viennese Years" は、Kelsen とオーストリア社会民主党、論理実証主義のウィーン学団、Freud 学派との関係を述べて、重要である。

6

フランス生れ、フランス育ちで、現在エルサレム・ヘブライ大学教授（政治学）の Claude Klein の "'The Eternal Constitution' —— Contrasting Hans Kelsen and Carl Schmitt" は、いわゆる「憲法改正権限界問題」について、両者を比較している。

一八八四年、フランス議会は「共和政体は憲法改正の対象とならない」という規定を憲法に取り入れた。この種の規定を有する憲法も少なくないが、憲法改正権の限界という思想は、考えて見れば奇妙なものである。不変の規範を定める権限は神のもので、人間が永遠の規範を定めるのは神への叛逆である。Jefferson は「この地球は生者のものだ」として、憲法立法者が死後の子孫を拘束する不遜を咎めた。Condorcet は一七九三年憲法に「人民はいつでも憲法を改正する権利をもつ。ある世代がその法によって未来の世代を服従させることはできない」と書き入れた。彼らは一世代おき（二十年ごと）に憲法を改正する構想さえもっており、改憲に特別多数決を導入することにも反対した。

Kelsen は、「永久憲法」について、事実としてそれが変えられることは自明であるが、法的には改正不可能だとしている（*Allgemeine Staatslehre*, p. 254）。Gerhard Anschütz は、Paul Laband に倣いつつ、違憲の内容をもつ通常の法律も有効であり、その場合は憲法の条文は残ったままで失効しているのだと説いた。それに対し Schmitt は、『憲法論』（*Verfassungslehre*, 1928）において、「憲法」（Verfassung）と「憲法律」（Verfassungsgesetz）を区別し、前者は改正不可能であるとして、改憲に不文法的限界を設けた。ところがその彼が、五年後にはナチの授権法に対し、なんと Anschütz を引用しつつ、改憲無限界論を唱えて、それを正当化したのである。

改憲限界論は、現存秩序擁護のイデオロギーであるが、その憲法がある程度の正統性を有している限りで有効な議論である。ある改憲案に対し、「それは改憲権の限界を越えている」という指摘があったとき、案の提出者がひるんだり、護憲の世論が沸騰したりする状況では、この議論も価値をもつ。それに対し、「悪い憲法を変えるのは当り前だ」と人々が感ずるようになれば、この議論は政治的に無意味となる。昭和二十一年において、「國體が変った」と聞いて、憤激した者と歓喜した者の比率如何という問題もこれに関わる。

Schmitt の体系は、①超法的決断――②それによって成立した体制――③その下の憲法律という構造になっており、改憲権限界論は②と③の間の関係で、彼の理論の中では二次的な主題である。①が登場した時に、急にAnschützを引用したのも、そのためであろう。

7

ドイツの公法学者Horst Dreierの“The Essence of Democracy — Hans Kelsen and Carl Schmitt Juxtaposed”は、両者の民主制論を対比している。

Dreierによると、「Kelsenはワイマール期の憲法学者の中で、思想と行動の両面において、真に民主主義者とよびうる数少ない人物の一人である」。Kelsenの民主制論は、無制約的に自由な自然状態から出発し、社会契約によって自然的自由が社会的自由に転化するという、Rousseauの論理を踏襲するが、Rousseauが国家と個人の間の中間的存在を否定したのに対し、Kelsenは多くの社会団体が介在する多元的社会を構想する。またRousseauが間接民主制を否定したのに対し、分業の必然性を理由としてそれを認める。しかし「代表者の意志は人民の意志だ」という命題を擬制に過ぎないものとして、直接民主制的制度を代表民主制の補完として承認する。彼の民主制論は、現在から見ると当然のように見えるが、当時の状況の下で西洋民主主義の基本的諸原則を明確に定式化したことは、高く評価されるべきである。

Schmittが今世紀において最もアイディアに富んだ（inspiringな）思想家であることは事実である。Kelsenも Schmittも民主制を「治者と被治者の合致」と定義するが、前者が多元的諸集団の妥協と調整の結果としてその合致が成立すると考えているのに対し、後者は同質的集団の存在を前提している。また前者は議会制を民主制の核心をなす制度だと考えるのに、後者は治者と被治者の疎通にとって有害な制度とする。更に前者は、秘密投票制を自明の前提として、選挙制度の細部に関心を払うが、後者はそれを無責任な私意の寄せ集めに過ぎないとして、決定手続きとして喝采（acclamation）を主張する。従って、民主主義と独裁は矛盾しないという。Dreier は、この Schmitt の民主主義論が、フランス七月王制をモデルとした議論を不当に一般化したものと指摘している。

14

この対比から浮かび上ってくるのは、少数者の問題である。多元的社会においては、すべての集団は少数者であり、複数の少数者集団が連合して多数を形成する。それに対し Schmitt は、多数者の一体性を前提とし、その外の少数者を、アプリオリに決定から排除している。ユダヤ人の抹殺に加担する理論的可能性は、ワイマール期から準備されていたといえよう（もっとも、一九三〇年代初期には、ナチと共産党を、排除さるべき集団としていた）。現実には多元的な社会の中で、「多数者の一体性」を現実とするには、**Freud** が描いたような、指導者に率いられた群集心理が必要であろう（喝采と秘密投票に関しては、長尾『憲法問題入門』一三四～五頁参照）。

8

フランスの公法学者 Michel Troper の“‘The Guardian of the Constitution’ —— Hans Kelsen’s Evaluation of Legal Concept"は、二つの点で Kelsen を批判している。第一は、憲法裁判所による憲法保障という彼の主張が、没価値的と自称する「法の純粋理論」とどう関わるかという問題であり、第二は、憲法裁判所が消極的立法権を有するとするならば、それは選挙された国民代表による立法という民主主義の原則に反するのではないか、という批判である。

評者の考えでは、前者は問題にする価値がない。憲法案の起草を依嘱された彼が、それについて、自らの理論の成果と関連づけながら、解説や弁明をすることに、何の問題があるのか、分からない。それに対し、後者は正当な批判で、憲法裁判所制度は、民主主義の原則のみでは正当化できない。これを正当化する価値としては、「少数者の保護」が代表的なものであろう（長尾、前掲書、一九二～三頁）。

9

スイス生れ、現在ドイツの政治学教授である Raphael Gross の "'Jewish Law and Christian Grace'—Carl Schmitt's Critique on Hans Kelsen"は、「実体」（substance）の概念をキー・コンセプトとして、両者の神学との関係を検討している。

Kelsen は、神・国家などの概念から実体性を剥奪したのに対し、Schmitt は、国民・代表などの概念に実体性を賦与することによって、政治神学を構成した。彼においては、実体としての国民を具象化したものが、大統領であり、Führer なのである。

それでは Schmitt は宗教的な思想家であろうか。否、Hermann Heller が彼の思想を、「カトリシズム・マイナス・キリスト教」と評したように、彼はあくまで政治論に宗教を用いているに過ぎない。

彼は初期の作品『シルエット』(*Schattenrisse*, 1912) 以来、一貫して同化ユダヤ人を憎悪し続けたが、Kelsen はまさしく、その同化ユダヤ人の代表である。ナチ政権成立直後、彼が「土地なく、国家なく、教会なく、ただ律法のみに生きる人々 (Völker) がある。彼らにとって規範的思惟は、唯一の合理的思考である」と述べたのは、Kelsen を標的としている。彼は、近代法治国論を、ユダヤ教的律法主義の世俗化された形態としてとらえ、その Gesstz 概念に対して、プロテスタント神学者 Wilhelm Stapel の導入した「ノモス」概念を対置し、その「ノモス」をもって、Führer の「具体的秩序」を基礎づけたのである。

Mētall は Kelsen の宗教的態度を「全く無関心」(völlig indifferent) と特色づけているが (p. 11)、それだけでは済まないところがある。

① 若き日、友人の Otto Weininger が、突如として宗教的となり、プロテスタントに改宗した衝撃は、Kelsen による Platon 等の「宗教者」(homo religiosus) の内面分析に痕跡を残している。

② 全く世俗的動機のものとして回想されるカトリック洗礼 (一九〇五年) であるが、その頃書かれた『Dante の国家論』(一九〇五年) の、Thomas 神学や、普遍帝国の思想への好意的理解との関連は無視できない。

③　第一次大戦前の彼は、新カント主義を、単なる認識論を越えて、一種の理想主義復権運動として評価していた（Cf. "Politische Weltanschauung und Erziehung,"（1913））。徹底的なイデオロギー批判者・ピラト的懐疑主義者として登場するのは、戦後のことである。

④『民主制の本質と価値』末尾の Jesus 裁判の場面、『Platon の正義論』末尾などの叙述には、宗教者の精神に対する内在性が窺われる。

⑤　一九三九年、もはやスイスも安住の地でなくなり、米国への亡命を決意していた時期、長女 Anna は、非シオニストの父と袂を別ち、パレスティナに移住することを決意した。そこでラビを家に招いて助言を請うたが、ラビは Kelsen に「貴方は今でも自分をカトリックとみなしているか」と尋ね、彼は「いや、ユダヤ人と感じている」と答えた。そこへ次女の Maria が帰宅し、父に「お前は自分を何と思っているか」と尋ねられた。彼女が「ユダヤ人」と答えると、一同ほっとした様子だったという（孫娘アン・フェーダー＝リー博士が母より聞いた話）。

⑥　この「ユダヤ人」は宗教的な意味ではなかろうといわれるが、「霊魂と法」（一九三六年）や「聖書における正義」（一九五二年）の中で、ユダヤ教や Jesus には霊魂不滅の観念がなく、終末における現世への甦りの信仰があり、これが根源的な革命思想となっているのに対し、Paul 以後のキリスト教の死後論は、来世の賞罰という、現世の秩序を補強するイデオロギーに転化したとしている。彼が甦りの信仰を有したことはないと考えられるが、ユダヤ教の方が宗教的に本物だというニュアンスは感じられる。

⑦　Schmitt が、母の期待に反して、聖職者でなく法学者の道を選んだことが、神学者でなく

政治神学者となる決断であった。彼の「決断主義」から「具体的秩序思想」への移行の思想的意味は、明確でないが、倶に天を戴かない幾つかの世界観の中から、一つを選択するというモデルから、「具体的秩序」をもった主流文化の存在を前提とするモデルへの転向は、*Verfassungslehre* における実体としての「国民」概念の形成とも結びつくであろう。このような意味では、この転向は従来考えられていたよりは、早い時期に準備されていたといえよう。

⑧ Gross が引用している「土地なく、国家なく、教会なく、ただ律法のみに生きる人々（Völker）」という一節については、Völker が複数形であることにも注意すべきである。『ローマ・カトリックと政治形態』(*Römischer Katholizismus und politische Form*, Theatiner Verlag, 1925, p. 15) などを見ると、ユダヤ人のみならず、Calvin 派をも、土に根をもたない律法の民と見ているように見える。それに対しLuther 派は、「具体的秩序思想」の味方として扱われている（*Über die drei Arten des rechtswissenschaftlichen Denkens*, 1934, p. 42)。

10

ドイツの私法学者 Bernd Rüthers の “On the Brink of Dictatorship —— Hans Kelsen and Carl Schmitt in Cologne 1933”は、ケルン大学を舞台とした両者の人間劇を、同大学の内部資料などを駆使して描き出している。

まず、ワイマール期の学生団体における反ユダヤ主義の支配の状況が紹介されている。一九二〇年にゲッティンゲン大学自治会で、反ユダヤ主義団体が主導権を握って以後、各大学がその後を追い、全国組織もその支配を受け、ユダヤ系教師の講義に対するいやがらせは日常化していた。Hitler は一九三〇年夏、「我らの思想がやがて勝利するであろうことを確信せしめるものは、何よりも大学における成功である」と豪語した。

ケルン大学法学部が Kelsen 獲得の努力を始めたのは、一九二五年に遡るが、三〇年になってようやく文部省の許可が下りた。ケルン市長で大学理事長であった Konrad Adenauer の尽力による。反ユダヤ主義勢力は、この招聘を攻撃した。着任は三〇年十一月二日のことである。

一九三二年五月七日、教授会は、急死したユダヤ人教授 Fritz Stier-Somlo の後任として、Schmitt を推薦した。Kelsen が講演旅行中だったため、最終決定は延期されていたが、五月三十日、彼もこれを支持した。Adenauer は「彼は難物（difficult character）で、学部内の人間関係を悪くするんじゃないか。Kelsen との関係もあるしね」と難色を示したというが、人事は進行した。冬学期に学部長となった Kelsen は、十一月十五日付けで、心のこもった招聘の手紙を Schmitt に送った。Schmitt は Kelsen を表敬訪問した。

その二ヶ月半後にナチ政権が成立、ユダヤ系・マルクス主義者・社会民主主義者は一斉に罷免され、Kelsen は同学部で罷免された第一号であった（具体的には、直ちに職務を停止され、三四年元日付けの退職を強要された）。ドイツ各大学法学部の合計二一〇名の教授のうち、三六～七パーセントが、一九三八年までに罷免されたという。

四月十八日、Kelsen を継いだ学部長 Hans Carl Nipperdey の下で、文部省に撤回の嘆願書を送った。

文案起草者Nipperdeyは祖母がユダヤ人であるため、自分の危険を賭けたものでもあった。Schmitt以外のスタッフは全員署名した。

嘆願書の内容は、学部一同、「国民革命」とAusschaltungを心から支持するものであるが、Kelsenは社会民主党員であったこともなく、早くより独墺統合（Anschluß）の支持者で［著書*Österreichisches Staatsrecht*（1923）の末尾で、独墺統合を支持していることを指している］、第一次大戦中オーストリア陸軍において、法官として大いに活躍し、高位の勲章を受けていることなどを強調している。これは、第一次大戦中に、ドイツないしその同盟国で従軍した者は、罷免の例外となるという条項を念頭に置いたものである。

この時期Schmittは、露骨に反ユダヤ主義的で、Kelsen攻撃を示唆する小文を、次々に発表していた。Kelsen罷免はSchmittの使嗾によるとの説もあるが、証明されていない。嘆願は功を奏さず、Kelsenはジュネーヴに亡命する。

この経緯の大筋は、Métallの伝記等で知られていたが、嘆願書の内容等、初耳のものもある。SchmittのKelsenに対する憎悪に私怨じみたところがあることは、本書の諸著者が指摘するところである。Kelsenが一九二九年、ベルリン商科大学からの招聘（一九二五年に死亡したワイマール憲法起草者Hugo Preußの後任人事）を断った後（Métall, p. 57）、Schmittが招聘され、受諾したことなども、対抗意識の一源泉かも知れない。

11

ドイツの公法学者 Michael Stolleis の“A Critique from the ‘Wiener Kreis’ ―― Margrit Kraft-Fuchs（1902-1994）on Carl Schmitt”は、Kelsen 学説の支持者であった一女流学者の Schmitt 批判を紹介している。

夫の Julius Kraft（1889～1960）は、一九二四・五年ウィーンで Kelsen の下に学び、その後フランクフルト大学に移って、二八年同大学私講師となった。翌二九年十三歳年下の Margrit と結婚、夫妻はフランクフルトに住んで、ケルンに移って来た Kelsen と交流した。ナチ政権成立後、亡命する Kelsen 宅の事後処理に当ったのも彼女である（Mētall, p. 63）。ユダヤ人であった夫妻も同年オランダを経て米国に亡命した（Julius の父はホロコーストで殺され、母は自殺）。

彼女の論文（“Prinzipielle Bemerkungen zu Carl Schmitts *Verfassungslehre*,” *Zeitschrift für öffentliches Recht*, 9, 1930）は、Schmitt の方法的混淆を批判し、特に彼のキー・コンセプトである「政治的統一」の概念が擬制に過ぎないことを指摘している。また彼の Repräsentation の概念が、選挙を経ていない指導者を国民代表とするもので、独裁者と国民の神秘な絆を説く神秘主義であり、Schmitt は、「民主制の平等（Gleichheit）は、本質的には同質性（Gleichartigkeit）であり、それも国民（Volk）の同質性である」と言っているが（*Verfassungslehre*, pp. 23–24）、同質性を民主主義の条件とするのは、少数者の自由を奪うもので、「強者の権利」の思想に帰着する。また Verfassung と Vewfassungsgesetz の区分は、実定法に自然法を持ち込むものであると指摘した。

ここで想起されるは、『政治の概念』の中で引用されている「開戦と同時にGesellschaftはGemeinschaftとなる」というEmil Ledererの言葉である（*Der Begriff des Politischen*, 1963, p. 45）。多元的社会に同質性を作り出すためには、共通の敵への憎悪を共有するための、戦争の興奮が必要である。ナチ政府が、「内部の敵」との闘争が一段落すると「外部の敵」との戦争に乗り出したのも、統合性を維持する必要に促されてのことでもあった。Schmittが『Hobbes国家論におけるリヴァイアサン』（一九三八年）の中で、諦観的口吻を洩らしているのは、些か心理的に「白けた」からであろう。

12

ドイツに生れ、パリ大学などで学び、ヘブライ大学法学部長やイスラエル最高裁判事などを歴任したYzhak Englardの"Nazi Criticism against the Normativist Theory of Hans Kelsen —— Its Intellectual Tendencies"は、Kelsen-Schmitt対立の主要な論点を包括的に取り上げたかなり長い論文で、他の論文と重複するところもあって、紹介しきれないが、それが取り上げているいくつかの論点を紹介したい。

まず、ナチ時代から戦後にかけて、一貫して批判者たちが強調してきた、彼の法実証主義は価値ニヒリズムであるという批判が論じられる。*Meyers Lexikon* の一九三九年版にも、Kelsen の項目に、「ナチの世界観と最も鋭く対立する政治的ニヒリズム」という言葉が見られるが、戦後になると司法官がナチ法を無抵抗に適用したのは、Kelsen 流法実証主義の影響だという論者が多く登場した。Englard はこれに対し、Kelsen 自身は自由主義者であり、ナチ司法官が Kelsen の影響下にあったなどということはない、と言っている。

この著者の注目すべき点は、副題にもあるように、Kelsen を眼の敵としたナチ法学が、現代流行の「ポストモダン」思想と多くの特徴を共有していると指摘している点である。著者によると、①ナチ時代にもてはやされた哲学者 Nietzsche と Heidegger が、ポストモダニズムにおいてももてはやされている。②ポストモダニズムは反知性主義であり、客観的真理や普遍的価値を否定し、西洋文明が蓄積してきた価値を破壊しようとしている。特に「解釈学」(hermeneutics) は経験論・合理主義・普遍的科学などの攻撃に援用されている。③ナチもポストモダニズムも、論理・理性と神話・魔術を同一次元に置こうとする。

このような中で、C.Douzinas, R.Warrington & S.McVeigh, *Post-Modern Jurisprudence: The Law of Texts in the Texts of Law*, 1991 のような書物が、Kelsen の法理論を「前ポストモダン」の代表として攻撃するのは当然で、その主張もナチの批判に類似している。このような非合理主義的潮流の危険性には、注意せねばならぬ、と言う。

Kelsen が個人として自由主義者で民主主義者であったことは疑いなく、またナチ司法官が

Kelsen の影響下でナチ法を適用したというような主張がいかがわしいことは当然で、「自然法論者がナチに抵抗し、非自然法論者がナチに追随した」などという命題は、ナチ政権成立直後にそれとコンコルダートを結んだ Pacelli 枢機卿＝Pius 十二世の行動や（cf. John Cornwell, *Hitler's Pope: The Secret History of Pope Pius XII*, 1999）独墺合邦時のオーストリアにおいて、Innitzer 枢機卿の指示の下、全国の教会が鐘を鳴らしてこれを祝福し、同枢機卿が Hitler に表敬訪問した事実などと両立しないことは明らかである。

しかし、法実証主義とよばれる立場が、ナチのような政権とどのような関係に立つかは、Kelsen の個人的特性などとは独立した問題であり、立ち入った考察を必要とする（長尾『法哲学批判』二九六頁以下、「根本規範について」『ケルゼン研究Ⅰ』参照）。

「ポストモダニズム」とは何か、私にはさっぱりわからないが、反理性主義は、理性主義の存在するところに常に存在した。反理性主義をはやらせる秘密は、昔ながらのモティーフを、いかにも新奇なもののように装う「ことば的技術」ではあるまいか。ロマン主義も、実存主義も、「近代超克論」も、ナチも、全共闘も、ポストモダンといえば、みなポストモダンであり、あらぬ方向に暴走する危険を秘めている。そのことは、Schmitt の『政治的ロマン主義』がある程度示しているところである。

＊　＊　＊

私は、一九八二年に渡米して、米国研究に手を染めてから、Kelsen 研究も Schmitt 研究も、二十年近く、ほぼ中断していた。Schmitt については、基本的に引退して復帰の意志はないが、Kelsen については、ライフワークとして、これから取り組もうと考えている。そこで手始めに読んだのが本書で、以下にその総括的な印象を述べて、本稿を閉じたい。

まず、注目すべきは、彼らの活躍した時期から半世紀以上を経たにも拘らず、彼らは依然真剣に論じられ、新世代の多くの研究者の研究対象となっていることである。現在は、Kelsen 文献蒐集のためのリスト作りを始めた段階であるが、再版された著書も多く、題名に Kelsen の名が含まれている著書だけでも、一九八〇年代中葉以後で巻末収録の「文献表」に示したように数十冊に及ぶ。他に、例えば *Europesn Journal of International Law*, Vol.9, No.2, 1998 が、Kelsen 特集をしている。

今世紀の西洋世界は、第一次大戦とともに大きな危機に陥った。この危機に関して、様々な仮説が提出されたが、大づかみな分類として、「リベラルな解決」に導く仮説と「イリベラル」なものとが対立し、ソ連帝国の崩壊によって、後者の敗北が一応の結論となったように見える。Kelsen と Schmitt の対立は、この二つの仮説の例とも考えられる。

前者は、多元的諸集団に対し、特に積極的な統合の努力をせず、ただ消極的に、共存のルールから逸脱するものを、強制によって抑制する。Kelsen の、妥協による多数形成という民主制論、法強制説、そして「法による平和」という政治思想は、こうして有機的な一体となっている。このモデルは、「共存のルールを否定する者にどこまで寛容であるべきか」という「自由主義の自己矛盾」の問題、「反民主主義者が多数派となった事態を民主主義はどう評価すべきか」という「民主主義の自己矛盾」

の問題を内包させている。

多元的諸集団から一切の主体性を奪い、絶滅するか、権力に完全に従属させるGleichschaltungは、ナチの標語であるが、ナチに先だってこれを実践したのがロシア革命であった。他方で、戦争が作り出した集団的興奮と破壊衝動は、特に敗戦国の戦後において、はけ口を求めていた。このような状況の中で、なおリベラル・モデルによる秩序形成を試みたのが、ワイマール憲法であり、またKelsenの起草したオーストリア憲法であった。

しかし、この試みは、敗戦による人心の荒廃、連合国の復讐政策、インフレ、そして一九二九年に始まる世界恐慌の中で、大きな困難に逢着した。このような中から、諸々のイリベラル・モデルの試みが登場した。彼らが志向したのは、多元的世界の統合・統一と、この統一に服しない者の排除である。

シュミットは、第一次大戦後の多元的な勢力が競合する現状に対し、まず政治的決断によってその一つを選択し、その選ばれた一者に権力手段を集中する、という提案を行なった。そのモデルは、諸宗派が分裂して争う中で、権力手段の独占によって平和を作り出そうとした十六・七世紀の絶対主義であった。『独裁』(一九二〇年)、『政治神学』(一九二二年)は、権力手段の独占を説き、『議会制論』(一九二三年)は、多元性を温存する機関である議会と、その多元的諸勢力の政治的表現である政党を攻撃した。

しかし権力手段の集中のみでは、統合を達成することはできない。人心の統合を実現するには、イデオロギーと社会心理の両面からの政策による補完が必要である。一九二〇年代中葉に、Schmittはこの点に関する新たなアイディアを提出した。

第一は、カトリック教会の統合原理、「教皇による信仰共同体のRepräsentation」というモデルを、世俗的権力に転用することである。『ローマ・カトリックと政治形態』（一九二三年）が説いたのがこれである。

第二は、闘争による多元的状況の単純化で、『政治の概念』（一九二七年）が説いた「敵・味方理論」がこれである。集団的闘争の興奮は、Gesellschaft を Gemeinschaft に転化させる心理的効果がある。

第三は、「憲法制定権力としての国民」概念の創造である。雑多な現象界の背後に「本質」を見る形而上学者さながらに、多元的な諸勢力の背後に、統一的な「国民」を見た彼は、諸勢力の妥協の産物として成立した「憲法律」（Verfassungsgesetz）の上位に、「国民」が創造した「憲法」（Verfassung）を見た。これが一九二七年に執筆され、翌年刊行された『憲法論』の主題である。このような発想の背景には、左翼の退潮と、右派・中間派の接近という状況が存在したのかも知れない。

こうして、多元性克服の理論枠組が成立したところで、彼はベルリン商科大学に招聘され、首都の政界に接近することになった。しかも、まさしくこの時期に、議会が多数派形成能力を失い、大統領の非常事態権限による超然内閣の時代となる。ここに「多元性の表現としての議会」対「国民代表としての大統領」という彼の図式が、格別の現実性を取得する。

しかし、この時期の彼が、Schleicher 将軍のブレインとして唱えた、ナチと共産党の双方に対し内戦を挑むという政策は、余りに危険で、現実性の乏しいものであった。歴史は、ナチ政権を作り出した。俄かにそれに雇われた Schmitt は、「国民」の組織に「具体的秩序」という内実を与え、「国民」

を repräsentieren するものとして Führer を描いた。ナチ初期の、「国民」対「非国民」の闘争、実際には少数者の徹底的迫害に、彼自身も興奮した。この時期に、多元性の中にもぐり込んで、ドイツの統合を妨害してきた者として、ユダヤ人とその法学者を罵る作品を書き続ける。

しかし祭は短期であり、集団的興奮はやがて醒める。醒めた彼が見たのは、索漠たる権力支配の現実であった。『Hobbes 国家論におけるレヴィアタン』（一九三八年）には、醒めた諦観が漂っている。この状況の下で、権力は対外戦争による新たな興奮を作り出そうとする。Schmitt もまた興奮して、Ab integro nascitur ordo、意訳すれば「Hitler は、最悪の事態から、黄金時代を再来させる救世主である」という言葉で、一九三九年にまとめ、翌四〇年に出版された文集を締め括る。その後は周知の通りである。

こうして、「リベラル仮説」の一応の勝利をもって二十世紀は終る。問題は二十一世紀である。環境カタストロフィー、核拡散、民族的・宗教的狂信、神話の復権、このような予兆の中で、「Kelsen 対 Schmitt」の最終ラウンドはまだ遠いようである。

2　軍官僚ケルゼン

ゲルハルト・オーバーコフラー[1]、エドゥアルト・ラボフスキー[2]共著『ハンス・ケルゼンの帝国国防軍軍務――その軍事理論的提案の批判的評価』（一九八八年、以下ORと略す[3]）という書物が、ケルゼンの第一次大戦中の軍務について、当時の資料を用いて、批判的に論じている。ケルゼン論としては異色の作品であるので、その内容について、考察して見たい。

一　メタルの記述

唯一の本格的ケルゼン伝ともいうべき、ルドルフ・A・メタル[4]『ケルゼン伝[5]』においては、第一次世界大戦中のハンス・ケルゼンの言動は次のように描かれている（OR所引の資料やクラインデルの『オーストリア史年表[6]』などにより、日付の判明したものは［　］内に附記した）。

一九一四年八月［四日］、ケルゼンは予備役陸軍中尉（Oberleutnant der Reserve）として、リンツ駐屯部隊に召集されたが、程なくひどい肺炎にかかり、「適格検査」（Superarbitrierung）を受けるためインスブルックに移送された。そこで「事務職にのみ適格」と判定され［九月一九日］、（アフレート・フェアドロスの父[7]）イグナツ・フェアドロス・エドラー・フォン・ドロスベルク将軍の周旋で、ウィーンの戦時救護局（Kriegsfürsorgeamt）勤務となった［一一月一日］。そこでの仕事は、冬のガリチア戦線に送るための靴下を編むご婦人がたに、毛糸を配給することであった。この仕事が楽しいものでなかったことはいうまでもなく、数学的才能に恵まれ、法学教育を受けたこの予備役士官も、計算は苦手で、身銭を切って計算違いの穴埋めをしなければならないこともあった！

しばらくして、先の適格検査の再審査があり、回復していたケルゼンは、「軍務適格」と宣告された。当時救護局の同僚フォン・ベルモント大尉の兄弟が陸軍省におり、ケルゼンは同省での勤務を希望していたので、大尉は「適当に面倒を見てやってくれ」と伝言し、ケルゼンを彼に面会させた。面接で「勤務地はウィーンとブダペストのどっちがいいかね」と訊ねられ、もちろん「ウィーン」と答えた。彼はウィーン師団軍法会議（Divisionsgericht）の副検事（Stellvertreter des Militäranwaltes）に任命された［一五年八月一日］。彼の主な仕事は、政治犯の訴追だったが、だんだんこの仕事がいやになってきた。例えば、「この戦争はゲルマン対スラヴの戦争だ」と述べたチェコ人士官の訴追という仕事がまわってきたが、彼は加重事由とともに免責事由も蒐集し、特にウィーン市長リヒァルト・ヴァイスキルヒナー博士[8]も同様な発言をしたことを指摘した。この士官は無罪となった。

担当事件の無罪が目立ってきたせいか、彼は軍法会議から、陸軍省法務部（Justizabteilung）に移され、恩赦審査の担当となった［一五年一〇月一日］。[9]そこで『野戦軍法会議報』（*Feldgerichtsarchiv*）を創刊し、フリッツ・ザンダーを担当者として雇傭した。即決裁判により死刑を宣告された者を自由刑に軽減するというこの仕事は、やりがいがあり、人間的にも気分のよいものであったが、長続きしなかった。ケルゼンはほどなく、諸事情の競合によって、大臣官房に配置換えとなり、陸軍大臣ルドルフ・フォン・シュテーガー＝シュタイナー[10]の直属参事官（unmittelbarer Referent）に任命されたのである［一七年一〇月三日］。この異例の昇進について、ケルゼンは『自伝』[11]中で次のように述べている。

参謀本部の軍法官・少佐（Majorauditor）アルビン・シャーガー博士[12]（後に陸軍参謀としてカール皇帝[13]に相当の影響力をもった人物）は、軍事法に関する雑誌を創刊しようと考え、陸軍省法務部長を通じて、軍法官たちに創刊号への原稿を書いて欲しいと言ってきた［一七年夏］。ちょうど私は、そのしばらく前、戦後に生ずべき改憲問題に関する、比較的長文の論文を書き上げており、それを講和後に『オーストリア公法雑誌[14]』に載せるつもりでいた。その一章は、墺洪共通軍を分離するというハンガリー側の企図に関するもので、この部分の草稿をそのまま、新雑誌掲載用として上司に渡しておいた。その後それがどうなったか、知らせもなく、私も大したことと思っていなかったので、これに関することはすっかり忘れていたが、ある日突然上司の軍法務長官がやって来て、「君は陸軍大臣のもとに出頭が命じられている。何か心当たりがあるかね」と訊ねられた。私は正直に「全くありません」と答えた。大臣は、甚だ不機嫌に私を迎え、「陸軍省職員が書きものを公刊するには、大臣の許可が必要なのを知らないのか」と言った。私が「いや、私は本省に勤めて以来何にも公刊してませんが」と答えると、「軍法雑誌[15]の論説は、あれは何だ」と言う［一七年九月?］。

ケルゼンはその論文のことをすっかり忘れていた。草稿の行方についても何も知らされていなかったし、そもそも雑誌が既に公刊された［一七年八月付］ことも知らなかった。ところが、『軍法雑誌』創刊号に、巻頭論文として、帝国陸軍法務中尉・大学教授ハンス・ケルゼン博士著「墺洪軍の憲法的基礎の改革を論ず」と麗々しく掲載されていた。ケルゼンは、「草稿は正規の序列を通じて上司より雑誌編集者に渡されたもので、まさか参謀本部高官の編集する刊行物に物を書くのが問題になるとは全く思いませんでした」と弁解した。そして、『自伝』は回想する――

段々分ってきたのは、参謀本部と陸軍省の間に権限をめぐる根深い対立があり、それに個人的功名心などもからんでいて、大臣はケルゼンが参謀本部の廻しものではないかと疑っていたらしいことである。カール皇帝は、即位［一六年一一月二一日］からほどなく、ハンガリー政府の要求した軍分離に関し、同政府に何らかの言質を与えており、新任の陸軍大臣に対しこの件の調査と対応を要請していた。そこへ参謀本部の肝煎りで創刊された雑誌に軍分離問題の論説が掲載されていることを探知した大臣は、参謀本部がこの件に関する権限を横取りしようとしているのではないかと思ったのである。しかも陸軍省の職員がそれを書いたとなれば、裏切りである。――以上のことは、大臣が私に言った言葉のはしばしから、漠然と推測したに過ぎない。私はそういう政治的背景には全く無知で、私がしたかったことは、墺洪国法に関する私の乏しい知識を、大臣その他少数の人々のお役に立てることだけであると述べ、実際その通りであることを、大臣はあっさり了解した。その結果、私は直ちに大臣官房に配置換えとなり、大臣の机のすぐそばに机を与えられた。

大臣は、戦後行なわれるであろう憲法改正の予備作業のうち、軍に関する部分に関してケルゼンに担当させ、必要な法案と立法趣意書の起案を委嘱した。これが彼にとって最初の立法への関与であった。その後彼は、三十六歳で法務大尉に昇進し、大臣顧問として、大臣に随行して参謀総長との協議や、墺洪陸相会談にしばしば臨席し、またカール皇帝に、ライヘナウやバーデン・

バイ・ウィーンの総司令部において、親しく報告したりした（報告の前に、朝の礼拝に参加することを命ぜられた）。陸相のケルゼンに対する信任の厚さは、公法や国際法に関する他の諸問題も諮問され、純粋な政治問題に関してさえしばしば意見を求められたことからも分る。その信任を利用して、ケルゼンは、陸相を説得し、社会民主党政治家オットー・バウアー[16]を兵役から救い出したのである。彼はロシアの捕虜となり、捕虜交換によって帰国していたが、反戦文書を書いたということで、再召集してトルコかバルカンの前線に送られることになっていた。それに対しケルゼンは、「そんなことをすると、彼の周辺の、和解による講和に好意的な人々を怒らせ、かといってバウアー自身の信念を変えることも、反戦文書活動を止めることもできないでしょう」と言って、陸相を説得した。それが成功してバウアーはウィーンに留まることができたのである。

こういう立場に立ったケルゼンは、墺洪二重帝国の悲劇的な最終局面の目撃者となり、帝制の運命を決した事件や人物を至近距離から観察した。残念ながら彼はこの決定的な時期に日記をつけていなかったが、三十年後にチャールズ・ガリック[17]が『ハプスブルクからヒトラーまでのオーストリア――労働者党の民主主義実験』（一九四八年）を執筆するに際して、危機の過程について相当正確な覚書を利用に供することができ、それが同書四五～四七頁に引用されている。彼は『自伝』において、この革命的な幾週間かを次のように描いている。

一九一八年九月、ブルガリア戦線が崩壊すると、軍の状況を知っている者は誰でも、負け戦さを覚悟した。帝国の統合を支えていた唯一の勢力は陸軍であったから、それが倒れれば、帝国も崩壊することは明らかだと私は思った。もっとも帝国を全く新たな仕方で維持しようとするのなら別であるが。その可能性を求めて、私は次のような提案を含む覚書を作成した。即ち、「皇帝は諸民族代表会議を招集し、その会議は、帝国の解体と、民族自決原則を基礎とする複数の国民国家の樹立を実現する任務を有する。それは経済的、及び政治的破局を避けるため、秩序を保ちつつ行なわれなければならない。皇帝は『自らの身位も王朝もその実現に妨げとならないこと、しかしこうして成立した諸国家の連合が、経済的ないし政治的理由により、もし何らかの形の首長(Spitze)を必要とするならば、その地位に立つことも吝かでない』という趣旨の声明を発表する。これまでヨーロッパの心臓部に帝制を存在せしめた諸要因は、中央ヨーロッパにおける新たな国家連合の生命を維持するためにも、意義を有し続けるのではあるまいか。しかしそれはもちろん、強制ではなく、諸国民の自由な決断を基礎としてのみ成立し得ることである。この計画は、差し当たって墺洪帝国のオーストリア側にのみ関わる。なぜならハンガリー政府は、マジャール人以外の民族の自治に反対しており、直ちにその反対を受けるであろうからである」というものである。

当時まだ陸相は、帝制の前途にケルゼンほど悲観的ではなかったが、この覚書を、「直ちに読まれて、決断されることを」という要請とともに、皇帝に提出した。しかしこの要請は無視され、皇帝がこれについて何の言辞をも漏らさないまま、幾週間かが徒過した。

この事情に関して、『新オーストリア史学会シリーズ』第四十八巻として刊行されたハインリッヒ・ベネディクトの著書[19]『一九一七・八年におけるマインル派の講和努力』（一九六二年）[18]の中に、ポルツァー＝ホディッツ著『皇帝カール・側近の機密地図より』（一九二九年）[20]を引用しつつ、次のようなことが書かれている。「私〔ポルツァー＝ホディッツ〕は、首相府に憲法改正を審議する機関を設けることを提案し、それが容れられた。その主任となったのが、マクシミリアン皇太子(21)の教師アレクサンダー・ホルト＝フェルネック男爵(22)である。彼は、ルドルフ・フォン・ラウン教授(23)と協力して、民族自決を保障する憲法の『原則綱領』(Prinzipienprogramm)を起草した」と。皇帝が貴重な数週間、決断を渋ったのは、この『原則綱領』のせいだということも、ありえなくはない。ケルゼンは『自伝』の中で更に言う。

皇帝は当時、帝制存続案として、オーストリアをドイツ化することを唱える勢力から発した別の案を考慮していたようである。しかし一九一八年十月中頃の夜、皇室の陸軍侍従武官府より電話があった。電話の主は法務少佐のシャーガー博士で、恐らく皇帝に私の覚書を読むように勧めたのは彼であろう。「遂に皇帝が君の案を裁可されたので、直ちにラマシュ枢密顧問官(24)と連絡をとり、案を示して、帝国解体委員会(Liquidationskommission)の委員長を引き受けてくれるかどうか訊ねてくれ」というのであった。

ハインリヒ・ラマシュは、国際法学者で、国際仲裁裁判所設立の提唱者として、更に平和主義者として、オーストリアのみならず、国外でも知られていた。ケルゼンは、ラマシュの作品の幾つかを、彼の編集する『オーストリア公法雑誌』に掲載したことがあり、彼の引退以前から交際があったし、ザルツブルクに隠棲した後も、接触を続けていた。有力な実業家ユリウス・マインル(25)が設立した「オーストリア政治協会」(Österreichische Politische Gesellschaft)が一九一七年より終戦運動を開始した時、ラマシュはマインルに、一九一七年九月九日付けの次のような手紙を送ったことが、ベネディクトの前掲書に出ている。

「こういう文章は、ノルウェー人ランゲ[26]に送るだけではなく、当地ウィーンの人々にも送るべきでしょう。ベルナチック[27]、メンツェル[28]、シュパール[29]、ケルゼンなどの教授たち、シュテファン・ツヴァイク[30]のような作家、レートリッヒ[31]のような政治家にも」と。

面白いのは、ラマシュ教授が、ウィーン工科大学国法学教授ヨゼフ・レートリッヒを、教授でなく政治家に分類していることで、実際やがて彼は政治家になった。

ちょうどケルゼンがカール皇帝にラマシュと接触するよう委嘱を受けた時、たまたまラマシュはウィーンのマインル邸に来訪中で、早速用件を切り出した。『自伝』の続き――。

その夜［一〇月二三日？］のうちに、私は陸軍省差し回しの車でラマシュを会い、彼はその仕事を引き受けた。私が示した行動計画の案文を読んだ彼は、ペンをとって、一つ点を付け加えただけであった。……翌日［二四日？］私は、ラマシュと一緒にバーデン・バイ・ウィーンの司令部で皇帝に謁見し、ラマシュは公式にこの任務の委託を受けた。フサレク内閣[32]は、これまでこの件に関しては、了解していなかった。

ラマシュが諸民族指導者たちと始めた交渉は、最初のうちは順調そうに見えたが、チェコ青年党指導者クラマージュ[33]の反対によって、挫折した。彼は戦争中死刑を宣告され、カール皇帝によって恩赦を受けた人物で、墺洪帝国外務省発行の旅券でジュネーヴの「我が政府」[34]（という言葉を彼は使った。マサリック[35]とベネシュ[36]の滞在地のことである）のもとに出発しようとする間際で、「こういう取り合わせの人々とは協力できないと断固声明した」のである。どうもラマシュは、原案以上に帝制存続に力点を置いて交渉したらしく、彼は「クラマージュは私に、『私は個人的には帝制派なのだが、この点で言質を与えることはできないのだ』と語った」と私に言った。チェコが抜けては、この計画は成り立たない。これが、帝国の解体がまだそこまで至っていなかった二週間も前のことなら、解体委員会の構想も可能で、中欧に墺洪の国家連合を存続させ、ヨーロッパの力の均衡も維持できたかも知れないが、ラマシュが仕事を引き受けた時は、時既に遅しであった。

二　オーバーコフラー＝ラボフスキーのケルゼン批判

まずORの著書の内容のうち、メタルの叙述と関わる部分を中心に、概観しよう。

〔序　言〕

法理論家として有名なケルゼンの、「墺洪帝国の最後の皇帝下の最後の陸軍大臣」の助言者という要職での活動は殆ど忘れられている。しかし彼の抽象的な議論が実践においてどういう行動と結びつくのか、これもまた興味深いことであろう。我々は、だいぶ前からこの主題に関心をもっていたが、ごく最近まで、ケルゼンの軍務は、野心などなく、ただたまたま与えられた職務を尽くしたのみだと思っていた。ところが驚いたことに、事実はその正反対なのである。

［第一章　第一次大戦とケルゼン］

ケルゼンを洗礼代父（Taufpater）とするクリスチアン・ブローダ(37)が、ラボフスキーの家を訪ねた時、戦時のケルゼンの活動のコレクションを見て仰天し、「私はてっきり彼を、父の自由主義的ブルジョワとしての友人だと思ってましたよ」と言った。

この時期のケルゼンの国家思想が保守的で国家主義的であったことは、戦争直前の論文「政治的世界観と教育(38)」からも知られる。そこで彼は、学校教育の任務として、「愛国心」、即ち「自らの属する共同体への愛と、そのために犠牲を厭わない心」の養成をあげている。

メタルは、彼の戦時における軍政への貢献を、「法技術者」としてのものだと強調しているが、実際に彼が戦時に『軍法雑誌』に寄稿した論文はそんなものではなく、崩壊に瀕した帝国を救済し、実効的軍事国家（effektiver Militärstaat）を建設しようとする政治論である。彼は、既に崩壊している帝国を、根本的に変革するのではなく、軍に関する法律論で維持しようとしたのである。そんなことは成功するはずもないが。

［第二章　予備役少尉ケルゼンの参戦］

ケルゼンは、戦時救護局の仕事が自分に適当でないとして、軍法官を志願した。だがウィーンにいる彼から遠い前線での軍法の実態はどうなのか。帝国軍は、スラヴ系住民の抑圧、自国軍中の逃亡者・嫌戦者に対する即決裁判による処刑など、人権侵害・残虐行為を繰り返しており、軍法会議もそれに加担していた。軍法官ケルゼンはもちろんその実態を熟知していたはずである。だが彼は、散発的に出される恩赦などという、帝制の偽善に関与したことをもって、自らを正当化している。

フリートリッヒ・アウステルリッツ[39]など、社会民主党指導者の中には、このような軍の実態を公然と批判した者もいた。ケルゼンは同党のシンパであったとされるが、党員であったことはなく、交際相手も帝制・戦争を支持した同党右派の人物ばかりである。戦時中よりのカール・レナー[40]などと交際していたのは、国家肯定的なラッサール主義で一致したからであろう。彼は当時のブルジョワ左派知識人の一員といえようが、彼らは状況追随者で、全然骨がなかった。

彼は一度も前線に出たことはなく、飢えつつ、凍えつつ戦う幾百万の農民・労働者兵士に何の同情も示さなかった。多くの傷病兵の苦痛を思わず、ご婦人がたに毛糸を配る仕事は面白くなく、計算間違いで身銭を切ったなどということばかり言うのは、ふざけている。

〔第三章　軍事行政行為の既判力に関する鑑定〕

一九一七年十月、陸軍省の一部局より法務部に、軍馬調達法 (Pferdestellungsgesetz) 施行令に関する鑑定依頼が提出され、それにケルゼン法務官が回答した。

事件は［筆者（長尾）の乏しい語学力で理解したところでは］、軍馬の有償徴発に際して鑑定人に支払う鑑定料を陸軍省のA局が定めていたが、鑑定人が「安すぎる」として鑑定を拒否し、B局も「確かにこれは安すぎる」と言い出したものらしい。

ケルゼンはこれを行政行為の既判力の問題としてあれこれ論じたあと、一旦決定したことの変更を認めれば、法的安定性、相手方の信頼を害するが、変更を認めなければ官庁が最適の決定をする自由を害する、この両利益を法技術的に解決することは不可能で、決定官庁の裁量に委ねる他ない、と言っている。要するに実質的問題への判断を避けており、ケルゼン法学の欠陥がここにも現れている。また行政裁判所に判断させるならともかく、決定官庁に委ねるとは、露骨に官庁寄りの姿勢である。

〔第四章　墺洪軍の憲法的基礎に関する論文〕

異例の出世の契機となった『軍法雑誌』論文は、『自伝』によれば、講和後に『オーストリア公法雑誌』に載せるつもりの、戦後生ずべき改憲問題に関し執筆した論文の一章で、墺洪共通軍を分離するというハンガリー側の企図に関する部分だというが、改憲問題にも軍分離にも無関係の俗流政治論を多く含んでいて、疑わしい。それを上司に渡しておいて「忘れていた」というのも怪しいものだ。

本論文が強調している一つは、国民皆兵制を徹底させよということで、そのためには平時の訓練を全兵役年齢男子に施さねばならず、一人分が短くなるが、兵の強さは愛国の情熱に由来するところが大きく、それで充分だという。それとともに、小学校から軍事教育を行なうという構想を述べている。

もう一つは、統帥権の独立で、軍の統帥部は皇帝直属として、君主無答責原則により、議会の統制を受けないものにせよ、という極めて軍国主義的な主張をしている。これは、戦局がはかばかしくないのは、軍部のせいでなく、あれこれ妨害する議会のせいだとする、軍首脳の免罪論ではないか。

また、軍事行政は墺洪両陸軍大臣がおのおの両国議会に責任を負い、これによって、ハンガリー側の分離要求に応える一方、統帥は両国議会から独立して墺洪統一を保ち得るとする。いよいよ分離的傾向を強めているハンガリーが、現行よりも集権的なこんな案を受け容れるはずがないではないか。

［第五章　軍事法講座］

一九一八年二月二十七日、ウィーン大学法学部教授会は、ハンス・ケルゼン私講師(41)を、新設軍事法講座員外教授として招聘することを決定した(42)。担当は「一般国法・オーストリア国法・行政法・行政学・法哲学・法哲学史、及び軍事法」である。

この講座設置について、ケルゼンは大いに活躍している。一八年三月、陸相は首相・文相等に、ウィーン大学・ブダペスト大学に軍事法の講座が必要な旨を説いた書簡を提出しているが、それはケルゼンが起案したもので、「従来軍事行政の法制については研究が未開拓で、実務家に与える指針がなく、軍隊が無法地帯のような誤解を外部者に与えて、反軍宣伝に利用されて来たが、今次の戦争で軍事法の学問的研究の必要が痛感され、いよいよ講座を設けるべき時が来た」と述べている。反軍感情の根源分析として、何と浅薄なことか。

終戦と講和こそ緊急課題であったこの時期に、彼がこのような提案をした真意は、そのポストを得ようとする私的動機、「沈没船から自分だけ脱出しようとする意図」ではないのか。しかも抽象論ばかり言っている彼のような人物が本当にそれに適任なのかどうか。ケルゼンが一見もっともらしげに唱えている「改革案」なるものは、何れも実際には使い物にならない模造品（Attrappe）ではないのか。

むしろアルビン・シャーガーの方が、軍法官歴も長く、要人たちの軍法に関する顧問を務めた履歴もあり、インスブルック大学で軍事刑事訴訟法で教授資格を取得し、私講師となっており、適任だったのではないか。有力者の間にシャーガーを推薦する者もいたが、陸相の強い推薦、シャーガーに学問的業績がないこと、それに恐らくはベルナチック、メンツェル両教授の弟子であるという人脈などから、問題なくケルゼンに決定された。

その直後に革命があり、ハプスブルク家財産を新生オーストリア共和国が承継するか、私産として王家に残されるかが問題となる。シャーガーは王家に忠義を尽くして、財産防衛に尽力した。ケルゼンは共和制憲法の起草者として、財産没収と貴族制廃止を合法化したとして、これまで一緒に働いてきた貴族官僚層［軍上層部には貴族が多い］から非難された。メタルによれば、それは誤解だという［が疑わしい］。

［第六章　ケルゼンの軍制改革論］

この時期におけるケルゼンの軍制改革論には、三つの資料がある。第一は前述の『軍法雑誌』論文、第二は一九一八年一月に書かれた軍事法案とその註釈、第三は同年十月五日と七日に開かれた軍首脳会議資料である。これらから示されるのは、何よりも、彼が未来に全く盲目であったということである。敗戦が迫っていることも知らぬげに、「戦争終結後に実現さるべき」軍行政改革案を呑気に議論しているのである。

彼の案によると、ハンガリー側の軍分離要求は、軍行政に関してのみ認められ、統帥は皇帝直属で、両国議会の制約を受けない。その上で、（組織権・人事権・使用言語決定権等）重要事項の殆どは統帥に属するとされる。ハンガリー側が、こんなものを受け容れる可能性は全くないであろう。

もう一つの特色は、前線で具体的に何が起っていたか、兵士たちがどのような苦難に曝されていたかについて、片言隻句の言及もないことである［として、兵士たちの飢餓や、前線における人権蹂躙について長い記述があり、これらをケルゼンが知らなかったはずがないという］。

［第七章　崩壊前夜］

一九一八年十月七日、軍首脳たちによる軍制改革に関する会議があり、ケルゼンが起草した原案をもとに討論が行なわれた。

［その内容に立ち入る前に、当時の全体状況について概観するために、一九一八年の年表を作成して見よう。］

一九一八年　一月　八日　ウィルソン米大統領、民族自決案を骨子とする十四箇条の講和条件を提示。
　　　　　　　　一四日　ウィーン等で終戦を求める大ストライキ始まる。
　　　　　二月　一日　イタリア戦線カッタロで軍隊叛乱。三百名検束。
　　　　　　　　二二日　イタリア空軍、インスブルックを爆撃。
　　　　　月末　カール皇帝独断でウィルソンに講和打診の書簡送る。
　　　　　三月　三日　独墺とソ連、ブレスト＝リトヴスク休戦協定に調印。
　　　　　　　　二一日　ドイツ軍西部戦線で攻撃に出る。
　　　　　四月　八日　ローマでオーストリア被抑圧諸民族会議開催。
　　　　　　　　一四日　書簡問題で皇帝と対立、チェルニン外相更迭。(43)
　　　　　五月　七日　ルーマニア、独墺と休戦。
　　　　　六月　四日　仏米軍、エンで独軍の進撃を阻止。
　　　　　　　　一四日　墺洪軍対イタリアで最後の攻撃に出る。

二〇日　イタリア戦線に撤退命令下る。
二八日　米国政府、独墺支配下スラヴ系諸民族の解放を宣言。
二九日　仏政府、パリのチェコスロヴァキア国民評議会を独立の第一段階として承認。
七月中旬　皇帝、六月攻勢の失敗の故に、コンラート参謀総長[44]を解任。
一五日　独軍、マルヌとシャンパーニュで攻勢に出る。
八月　八日　墺洪軍、イタリア戦線より、独軍支援のためフランスに転戦。
九日　英国、チェコスロヴァキアを交戦団体として承認。
一四日　皇帝、ドイツ皇帝ヴィルヘルム二世を訪問、講和の可能性を打診するが、不調に終る。
二〇日　ザイドラー[45]内閣辞職。フサレク内閣成立。
九月　三日　米国、チェコスロヴァキアを交戦団体として承認。
一四日　皇帝、講和の呼びかけ。仏クレマンソー首相拒否。ヴィルヘルム二世「有害」と非難。
二六日　パリのチェコスロヴァキア国民評議会、独立宣言。ブルガリアへの攻勢失敗、休戦。
独軍ヒンデンブルク元帥、政府に即時休戦を要請。
一〇月　三日　墺国社会民主党、スラヴ諸民族・ルーマニアの独立を承認し、これらと連邦結成への交渉を開始する用意がある旨宣言。

四日　独墺政府、ウィルソン十四箇条受諾。
六日　クロアチア、セルビア、スロヴェニア、合同国民評議会を結成。
八日　独軍、西部戦線より全面撤退。
九日　墺国キリスト教社会党、社会民主党と同様の宣言発表。
一六日　皇帝、墺洪帝国を連邦化する旨宣言。
一七日　ハンガリー議会、分離独立を宣言。
二一日　墺議会中のドイツ系議員団、ドイツ系オーストリア人暫定国民集会 (provisorische Nationalversammlung für Deutsch-Österreich) を結成。独墺国家 (Deutsch-österreichischer Staat) 建国を宣言。
二三日　フサレク内閣辞職。
二七日　ラマシュ内閣成立。
二九日　ハンガリー軍前線より撤退。
　　　　ユーゴ国民評議会、分離独立を宣言。
三〇日　国民集会、臨時憲法を採択。
三一日　カール・レナー首相下の新政府成立。ラマシュ首相権限を委譲。
一一月　三日　ドイツ・キール軍港の水兵叛乱。
　　　　オーストリア＝連合国間休戦協定調印。
　　　　ポーランド共和国宣言。

七日　ミュンヘンに革命起る。
九日　ベルリンでスパルタクス団武装蜂起。ドイツ皇帝退位。
一一日　ドイツ、連合国と休戦協定。
皇帝ウィーンより退去。

［「革命的状況」という点に関しては、なお一九一七年十一月七日、ロシアにソヴィエト政権が成立し、一九一九年三月二十一日　ハンガリーにソヴィエト政権成立が成立している。この年表中の十月初頭の状況を念頭に置いた上で、以下の記述を読むべきであろう。……長尾］

一九一八年十月七日、シュテーガー・シュタイナー陸相司会の下、陸軍省・参謀本部最高スタッフ四名とケルゼンの合計六名が、軍の将来に関する会議を開催した。議長はまず、「ハンガリー政府の軍分離要求は、帝室と国家の未来を危うくする主張で、到底受け容れ得るものではない。そこで私は陛下の命を受けて、帝制と統一軍を維持すべき対案を用意した。これは、私が国家や帝室に対してのみならず、歴史に対して道徳的・法的責任を果たそうとするものである。それではケルゼン教授に、ハンガリー案の法的・政治的問題点について報告をお願いしたい」と挨拶する。

しかしそこで、アルツ参謀総長(46)は「大きな制度改革の問題を論ずるのは、今は時期が悪い。クロアチア、スロヴェニア、ポーランド、ボヘミアなどの帰趨が明らかにならないと。しかし、陛下よりの御諮問でもあり、ハンガリー政府よりの正式の申し入れでもあるから、あとで何とでもなるような大枠だけ定めて置いたらどうだろう」と発言した。

それから参謀総長と陸相の間で、軍制改革案の発案権に関してやりとりがあり、続いてケルゼンが登場し、長い演説をする。彼は、ハンガリー案も共通の君主＝最高司令官を存置することを前提としていると指摘し、諸権限について「ハンガリー案ではその点ははっきりしないが、仮にそうだとすれば、□□の統合も必要だろう、そのための機関も必要だろう」という論法で、実質上両国軍の上に立つ参謀本部等の存在を容認させようとするのである。

何と馬鹿げた (absurd) 演説だろう。それは、民衆を戦争から救い出すためではなく、帝国の支配から解放されようとしている民衆を、再び支配下に隷属させようと試みているのである。会議で「救い出すべきものは救い出せ」(Retten, was zu retten ist.) と発言した者がいた。戦さに倦んだ兵士や農民がハプスブルク家の支配から解放され、革命的労働者階級が正しき平和をもたらすべき終戦のために戦っているその時に、「ブルジョワ法学者たちから神の如く崇められているケルゼン」は、その脳漿を今や幻想 (Halluzination) となった軍機構の維持のためにしぼっていたのであった。

〔附　録〕

本書には、附録として次の六点の文書が収録されている。

(1)「軍事行政行為の形式的既判力と実質的既判力について」（一九一七年三・四月）〔ケルゼンの鑑定意見〕

(2) ケルゼン「墺洪帝国軍の憲法的基礎の改革について」（『軍法雑誌』第一号、一九一七年八月）

(3)「軍組織改革案」（陸相のオーストリア首相・ハンガリー首相宛書簡（ケルゼン執筆、一九一八年

一月十七日〕）

(4)「軍制改革講義」（ケルゼン、一九一八年六月四日）

(5)「ウィーン・ブダペスト両大学に軍事法講座を設置する提案」（ケルゼン、一九一八年三月三日）

(6)「ケルゼンを教授に任用することへの反対意見」（エルンスト・シュヴィント）

なお、メタルの伝記に触れられている帝制末期の中欧国家連合案に関しては、本書では全く触れられていない。

三　ケルゼンの「戦争協力」

ORのケルゼン批判は、一言にしていえば、戦争協力批判である。戦争協力批判には、絶対非戦論の立場からの批判と、批判者が不正不義であると評価する特定の戦争への協力の批判とがある。ラボフスキーは、ニュールンベルク裁判を「歴史的正義の具象化」として評価しているから[47]、第二次大戦における連合国の戦争を正義の戦争、ナチ・ドイツの戦争を不正な戦争とみなしているのであろう。

第一次大戦における独墺ないし墺洪帝国の戦争はどうか。「英仏露は正義、独墺は邪悪」「墺洪帝国の維持は悪、中央諸民族の独立＝帝国の解体は善」という「勝者の正義」に、ORがコミットしているのかどうかは、必ずしも明確でない。墺洪帝国に対する、封建的抑圧体制、少数諸民族の抑圧者という非難も散見するが、それ以上に強調されるのは、墺洪軍の戦争遂行の残虐性で、軍法官ケルゼンはそれへの加担者として非難される。
これを分説すると、非難は
(1) 帝制を擁護したこと、
(2) 軍事優先的政策を唱えたこと、
(3) 提言が法形式主義で、有効でないこと、
(4) 前線兵士の苦難に鈍感であったこと、
(5) 未来への予見能力の欠如、
(6) 背後に私的栄達への動機が窺われること、
などに向けられている。
(1)に関しては、「帝制」擁護にも、君主制擁護と、中欧における多民族国家擁護の両面がある。ケルゼンが前者を積極的に擁護していた痕跡はない。後者は、墺洪帝国の中欧において果たした役割の評価に関わり、ウィルソンの掲げた民族自決原則の功罪をめぐる長い論争史がある。中欧を多数の小国家に分解したことが、各国の民族主義的感情を満足させたことの反面として、失ったものも多かったことは、識者の指摘するところである。
ケルゼンは、処女作『ダンテの国家論』(一九〇五年)(48)において、神聖ローマ帝国の普遍的支配を讃美したダンテの議論を共感をもって紹介したように、多民族を包摂する帝国理念に好意的で、神聖ローマ帝国の後身である墺洪帝国を擁護しようとしたことも不思議でない。「ユダヤ人ケルゼン」という見地から見れば、各民族の民族主義によって疎外される運命にある彼らにとって、超民族的な墺

洪帝国が住み心地のよい環境であることは明らかで、そのことも彼の帝制擁護的立場と結びつくであろう。

ＯＲ著の本書に、ケルゼン・イメージを変える要素をもつとすれば、(2)の点であろう。『軍法雑誌』論文において、彼が議会の統制よりの統帥権の独立や、国民皆兵、小学校における軍事教育を唱え、更にウィーン、ブダペスト両大学への軍事法講座の設置などを唱えている。これは国家における軍事の地位を拡大する政治論であり、平和主義者・国際主義者というケルゼン・イメージとは大いに異なるように見える。

この主張をした動機については、様々な次元の解釈が考えられる。彼は戦時において、墺洪帝国を何としても防衛しなければならないと考えた愛国者であったのか、陸軍省に勤務する以上は軍官僚としての役割（役人の権限拡大本能）を演じなければならないと考えたのか、自分の信念とは別に、組織の要求や上司の命令で、書かざるを得なかったのか、ＯＲが(6)の論点として言うように、私的な栄達への野心の産物なのか。筆者の個人的な印象としては、以上のどの要素も多かれ少なかれ関与しているように思われる。

統帥権独立の主張に関しては、軍国主義・反議会主義という動機よりも、墺洪統合を維持する憲法上の手がかりがそれ以外に存在しないという認識が、根底にあるのではないか。国民皆兵論に関しては、体格貧弱なユダヤ人ケルゼンが、青年時代に服した一年間の兵役体験が、チャップリン『独裁者』の床屋のようなものであったことは想像がつく（軍事博物館所蔵の「ケルゼン・ファイル」を見ると、射撃の成績もひどく悪い）。彼はそれで消耗し切って「哲学・数学・物理学」を学ぼうとする希望を断念して、法学部に入学したのである。[49] その彼がなぜ国民皆兵を唱えたのか、もっぱら公平無私の議論であろうとしたためか、もう自分は大丈夫だと思ったせいか、それは分からない。[50]

(3)については、いかに「純粋法学者」のケルゼンとはいえ、法律論で帝国の解体を防ぎ、ハンガリーを繋ぎ止めることができると考えているほどナイーヴであったとは思われない。「これまでヨーロッパの心臓部に帝制を存在せしめた諸要因は、中央ヨーロッパにおける新たな国家連合の生命を維持するためにも、意義を有し続けるのではあるまいか」(本書三五頁)という判断は、法律家として雇われた彼の背後にある政治的判断である。しかし彼の職務は法律顧問であるから、法的枠組を立案したのである。

軍馬徴発の鑑定料が安すぎるか否かという実質的判断は、軍法官の任ではなく、一旦下した決定を覆し得るか否かに関する法律論が自分に課された問題だと考えたのは、格別不思議でない。可能な限り過去に拘束されず、不当と認めた決定は覆すべきだという彼の鑑定意見は、法形式論を越えたかなり大胆なもののように思われる。この意見は、後の「特免婚姻 (Dispensehe) 問題」[51] に関して、憲法裁判所裁判官であったケルゼンが、特免婚姻の効力をめぐる訴訟は司法裁判所でなく行政裁判所の管轄であるとして、管轄違いの判決を下したように、まず手続問題から接近する彼の態度の表われといえるかも知れない。

前線兵士の苦難に対する鈍感という(4)の非難については、彼が起案した官庁文書から、彼の兵士の苦難についての内面的感情を知るのは困難ではないか。彼の母の甥、経営学者ピーター・ドラッカー[52]は、回想録の中で、昔トラウン＝トラウネック伯爵[53]から聞いた話を、次のように伝えている。

ハンスおじさんの三人の兄弟は、こう言ってはなんだけど、ハンスおじさんよりさらに出来が良かった。けれども三人のうち二人は、イタリア領チロルの士官墓地に埋葬されている。……三番目の兄弟のエルンストは、ロシアの地雷で生き埋めになり、その後遺症でイエズス会助修士(Jesuit lay brother)として満足に役目も果たせず、皿を洗ったり給仕したりの毎日なんだ。(54)

ケルゼンが、戦地の兄弟の境遇を案ずる普通の人間であれば、そう鈍感ではありえなかったのではないか。(55)ところが、このドラッカーの記事が出鱈目だ、というのが、ケルゼンの次女マリア・フェーダー女史の主張するところで、第一ハンスの兄弟は二人しかいない、エルンストの重傷の話は聞いたことがない、彼はロンドンで実業家として成功した、チロルに葬られているなどということはない等々。伝聞だから致し方ないのかも知れないが、記憶違いが伯爵に由来するか、ドラッカーに由来するかも、問題であろう。(56)

(5)の、未来への予見能力の欠如という点に関しては、多少立ち入った検討を要する。

開戦当時、多くのオーストリア人は、セルビアは簡単に屈伏すると予見しており、多くのドイツ人も、短期にドイツの勝利で終ると予見していたらしい。戦線膠着後は、楽観論と悲観論が一進一退を重ね、米国参戦によって悲観論が強まったが、ロシア革命によって東部戦線が消失し、楽観論が多少持ち直した。ケルゼンの戦争末期の（少なくとも公式の）情勢認識は、政府・軍中枢部の認識の枠内にあり、予見能力の欠如とよばれるものも、その集団共通のものである。

このような中で、早く悲観論者になった方が予見能力にすぐれていたと言い得るものかどうか。仮に戦争がなくても、帝国崩壊は時間の問題で、「ハプスブルク帝国は、一九一四年春の状態のままだったとして、いつまでもちこたえただろう」という問題[57]はあるが、帝国がそれなりに中欧に一定の秩序を成立させていたことも事実である。

戦局について、カール皇帝が早くより悲観論者で、秘密裡に講和工作を開始し、それが公けになって、軍の戦意を低下させたという事実などを見ると、悲観論は自己実現的予言の性格をもっていた。戦争末期における皇帝の周辺は、ドイツの強引な戦争遂行に、不承不承つきあっていたという感もある。[58]もっとも彼らが、破局のもたらすべき真の深刻な事態を直視する精神の強さを欠いていたという批判は、(後世人の気楽さに対する羞恥心を棚上げすれば)、相当程度的中しているであろう。

更に指摘さるべきは、第二次大戦と異なり、連合国は「無条件降伏」という条件を付していず、「妥協による平和」の可能性は随時存在したことである。そして連合国の中でも、墺洪帝国を徹底的に解体するという戦後案が圧倒的に支配していた訳ではない。従って戦争末期まで「国家連合案」のようなものの可能性を模索したからといって、全く非現実的であったとはいえないのである。

戦争最末期にケルゼンが起案した案には、ORに掲載されているオーストリア軍とハンガリー軍の統合維持案と、メタルの引用する国家連合案の二つがある。

前者は、一七年十一月にカール皇帝が即位し、シュテーガー＝シュタイナー陸相を任命して以来継続して検討されてきた、ハンガリー軍の独立要求に対するオーストリア側の回答で、墺洪帝国の存続を前提としたものである。もっとも戦争最末期において、スラヴ系諸民族が独立した後も、オーストリアとハンガリーだけは連合を維持するという案に性格を変えていた可能性がある。[59]

後者はチェコ＝スロヴァキアなどスラヴ系諸民族が独立した後に、それらの諸国と、対等の合意に基づく国家連合を結成しようというもので、ケルゼンが、ブルガリア戦線の崩壊（一八年九月下旬）直後に、陸相から独立して起草されたもののようである（メタルの引用するケルゼンの『自伝』に、「当時まだ陸相は、帝制の前途にケルゼンほど悲観的ではなかったが、この覚書を、『直ちに読まれて、決断されることを』という要請とともに、皇帝に提出した」と述べられており（三五頁）、陸相とは異なった認識に立脚していることを示している）。十月段階におけるケルゼンの予見能力を批判するならば、この案の方を批判すべきであろう。ところが、どういう訳か、ORは後者には殆ど言及していない。ケルゼンの見るところでは、この段階で皇帝がこれを採択していたならばまだ脈があったが、二・三週間の間の状況の激変によって、現実性を喪失したという。

前者についてはハンガリーの、後者についてはチェコ等の独立要求についての認識が甘すぎたということは、結果論からは言い得るかも知れない。しかし大経済共同体であった墺洪帝国が分解することによって生じた戦後経済の大混乱、小国群が団結できず、半世紀に亘ってナチ・ドイツとソ連の圧制を甘受せざるを得なかったその後の歴史を見るとき、ハンガリー人やチェコ人がもう少し冷静になっていたら、この案に合理性を見いだしたのではないか、という後知恵も浮かばない訳ではない。

しかしORがケルゼンの未来への予見能力の欠如を強調する背景には、「革命的労働者階級」の「正しき平和」をもたらさんとする決意、ロシア革命・ハンガリー革命などの共産主義革命に導くべき革命的状況が歴史の大局的動向であり、ケルゼンがそれを予見しなかったという批判がこめられているであろう。(60)

ORのケルゼン批判が刊行されたのが一九八八年、ソ連帝国壊滅の前夜にいながらそれに気づかず、

「墺洪帝国の中欧抑圧は悪だが、ソ連帝国のは善だ」という価値観のもとで、ソ連の抑圧に加担し続けた彼らが、ケルゼンの墺洪帝国への抑圧加担と未来予見能力欠如を批判するのは、多少漫画的である（ラボフスキー追悼文集には、「ドイツ民主主義共和国社会主義アカデミー」の哲学研究所長、国家論・法理論研究所国際法部主任など、東独学界のお歴々が寄稿している）。

(6)にいうケルゼンの私的の動機については、否定し去ることは難しいであろう。

身長一六五センチのケルゼンが、前線の軍務に適性がないことも恐らくは明らかで、毛糸配達係よりも軍法官に適性があることも明らかである。ユダヤ人哲学者エミール・ラスク[61]のように、敢えて志願兵となって前線で戦死するのは、英雄的ではあるが、人材の無駄使いでもある。

陸相の法律顧問としての勤務が「信念なき権力迎合」であったか否かは、難しい問題である。墺洪帝国の防衛という戦争目標が当時のケルゼンの信念と合致していたとすれば、その信念の是非はともかく、彼の勤務も「信念なき」ものとはいえない。ただ統帥権の独立・国民皆兵・軍事教育などに関する彼の提案が、どのような背景から出されたものか、実際彼はその時期にはそう信じていたのか、は問題である。

「学者」とよばれる人種の大学ポストに対する貪欲を日頃見慣れている者からすれば、ケルゼンがウィーン大学教授のポストを獲得しようとしたとしても、不思議でない。まして法学界の革命児として満々たる自負と抱負を抱いていた彼としては、それにふさわしいポストに何としてでも就こうとしたのも、理解できないではない。ただ陸軍大臣の信任に乗じて、軍事法講座設置を提案し、仮にそれを自分の野心の道具としたのであれば、やや「やり過ぎ」の感もないではない。だが恐らくは、当時の彼は、軍事法のポストの必要性を本気で信じていたのであろう。

要するに、戦時におけるケルゼンの身の振り方は、私益と公益を適度に結合させせつつ行動する「平均人」のものである。天が二物を与えるかどうかは知らないが、法理論家としては、今世紀の英雄の一人であろう彼が、実践者としては英雄でなかったとしても不思議でない。ラボフスキーのような「英雄」から見れば、要領が良過ぎる感もないではないであろうが。しかし自分が英雄であるからといって、英雄でない人間のすべてを非難し始めたら、この世は駄目な人間ばかりだということになるであろう。

＊　　＊　　＊

第一次大戦中のケルゼンは、三十二歳から三十七歳、もう子供でも青二才でもない。しかしその後半世紀以上に亘る彼の生涯からすれば、なお準備期とも言い得る。この軍務体験が彼のその後の生涯にいかなる影響を与えたであろうか。

第一に言い得ることは、その後の彼は、この時期の自らの言動について、少なくとも学問的著作においては、全く沈黙していることである。『軍法雑誌』論文も、長く彼の著作目録に掲載されなかった。批判者たちから「世間知らずの法形式主義者」として嘲弄された時、人間ができていない筆者のような者なら、「何をいうか、俺は陸軍大臣の顧問として、帝国末期の枢機に連なった人間だぞ」と言いたくなりそうなものだが、彼は私的『自伝』以外、いっさいそのような告白をしていない。彼はそれを悔い、世間に対して隠しているのであろうか。

この点について、彼の心理の立ち入った憶測をすることは、筆者の任ではないが、第一次大戦前と大戦後との彼の著作を対比してみると、戦前の彼はオスカー・エヴァルト[62]が、観念論哲学者ヘルマン・コーヘン[63]との親近性を感じたように[64]、観念論的・理想主義的傾向を帯びていたのに対し、戦後極めて偶像破壊的になった、という印象がある。戦前の彼は、存在と当為の二元論において、「当為の側から」境界確定の訴え(actio finium regundorum)を提起すると称したのに[65]、戦後は当為の範疇を排して現実を見れば、そこには人間の人間に対する抑圧がという事実があるに過ぎないと、事実の側から当為の虚妄性を指摘している[66]。

「政治的世界観と教育」(一九一三年)においては、事実を超える当為、個人を超える集団を認めない十九世紀的科学主義・自由主義に代って、二十世紀は当為と集団主義の世紀であり、社会主義もまたそのような集団主義に他ならないとしている[67]。それに対し戦後は、「国家なき国家学」[68]を唱え、心理学的には国家もまた(フロイトのいう)超自我の虚焦点であるとする。観念論者プラトンは民主主義の敵で[69]、ソフィストこそ民主主義思想の祖先であり[70]、民主主義は「真理とは何か」と問うたピラトと共にあるという主張も[71]、彼の戦後の偶像破壊性の表われであろう。

このような変化の背景に、彼が戦時において、墺洪帝国を守ろうとして失敗した体験が存在するのではないか。遙か上方に聳え立っているかに見えた帝国の末路において、彼は皇帝も大臣たちも、ただの人間であり、その背後にある超越的人格は、単なる集団幻想の虚焦点に過ぎないことを痛感した。こうしてケルゼン法学の思想的背景は、プラトン＝カント的観念論・理想主義から、ソフィスト的懐疑へ、ヒューム的経験論[72]へと移行したのではないか。但し、その法学の理論的基礎は依然としてカントの一解釈に由来する存在・当為二元論であったことから、観念論法学とリアリズム法学との両面の敵と闘うという運命を背負うことになる。

（1） Gerhard Oberkofler (1941〜)　インスブルック大学教授。専攻はオーストリア史・学問史。『オーストリア法学史』『ティロルの労働運動』等の著書、及びラボフスキーとの共著『ナチ司法の隠れた根源』『オーストリアの学問』などがある。

（2） Eduard Rabofsky (1911〜94)　ウィーン生れ。両親とも郷里モラヴィアでは工場労働者、父は上京後書店見習い。転々と転校した後二五年小学校卒。進学の余裕なく、錠前工見習いとなる。二七年より夜学に通い、マルクス、エンゲルス、レーニンなどの書物に読み耽る。社会主義労働青年団・共産主義青年同盟などで活動。登山家としての経歴もこの頃始まる。三三年ナチ政権後、共産主義者・ユダヤ人を秘密の山岳ルートから脱出させる活動に尽力。三四年六月、第一回目の逮捕、七月二一日脱獄、パスポート偽造など違法活動に復帰。オーストリア・アルプスの奥地で、共産主義青年同盟秘密大会を主催。三五年モスクワ国際レーニン学校青年コースに出席。三六年共産主義青年同盟の下部組織「目的と道程」(Ziel und Weg) に参加、クリスチャン・ブローダ［註 (37) 参照］との協力活動始まる。三八年三月の独墺合邦 (Anschluß) とともに、亡命者援護活動に専心。弟アルフレートなどと秘密組織「兵士評議会」(Soldatenrat) を結成。四一年九月「ヒトラーは既に敗れた」(Hitler hat den Krieg schon verloren) というビラを書く。四一年十一月逮捕され、拷問を受けるが、沈黙を貫く。四三年七月軍役にまわされるが、書類を偽造し脱出。終戦までウィーンに潜伏し、軍内部で抵抗運動。四四年九月には、弟アルフレートが処刑された。終戦後、武装国家警察官の免状を得て、ダッハウ強制収容所における医師の拷問などを摘発。教育を受け直すため、ウィーン大学法学部に学び、四八年法学博士号を受ける。以後も農業労働者問題・労働法などを研究。ウィーン市労働局司法部に勤務、労働学校などで教鞭をとる。ソ連・東独の学界と交流、二十世紀オーストリア思想批判等の著述でも活躍し、一部知識人間で偶像的な人物となる。ある時期よりオーストリア共産党から離れたらしい。本項目は主として、「追悼文集」(Johann J.Hagen, Wolfgang Maßl, Alfred J.Noll & Gerhard Oberkofler(eds.), *Querela juris: Gedächtnisschrift für Eduard Rabofsky (1911-1994)*, Springer Verlag, 1996) に付された詳細な年表による。

（3） Gerhard Oberkofler u. Eduard Rabofsky, *Hans Kelsen im Kriegseinsatz der k.u.k. Wehrmacht: Eine kritische Würdigung seiner militärtheoretischer Angebote*, Verlag Peter Lang, 1988. 三十歳年下のオーバーコフラーの名を先に掲げているのは、ラボフスキー関係の他の著書等から察すると、「アルファベット順」という原則によるものらしい。

（4） Rudolf Aladár Métall (1903～75) ウィーン大学卒。会社法務部で働いた後、『公法雑誌』(*Zeitschrift für öffentliches Recht*) を編集。三〇年ケルゼンとともにケルンに移り、同大学助手。三三年よりジュネーヴで国際労働機関に勤務。四〇年よりブラジルに移り、米国を経て四五年ジュネーヴに戻る。以後国連等の国際組織で活動。ケルゼンの著書及びケルゼンに関する著書のリスト作りで知られる。

（5） *Hans Kelsen, Leben und Werk*, Franz Deuticke, 1969（井口大介・原秀男訳、成文堂。但し本稿はこの訳に依拠していない）

（6） Walter Kleidel, *Österreich: Daten zur Geschichte und Kultur*, Überreuter, 1978.

（7） Alfred Verdroß (1890～1980) 国際法学者。一九二四年よりウィーン大学教授。一九一一年よりケルゼンの私的セミナーに参加。自然法論に立脚してケルゼンの法実証主義を批判。国際法優位説に基づき、世界の法的統一を主張した。著書『国際法』『西洋法哲学史』等。父 Ignaz Verdroß Edler von Droßberg (1851～1931) は、第十四 Edelweißkorps という優雅な名前の軍団の司令官であった。

（8） Richard Weiskirchner (1861～1926) キリスト教社会党の指導者。下院議員・下院議長を経て、一九一〇年ウィーン市長となる。

（9） Fritz Sander (1889～1939) 国法学者・法哲学者。ケルゼンの弟子だったが、やがて論争する。プラハ工科大学教授。著書『国家と法』『ケルゼンの法理論』『一般国家学』『チェコスロヴァキア憲法』等。

(10) Rudolph Freiherr Stöger-Steiner von Steinstätten (1861～1921)　軍人。カール皇帝の即位とともに、陸相に任命された。「軍人というより宮廷人であった」と評される (Arthur J.May, *The Hapsburg Monarchy,1914-1918*, University of Pennsylvania Press, 1968, p. 440)。

(11) メタル『ケルゼン伝』(注(5))の序文によれば、一九四七年バークリーで執筆された、タイプ刷り四七頁のものというが、現在行方不明。

(12) Albin Schager (1877～1941)　鉄道技師の子。グラーツ大学法学部に学び、軍法官となる。一九一一年より陸軍省に勤務。陸軍刑事訴訟法起草に参加。一七年インスブルック大学教授資格取得、私講師となる。戦争末期総司令部付として、皇帝に影響をもった。敗戦直前の一八年十月十一日男爵を受爵。戦後は王家財産の保護・防衛に献身。二七年王党派政党党首となる。著書『新陸軍刑事訴訟法入門』(一九二三年)。

(13) Karl Franz Josef von Habsburg-Lothringen (1887～1922)　一九一六年十一月二十一日、フランツ・ヨゼフ皇帝の死に伴い、オーストリア皇帝＝ハンガリー国王に即位。軍最高司令官となり、Baden bei Wien に総司令部を移す。連合国に幾度か平和提案を行ない、国民の士気を失わせたといわれる。一八年十一月十一日ウィーンを退去。二一年ハンガリー王位を回復しようと試みて、マデイラ島に抑留され、インフルエンザで死す。

(14) *Österreichische Zeitschrift für öffentliches Recht*。ケルゼンの発案で一九一四年より一九一八年まで刊行。一九年より四四年まで *Zeitschrift für öffentliches Recht* と改称。一九四六～七三年 *Österreichische Zeitschrift für öffentliches Recht* の名称に戻る。七七年より *Österreichische Zeitschrift für öffentliches Recht und Völkerrecht* と改称。

(15) *Zeitschrift für Militärrecht*.

(16) Otto Bauer (1881～1938)　オーストロ・マルクス主義の代表者。ウィーン大学法学部卒、学生時代より社会主義運動に身を投じ、社会民主党左派指導者となる。一九一四年召集され、十一月ロシアの捕虜となってシベリアに抑留。一七年捕虜交換で帰国し、陸軍省軍事学研究部 (kriegswissenschaftliche Abteilung) に勤務。一九～二〇年レンナー内閣外相。三四年ドルフス政権に追われて、チェコ、続いてパリに亡命。

(17) Charles Gulick, *Austria from Hapsburg to Hitler*, Vol. I : *Labor's Workshop of Democracy*, University of California Press, 1948.

(18) Heinrich Benedikt, *Die Friedensaktion der Meinlgruppe 1917/18*, Böhlaus, 1962.

(19) Graf Arthur Polzer-Hoditz (1870～1945) 画家を志願したが、家族の反対でグラーツ大学で法学を学ぶ。一九一七年、宮中勤務となり、皇帝の信任を得て、一七年の恩赦令を建策。戦後は画家となる。

(20) *Kaiser Karl: Aus der Geheimmappe seines Kabinettschefs*, Amalthea Verlag, 1929.

(21) Maximilian Eugen Ludwig Friedrich Philipp Ignatius Joseph Maria von Habsburg-Lothringen (1895～1952)

(22) Alexander Hold von Ferneck (1875～1955) 国際法学者、ウィーン大学教授。一九二六・七年ケルゼンと論争した。

(23) Rudolf von Laun (1882～1975) 公法・国際法学者。ウィーン大学・ハンブルク大学教授。サンジェルマン講和会議にオーストリア代表として参加した。

(24) Heinrich Lammasch (1853～1920) 国際法学者・刑法学者。一八八五年インスブルック大学教授、八九年ウィーン大学教授。一八九九・一九〇七両年のヘーグ平和会議にオーストリア代表として出席、指導的役割を果たし、一九〇〇年より常設国際仲裁裁判所判事。早くより講和を主張。帝制最後の首相（一八年一〇月二七日～一一月一一日）。

(25) Julius Meinl (1869～1954) ウィーンの実業家。父の精肉会社を発展させ、商業コンツェルンを経営。一九一六年十二月、政治協会を設立し、講和運動を開始。同会にはラマシュやレートリッヒも参加した。

(26) Christian Lous Lange (1869～1938) ノルウェー人。一九〇九～三三年万国議会連合事務局長として、平和運動等に活躍。一九二一年ノーベル平和賞受賞。

(27) Edmund Bernatzik (1854～1919) 公法学者。バーゼル、グラーツ大学を経て、一八九四年よりウィーン大学教授。一九一〇年学長。ケルゼンの師。

(28) Adolf Menzel (1857～1938) 私法学者であったが、公法・思想史に転ずる。一八八九年ウィーン大学員外教授、九四年正教授。古代ギリシャ政治思想やスピノザ研究に業績がある。「形而上学者は権威主義的、経験論者は民主主義的政治論を説いた」という指摘はケルゼンに好んで引用された。

(29) Hans Sperl (1861～1959) 訴訟法学者。一九〇〇～三六年ウィーン大学教授。『フェルゼンシュタイン伯爵と隣人たち』(四九年)という小説も書いた。

(30) Stefan Zweig (1881～1942) 作家。一九〇四年ウィーン大学で法学博士号を受ける。一七年戦争に抗議してスイスに移り、一九年ザルツブルクに戻る。四一年ブラジルに亡命。二度目の妻ロッテと心中。

(31) Josef Redlich (1869～1936) ウィーン工科大学教授。英国制度史等が専門。一九〇七～一八年下院議員。ラマシュ内閣の蔵相(註(24)参照)。一九三一・三二年ブレシュ (Karl Buresch) 内閣の蔵相。『戦時オーストリアの政治と行政』(*Österreichische Regierung und Verwaltung im Weltkriege*, Hölder, 1925) や日記『オーストリアの運命の時代』(*Schicksalsjahre Österreichs*, Böhlau, 1953～54) は、当時の貴重文献。

(32) Freiherr Max Hussarek von Heinlein (1865～1935) チェコ系の貴族・軍人の子として生れ、ウィーン大学教授(教会法)。帝制最後から二番目の内閣の首相(八月二〇日～一〇月二二日)。

(33) Karel Kramář (1860～1937) チェコの民族運動家・政治家。青年チェコ党の指導者。一八九一年より帝国議会議員。妻はロシア人。スラヴ団結を唱えて帝制ロシアに接近。一六年六月三日死刑判決を受け、皇帝の恩赦で一七年釈放。ロシア革命には消極的であった。一八年十月二十八日、プラハで独立宣言。マサリック大統領の下で初代首相となるが、土地改革等に反対して一九年辞任。

(34) 亡命政権の発端は、一九一五年パリに結成された、マサリックを委員長とする「チェコスロヴァキア国民会議」であるが、まだ墺洪軍に対し戦うチェコ人部隊の司令部のようなものであった。徐々に亡命政権の実態を備え、一八年九月三日に米国が「暫定亡命政府」(government de facto) として承認した。同十月二十八日、プラハでクラマージュが墺洪権力の黙認の下で独立宣言を発表する一方、ジュネーヴで「パリ国民会議」(マサリック派）と「プラハ国民会議」（クラマージュ派）の対話が開始され、十一月初めにマサリックを大統領、クラマージュを首相とする妥協が成立する。クラマージュの主唱でズデーテン占領が行なわれ、後にヒトラーの復讐を招くことになる。

(35) Thomas Garrigue Masaryk (1850~1937)　チェコスロヴァキア初代大統領（一九一八~三五）。チェコ大学教授（倫理学）。一八九一~九三年、一九〇七~一四年帝国議会議員。一四年十二月出国、スロヴァキアとの連合、チェコスロヴァキア独立、墺洪帝国の解体を世界に主張、英米仏指導者・世論を説得した。一八年帰国、大統領となる。

(36) Eduard Beneš (1884~1948)　チェコスロヴァキア二代目大統領（一九三五~三八年）。〇九~一五年プラハ商科大学教授（経済学）。一五年かつて留学したパリに亡命、ロンドンのマサリックと協力して独立運動に献身。帰国して外相（一八~三五年）、健康を理由に退職したマサリックに次いで大統領となる。三八年チェンバレン英首相の対ナチ宥和政策により英国に亡命、亡命政権を組織。四五年五月帰国して大統領に復帰するが、四八年共産党の圧力で辞任。若き日共産主義青年同盟で活動。

(37) Christian Broda (1916~87)　ウィーン生れ。生誕時にケルゼンが洗礼代父を勤めた。青年時代ナチ抵抗運動に献身。戦後弁護士・社会民主党政治家。一九六〇~六六年及び一九七〇~八三年司法大臣。有名な弁護士 Ernst Brody の子、化学者・科学史家 Engelbert Broda(1910~83) の弟。

(38) "Politische Weltanschauung und Erziehung," *Annalen für soziale Politik und Erziehung*, 2.Bd., 1913, also in: *Wiener rechtstheoretische Schule*, Europa Verlag, 1968.

(39) Friedrich Austerlitz (1862~1931)　オーストリアのジャーナリスト・政治家。一八九五年より『労働新聞』(*Arbeiterzeitung*) 編集長。一九二〇年より国会議員（社会民主党）。

(40) Karl Renner (1870~1950)　法学者・政治家。社会民主党右派の指導者。一九〇七年より下院議員。一九一八~二〇年首相。新憲法制定の責任者で、ケルゼンに起草を委ねた。四五~五〇年大統領。著書に *Die Rechtsinsti-*

tute des Privatrechts und ihre soziale Funktion: Ein Beitrag zur Kritik des bürgerlichen Rechts, J.C.B.Mohr, 1929.（邦訳『私法制度の社会的機能』加藤正男訳、法律文化社）がある。

（41）　ケルゼンは当時貿易専門学校（Exportakademie）教授・ウィーン大学私講師。

（42）　ただ一人反対したのはエルンスト・シュヴィント（Ernst Maria Augustin, Freiherr von Schwind(1865～1932)ゲルマン私法史教授）で、彼は反対意見（votum separatum）を提出し、法の本質は「生」（Leben）と歴史性であり、法学の本質を論理性に求めるケルゼンの主張は有害であると指摘している（更にウィーン大学にとって軍事法のポストは不要不急で、ラウンにでもやらせれば充分だとも言っている）。彼は、一九二八年に公刊した著書『法の基礎と基本問題』（*Grundlagen und Grundfragen des Rechts*）において、その趣旨を敷延してケルゼンを批判したが、ケルゼンは直ちに、小著『法史学対法哲学？』（*Rechtsgeschichte gegen Rechtsphilosophie?*）を著して辛辣に反論した。メタルは、シュヴィントのこの著書を「格別に愚劣」（besonders töricht）なもので、何と「仮説」（Hypothese）と「実体」（Hypostase）と取り違えたりしている（p. 15）と評している。シュヴィントの子息フリッツ・シュヴィント（Fritz Freiherr von Schwind (1913～) 民法・国際私法学者）は、父はケルゼンの痛烈な反論を受けた直後の二九年二月に卒倒し、段々衰弱して三二年七月十四日に死亡した、と書いている（*Juristen in Österreich 1200-1980*, ed. by Wilhelm Brauneder, 1987）。言外に「ケルゼンに殺された」というニュアンスがあり、ORもさすがにその点については、卒倒の原因が論争であるかどうかは、そう簡単には断定できない（eher zu bezweifeln）と言う。

（43）　Ottokar Czernin, Graf von und zu Chudenitz (1872～1932)　ボヘミア貴族。暗殺されたフランツ・フェルディナント皇太子の側近。帝制最後の駐ルーマニア大使。一六年十二月二十日～一八年四月十四日外相。著書『大戦の中で』（*Im Weltkriege*, 1919）。

（44）　Franz Freiherr Conrad von Hötzendorf (1852～1925)　暗殺されたフランツ・フェルディナント皇太子の側近。一九〇六年より参謀総長。対セルビア懲罰戦争により世界大戦の引き金を引いた。回想録『公務の記録より（五

巻）』(*Aus meiner Dienstzeit*, 1921～25)。

（45） Ernst Seidler von Feuchtenegg (1862～1931) カール皇帝の宮廷教師。一九一七年六月十九日～一八年八月二十日首相。

（46） Freiherr Arthur Arz von Straußenburg (1857～1935) 戦争初期ルーマニア戦線の指揮官。一七年二月、コンラートの後任として参謀総長となる。著書『大戦史論』(*Zur Geschichte des großen Krieges*, 1924)、『中欧勢力の戦いと瓦解』(*Kampf und Sturz der Mittelmächte*, 1935)。

（47） Oberkofler und Rabofsky, *Verborgene Wurzeln der NS-Justiz*, 1985, quoted by Bernhard Graefrath, "Gleichberechtigung der Staaten," *Querela Juris*, p. 113.

（48） 世界帝国 (Weltkaisertum) は「普遍的人類組織」の理念によるもので、その思想的起源は、地域や民族により限界づけられた神信仰を否定するキリスト教とローマ帝国の理念にある (*Die Staatslehre des Dante Alighieri*, 1905, p. 121. 邦訳一五二頁)。ダンテの国家論には民族的要素 (nationales Element) が殆ど見られない (p. 135. 一六六頁)。一九〇五年はケルゼンがカトリックの洗礼を受けた年で、研究者としての未来への障碍を除去しようという世俗的動機の改宗とされているが (Mētall, p. 11)、このような意味づけをそれに賦与していたのではないかと思われる。

（49） Mētall, p. 4.

（50） ドイツ学生の兵役体験の生々しい叙述は、Marianne Weber, *Max Weber: Ein Lebensbild*, Serie Piper, pp. 75～83. 大久保和郎訳、みすず書房、五七～六四頁参照。

（51） 離婚を禁止するカトリック国オーストリアにおいて、帝制以来皇帝が特に再婚を許可する制度があり、それが共和制においても継続していた。それを無効とした司法裁判所の判決に対する異議が憲法裁判所に提起され、憲法裁はそれに管轄違いの判決を下した。カトリック勢力は、これを憲法裁批判、更にはケルゼン排斥運動に組織し、ケルゼンがウィーンよりドイツ・ケルン大学に去る契機となった (Mētall, pp. 49～55)。

（52）　Peter Drucker (1909～)　ウィーン生れの経営学者。父アドルフは商工省の官僚、母カロリーネ（旧姓ボンディ）の妹がケルゼンの母マルガレーテである。ハンブルクで実業に携わった後、フランクフルト大学で法学博士号を受ける。ナチ政権成立とともに、英国、続いて三七年米国に亡命、学問と実業の両面で活躍。著書多数。

（53）　Graf Max von Traun-Trauneck (?～1938)　外交官の子で母は英国人。青年時代左翼運動に専心。登山事故で不具となり、図書館等の公務員として戦後を送る。独墺統合直後に夫婦で心中。

（54）　Drucker, *Adventures of a Bystander*, Transaction Publishers, 1994, p. 114 (originally published by Harper & Row in 1978.) 風間禎三郎訳『傍観者の時代』（ダイヤモンド社）一八〇頁より引用した。この訳は、His three brothers were even abler than he is. という文章に「こう言ってはなんだけど」という原文にない副詞句を付け加えるなど「名訳」である。

（55）　Maria Feder (1915～94)　ケルゼンの次女。経済学者エルンスト・フェーダーと結婚。父母とともに米国に亡命し、カリフォルニア州バークレーで図書館司書を勤めつつ、フェミニスト運動でも活動した。その娘アン・フェーダー＝リー博士（Anne Feder-Lee、政治学者・憲法学者。『ハワイ憲法（*The Hawaii State Constitution*, 1993）の著者）によれば、ドラッカーの書物におけるケルゼン兄弟の記述には、色々誤りがある。まず彼は弟が二人、妹が一人で、兄弟三人ということはない。上の弟エルンストは、第一次大戦に従軍したが、生前の母によれば、戦傷を負ったとは聞いていないし、一九三六／七年にロンドンで死亡しており、チロルの軍人墓地に葬られたということはない。修道院の助修士だったのはドの弟パウル＝フリッツの方で、彼は一九七五年ウィーンで死亡した。即ちいずれもドラッカーがトラウン伯爵の話を聞いたとおぼしき時期にはまだ生存していた。ドラッカーは、彼の母の従兄弟に Armin という人物がいたと書いているが、そんな人物は調べたがまだ見つからない。他方ハンス・ケルゼンの従兄弟に Armin Deutsch という人物がいて、第一次大戦中に戦死したという。ひょっとして伯爵はこの人物のことを言っているのではあるまいか。何れにせよ、ドラッカーとケルゼンとの間には血の繋がりがなく、彼のケルゼン家に関する知識はあやふやで、正確な知識をもっていなかったのではないか、と言う。

(56) 長尾「ユダヤ人と黒人」『されど、アメリカ』（信山社）一六五・六頁。

(57) David F.Strong, *Austria (October 1918-March 1919): Transition from Empire to Republic*, Columbia University Press, 1919, p. 15.

(58) 最終段階においてすら、一八年八月十四日にカール皇帝がドイツにヴィルヘルム二世を訪ね、講和を促したが、「もっと待て」と拒否された。九月十四日にカール皇帝が、独自に講和論を公表したが、ヴィルヘルムは「これでは独墺同盟の破棄を考慮せざるを得ない」と激怒した。

(59) 外に多様な異民族に囲まれ、内に多くの異民族を抱えたハンガリーが、オーストリアと絶縁したのが賢明であったか、という問題もある。テイラーも言うように、「民族主義」に基づいて帝国を分割して見たところで、「墺洪帝国の民族問題を再生産したに過ぎなかった。オーストリアは八つ、チェコスロヴァキアは七つ、ハンガリーは七つ、ユーゴスラヴィアは九つの民族を抱えていたからである」(Alan John Percivale Taylor, *The Hapsburg Monarchy, 1809-1918*, Phoenix Edition, 1976, p. 254, originally published in 1948)

(60) Oberkofler & Rabofsky, *Hans Kelsen im Kriegseinsatz*, p. 151.

(61) Emil Lask (1875～1915) ユダヤ系新カント派哲学者。ハイデルベルク大学教授。西南ドイツ学派に属するが、それを超出する志向を示した。一九一五年志願兵として出陣、ガリチアで戦死。*Rechtsphilosophie* (1905) には、恒藤恭の邦訳『法律哲学』（大村書店、一九二一年）がある。

(62) Oskar Ewald (1881～1940) 旧姓 Friedländer。ウィーン生れの哲学者。オットー・ヴァイニンガー (Otto Weininger, 1880-1903) の友人。ヴァイニンガーについては、長尾『ケルゼンの周辺』（木鐸社、一九八〇年）参照。ウィーン大学私講師。カント哲学を拠点とする理想主義的思想を唱えたが、プロテスタント宗教思想に接近する。ナチの独墺併合直後逮捕され、ダッハウ収容所に収監。スイス人作家・医学者 Alexander von Muralt (1903～1990) に救出されたが、ロンドンで死す。著書『精神の再生』(*Die Wiedergeburt des Geistes*, 1920) など。

(63)　Hermann Cohen (1842～1919)　ドイツの新カント主義哲学者。マールブルク大学教授。ドイツ精神とユダヤ精神の統合を唱え、同化主義ユダヤ人の精神的指導者でもあった。ケルゼンはエヴァルトの指摘によってその著『純粋意志の倫理学』(*Ethik des reinen Willens*, 1904)に接したことが、自分の理論を「法の純粋理論」(reine Rechtslehre)と称する契機となった。

(64)　Ewald, "Die deutsche Philosophie im Jahre 1911," *Kant-Studien*, 17. Bd. 1912 において、ケルゼンの理論のコーヘン哲学との並行性を指摘した。

(65)　*Hauptprobleme der Staatsrechtslehre*, 1911, Vorrede, p. 5. 邦訳『法学論』一四八頁。*Über Grenzen zwischen juristischer und soziologischer Methode*, 1911, p. 4. 邦訳、同七頁（森田寛二訳）。

(66)　"Gott und Staat," *Aufsätze zur Ideologiekritik*, Luchterhand, 1964, p. 36. (originally published in 1922) 邦訳『神と国家』三六頁。

(67)　"Politische Weltanschauung und Erziehung," *Wiener rechtstheoretische Schule*, p. 1510.(originally published in 1913).

(68)　"Der Begriff des Staates und die Sozialpsychologie: Mit besonderer Berücksichtigung von Freuds Theorie der Masse," *Imago*, 8. Jahrgang, 1922; *Der soziologische und der juristische Staatsbegriff*, 1922, pp. 19～33. ケルゼンとフロイトの関係については、cf. Clemens Jabloner, "Kelsen and His Circle: The Viennese Years," *European Journal of International Law*, Vol.9, 1998, pp. 382～385.

(69)　"Die platonische Gerechtigkeit," *Aufsätze zur Ideologiekritik*, p. 230 (originally published in 1933). 邦訳『神と国家』一二〇頁。

(70)　*Staatsform und Weltanschauung*, 1933. 邦訳『自然法論と法実証主義』一三三頁。

(71)　*Vom Wesen und Wert der Demoktatie*, 1920. 邦訳『デモクラシー論』四四～五頁。なお、バラバが「強盗(lestes)」であった（ヨハネ一八・四〇）という点に関しては、マルコ一五・七で彼が「暴動(stasis)を起し人殺しをして繋がれていた暴徒」の一人とされていることを根拠に、単なる強盗ではなく、叛徒集団に属する政治犯だという解釈が登場している。ちょうどロシア人がチェチェンのゲリラを犯罪者よばわりするのと同じで、その叛徒を権力側は lestes とよんでいたというのである。そうであるとすれば、「議会」(sanhedrin, synedrion) がバラバを釈放させたのは、彼が対ローマ抵抗運動家である味方だったからで、ピラトが何とかイエスを釈放しようとしたのも、叛乱者バラバを罰しようとしたからかも知れない。

(72) ヒュームについては、*Society and Nature*, pp. 250~1. もっともケルゼンのヒューム的経験論は、初期のマッハ主義的立場より一貫している。

〔あとがき〕 オーストリア官庁の部局名・職名等については、自信がない。原文を附記したので、識者の御叱正を乞いたい。

3 愛国者ケルゼン

第一次大戦期におけるケルゼンの政治的立場を窺わせるものとして、ルドルフ・ラウンの小論（Rudolf Laun, "Über Nationalitätenfrage," *Zentralorganisation für einen dauernden Frieden, Der Internationale Studienkongreß*, Bern, 1916）への書評という形で発表された小論（*Österreichische Zeitschrift für öffentliches Recht*, 3. Jg., 1917）がある。これは国際輿論、特に敵国側に対して、オーストリア＝ハンガリー帝国の民族政策を寛容なものとして弁護し、民族対立をむしろハンガリーやチェコなど大民族の民族エゴとして批判する内容のものである。執筆時期は陸軍大臣顧問となる以前のものであるが、彼の状況認識を知る手懸りとなるので、以下に訳出した。

ハーグの「永続的平和のための中央組織」はウィーン大学教授ルドルフ・ラウン博士の鑑定意見「民族問題論」を公刊し、オーストリアの「言語権」（Sprachrecht）の現状について国際輿論に知らせる機会を与えてくれた。結論を先取りするようであるが、著者がこの短い文章によって果たした大きな功績に感謝しなければならない。世界における我々の祖国の名誉を心にかけている者なら誰でも、それに心からの感謝の念を抱くであろう。

著者は、諸外国においてオーストリアの状況が誤って伝えられているか、全然知られていないこと、仏英その他の民主主義大国において現状が多少とも知られていたならば、オーストリアの「抑圧された」諸民族という「おとぎ話」が人口に膾炙することもなかったであろうこと、国家基本法第十九条によって諸民族は国民としての一般的権利を保障され、高度の民族的保護を享受していることを説いているが、まことに正当である。

オーストリア諸民族の完全な平等ということが、実際上貫徹されていないとしても——「完全な」平等などということは、政治的偽善者のみが口にし得るところであろう——忘れてならないことは、わが国の法体制において、このような平等は原則的に認められており、この原則を具体化するための制度が周到に用意されていて、現行オーストリア憲法のままでも、それを更に推進する条項を具備していることである。それに基づいて諸民族の権利を保障する最善の体制を実現するには、善き意志があれば足りるのである。民族問題は、世界戦争によって、政治的関心の主役の座に登ってきた。しかしオーストリア公法は、安心してこのまま歴史の法廷に立てばよいのだ。

確かにわが国の民族闘争は好ましからぬ局面を露呈している。しかしその責任は法にはないのだ。著者の次の言葉は、その一言々々が支持に値する。

「あれこれ摩擦が起っているように見えることの原因は、諸民族・諸言語の権利に関して民主主義的自由や平等が欠けていることにあるのではない。そうではなくて、一部の民族が、自由や平等を口実として、他民族の犠牲の下に、自民族の主張を貫徹するという反民主主的・拡張主義的態度をとっているところにあるのである」

確かに、一部の民族のこのような「国内的」帝国主義、過剰な拡張主義に対しては、一定の法的限界を画することが考えられる。しかし拡張主義に対するそのような法的保障の効果を過大視すべきではない。何れにせよ、オーストリア憲法は、そのような保障の萌芽を発展させる可能性をもっているという点で、他の多民族国家の憲法よりすぐれている。

本書は確かにわが国憲法の光明面を強調しているが、陰翳面から眼を逸らしている訳ではない。多少お国自慢的に見える態度も、外国人読者相手の論説であることを考慮すれば、理解できるし、怠惰と悪意によって傷つけられたオーストリアのイメージを回復するためにも必要なことである。

以上紹介したところが、短いが見事なこの論説の基調である。これには、自らをオーストリア人と感ずる者、わが国のより良き未来に期待を繋ぐ者、国内諸民族の民主的で平等な発展の保障を心から求め、それに無条件に献身しようとする者の誰もが共鳴するところであろう！

4　国際法から国際政治へ

――H・J・モーゲンソーのドイツ的背景――

国際法は法の中で格別に弱い法であることを学んだ私は、その弱さの主たる淵源が国際政治の介入にあることを発見した。この発見から、「国家間関係において重要なのは、国際法ではなく、国際政治である」という結論に達するのは、一またぎであった。

――モーゲンソー（*Truth and Tragedy*, p. 9）

一　ヨーロッパのモーゲンソー

ハンス・ヨアヒム・モルゲンタウ、ないし英語発音ハンス・ジョアキム・モーゲンソー（Hans Joachim Morgenthau, 1904～1980）の生涯は、ヨーロッパ期（一九〇四～三七年）と米国期（三七～八〇年）に分たれ、ヨーロッパ期はドイツ期（〇四～三二年）、スイス期（三二～三五年）、スペイン期（三五～三六年）、および放浪期（三六～三七年）に分たれる。クリストフ・フライの伝記（Christoph Frei, *Hans J. Morgenthau, An Intellectual Biography*, Louisiana State University, 2001）を基礎に、渡米前の履歴を年表にすると、概略左記のようになる。

一九〇四年　バイエルン州コーブルク（Coburg）に生れる。

一九二三年　フランクフルト大学哲学部入学、認識論の講義に失望。ミュンヘン大学法学部に移る。オンケン（Hermann Oncken, 1869～1945）の「ビスマルク政治」、ローテンビュッヒャー（Karl Rothenbücher, 1880～1932）の「ウェーバーの政治思想」聴講。

一九二四年　学生組合「決闘部」トゥリンギア（Thuringia）副部長となる。未来の妻イルマ（Irma Thormann, ～1980）と会う。

一九二五年　トゥリンギア部長となる。ベルリン大学に移る。トリーペル（Heinrich Triepel, 1868

～1946）、スメント（Rudolf Smend, 1882～1975）の公法講義、ブルンス（Viktor Bruns, 1844～1943）、ボルヒャルト（Edwin Borchard, 1884～1951）の国際法講義聴講。

一九二六年　ミュンヘン大学に戻る。ノイマイヤー（Karl Neumayer, 1869～1940）、ナヴィアスキー（Hans Nawiasky, 1880～1961）の国際法講義を聴講。国家試験受験準備を始める。ニーチェ『反時代的考察』を読み共感。

一九二七年　国家試験合格、法実務研修。年末より翌年五月まで結核で療養。

一九二八年　ジンツハイマー（Hugo Sinzheimer, 1875～1945）の法律事務所に入る。「フランクフルト学派」などの知識人と交流。論文がシュトルップ（Karl Strupp, 1886～1940）の高い評価を受け、博士号取得。

一九二九年　博士論文『国際司法、その本質と限界』（*Die internationale Rechtspflege — ihr Wesen und ihre Grenzen*, Universitätsverlag von Robert Noske, 1929.［以下「博士論文」ないし *Rechtspflege*, p... として引用］）公刊。カール・シュミット（Carl Schmitt, 1888～1985）より賞讃の手紙を受け、面会するが失望。

一九三〇年　第二次国家試験合格、判事補の資格を得る。

一九三一年　バウムガルテン（Arthur Baumgarten, 1884～1966）の下でフランクフルト大学法学部助手となるが、年末任期が更新されず失業。バウムガルテン、ジンツハイマー両教授の推薦による教授資格取得論文提出許可申請、不許可となる（恐慌に伴う予算削減と反ユダヤ主義?）。

一九三二年　バウムガルテンの推薦で、ジュネーヴ大学法学部ドイツ公法講師となる（屈辱的待遇を受ける）。

一九三三年　ナチ政権成立、父親亡命。教授資格論文「規範の現実性」提出。グッゲンハイム（Paul Guggenheim, 1899～1977）助教授の反対で却下。『「政治」概念と国際紛争の理論』（*La notion du "politique" et la théorie des différends internationaux*, Librarie du Recuil Sirey, 1933. 以下 *Notion* ないし『政治概念論』として引用）公刊。

一九三四年　彼の抗議により、当時ジュネーヴの高等国際研究所（Institut Universitaire des Hautes Études Internationales）教授であったケルゼン（Hans Kelsen, 1881～1973）の下で再審査、高い評価を得て教授資格取得。『規範、特に国際法規範の現実性』（*La réalité des normes; en particulier des normes du droit international*, Librairie Félix Alcan, 1934. 以下 *Réalité* ないし『規範の現実性』として引用）パリにて公刊。

一九三五年　マドリッドの国際問題・経済問題研究所研究員となる。長年の婚約者イルマ・トルマンと結婚。

一九三六・七年　イタリーに（遅れ馳せの）新婚旅行中、スペイン内戦始まり失職、財産没収。パリ、ハーグ、アムステルダム等で求職活動をするが不調。ジュネーヴでヴィザ取得に成功し、七月十七日アントワープより米国に向け出港。

彼が国際政治学者として世界的な名声を博したのは、渡米後のことで、米国で自らの過去について殆ど語らなかったこと、米国学者はたいてい英語の書物以外は読まないことなどから、もっぱら米国の学者として見られ、そのヨーロッパ的＝ドイツ的背景に対する関心は乏しかった。

その欠落を補うように、スイスの政治思想史家クリストフ・フライが、一九九三年に提出した学位論文『ハンス・J・モーゲンソー——ある知性の伝記』（Christoph Frei, *Hans J. Morgesthau—eine intellektuelle Biographie*, 1994）は、未公刊の日記・書簡等を含めて、ヨーロッパ期の彼の経歴及び理論的・思想的発展を克明に研究したもので、今年（二〇〇一年）には前記の英語版が出版された。

同書は、米国での彼の理論・思想が基本的に渡米前に準備されていたことを主張しており、そのヨーロッパ的背景としては、ニーチェ、ウェーバー、マイネッケ、ケルゼン、スメント、シュミットなどが挙げられている。ウェーバー、ケルゼン、シュミットなどに関心を抱いてきた者にとって、初期モーゲンソーの理論・思想の発展は、看過できない研究対象であることを示唆している。

以下は、同書（以下 Frei, pp… という形式で、英語版より引用する。ドイツ語版より引用する場合は GE, p… とする）の示唆のもとで、モーゲンソーの渡米前の伝記と理論的・思想的発展を略説し、最後にその意義について一考を加えようとするものである。

二　資料の問題

フライによれば、モーゲンソーは、一時自伝を書き始めたが、すぐやめてしまった（晩年の彼に捧げられた論集 *Truth and Tragedy: A Tribute to Hans J.Morgenthau*, edited by Kenneth Thompson and Robert J.Myers, New Republic Book, 1977. の巻頭に収録されている“Fragment of an Intellectual Autobiography”がそれである)。死後に刊行されたその改訂版（Transaction Books, 1984）の巻末には、“Bernard Johnson's Interview with Hans J. Morgenthau”という、一九六八年にテープ化された自伝的回想のインタヴューが収録されており、この二つがモーゲンソー自身に由来する自伝である（以下 *Truth*, p... という形式で引用。pp. 1～17 が前者、pp. 333～386 が後者に相当する)。

彼は、自らの若き日について語ることに極めて消極的で、家庭内においてすら、「向こう」（over there）について語ることは殆どタブーであった。苦楽を共にした妻のイルマは、彼の死の数ヶ月前に他界しており、一九八〇年七月十九日に没した彼の葬儀参列者で、彼の前半生について、断片以上のことを知っている者は皆無であった。従って、従来公刊された『モーゲンソー伝』『モーゲンソー論』などと題する書物でも、前半生について本格的な記述を含んでいるものはない（Frei, pp. 1～2)。

ところが、「いつの日か、誰かがそれを捜し出すことを予期していたかのように」モーゲンソー自身が自分に関する書類を周到に保存しており、更に内戦期のスペインに置き去りにされていた、小学校時代の作文・日記・書簡などまでを収めた資料箱を、イルマ夫人が苦心の末、一九四〇年に、カンサス・シティーに取り戻していた。それは、フライが接触した一九八九年には、ニューヨーク在住の娘が保管しており、彼はそれを徹底的に研究することにより、これまで誰にもできなかった、モーゲンソーの幼時よりの意識・思想・理論の発達史を再構成することができた。現在スペインにあった前半生資料の公的・学問的部分はワシントンの国会図書館に、私的資料はニューヨークのレオ・ベック研究所に寄贈されている（pp. 4～6)。

我々でも、ワシントンやニューヨークに行って、これらの資料を研究することはできるか、独自の書体で書かれた手書きの資料（cf. p. 81）を読みこなせるようになるためには、相当の修業が必要で、当面はフライの記述に依拠する他ない。

また、フライ著の巻末文献表を見ると、「政治の人間本質論的起源」（一九三〇年）、「罪意識なき自殺――自由主義と近時のドイツ戦争哲学の批判」（一九三〇年）、「国家の現実性をめぐるドイツ国家学の闘争」（一九三二年）、「カール・シュミット政治概念論への論理的諸論評」（一九三二年）、「現代における学問の意味と人間の性格づけを論ず」（一九三四年）、「カントからニーチェに至る形而上学的倫理学の危機」（一九三五年）など、手書きの論文があり、また現在の筆者には入手困難な新聞論文等もあって、研究の完璧は期し難く、これらの内容についてはフライに依存し、入手できた資料よりの憶測の域に留まらざるを得ない。

三　家庭と幼時体験

モーゲンソーは一九〇四年二月十七日、バイエルン州東北部の町コーブルク市旧市街の中心部で、ユダヤ人医師の子として生れた。第一次大戦開戦時が十歳、敗戦時が十四歳、大インフレの年が十九歳、大恐慌の年が二十五歳、ナチ政権成立時は二十八歳である。戦前の安定期に幼児期、戦時から戦後の混乱期に少年期、そしてワイマール体制の中で青年時代を送ったことになる。彼の体験は、第二次大戦期の日本人に比類すれば、昭和六年頃生れの人々の体験と対応するかも知れない。

コーブルクは、人口二万余りのプロテスタントの町で（Frei, p. 12）、その中のユダヤ人人口は三百人ほどであった（p. 18）。祖父はラビ（ユダヤ教教法師）、父は医師、母の実家はバンベルクの富裕な実業家であった。ハンスはその両親の間の一人っ子で、経済的にはまず裕福な家庭といえる。

この家庭内において、典型的なオイディプス的世界が展開していたようで、ハンスによると、父は五人兄妹の末っ子で、唯一の男児であったから、極端に甘やかされて育ち、妻子に対し、「鉄のごとく専制的な権威主義的」態度で臨んだ（*Truth*, p. 338）。彼は後に、「強迫観念に囚われた抑圧的な父と、極めて善良で、知的で、暖かい心をもった母」を対比し、「私はまさしくこの母によって救われた」と言っている（p. 337）。

父子対立は青年時代までずっと続くが、フライによれば、最も重要な対立点の一つは、ユダヤ人問題に対する姿勢であった。即ち父の同化主義への息子の批判である。フライは「父の政治的信念は、保守的愛国主義で、ドイツ人たらんとし、皇帝ヴィルヘルム二世を崇拝した。現に、息子のミドル・ネームのヨアヒムは、皇帝の末子プロイセン公ヨアヒム（Joachim Franz Humbert, Prinz von Preußen, 1890～1920）にちなんでつけたものである」と言っている（Frei, p. 13）。

「父は馬鹿だった」とハンスは言う。ユダヤ教徒の服装をしてシナゴーグに行く時は、誰もが彼がユダヤ人であることを知っているにも拘らず、人眼につかないように、裏通りを通った。ギュムナジウム時代、ユダヤ人を排除する学生会に息子を入れようと無理をし、そして結局失敗して、息子はひどく傷ついた（*Truth*, p. 340）。

Morgenthau［朝露］とは、啓蒙君主制期、ユダヤ人に姓が認められた際、一部のユダヤ人が名乗った「詩的」姓で、一目瞭然明白な「ユダヤ的姓」である。それは初対面のあらゆる人物からユダヤ人として待遇され、反ユダヤ的偏見に満ちた社会において、幼時から独自の社会的体験を強要する（cf. Dietz Bering, *Der Name als Stigma, Antisemitismus im deutschen Alltag*, Klett-Cotta, 1987）。モーゲンソーにおけるこの体験については、*Truth*, pp. 339～341. に記述がある。

四　大学時代

しかし、父に反抗しながら父に似るのは息子の宿命であるらしく、ハンスの政治的信念にも、多分に父親に似たところがあったようである。

一九二三年、十九歳のハンスはフランクフルト大学哲学部入学、しかし英国経験論の系譜を引き、認識論に関心を集中する教授に失望し、一学期でミュンヘンに移った。ドイツ文学研究を選ぼうとしたが、大インフレ進行中でもあり、父がそういう「儲からない職業」（unprofitable occupation）に連なる学科への進学に反対し、気乗りがしない法学部に移った（*Truth*, p. 4）。そこでオンケンのビスマルク外交論、ローテンビュッヒャーのマクス・ウェーバー政治論の講義を聴講し、感銘を受けた。二五年夏学期よりベルリンに赴き、スメントとトリーペルの公法講義などを聴講した。二六年にはミュンヘンに戻り、ノイマイヤーとナヴィアスキーの国際法講義を聴講した（Frei, pp. 31～2）。

一九二五年のベルリン遊学以前に出てくる名は、「ビスマルク・ファンの会」の感がある。ウェーバーは、ビスマルクは「天才」で、他の政党政治家の最善の者も、彼と並べれば「中級品」（Mittelmaß）であるが、彼の失敗は、国民に頼られ過ぎて、次代の政治教育を怠ったことだ、と言い（*Politische Schriften*, Drei Masken Verlag, 1920, pp. 132,138）。スメントは、意図せずして統合性を完璧に実現していたビスマルク憲法を、学者の作ったワイマール憲法が破壊したと言っている（*Verfassung und Verfassungsrecht*, Duncker & Humblot, 1928, pp. 24,125）。

モーゲンソー自身も、渡米後ビスマルクについて、「事態の支配者となり、歴史を自覚的に創造した政治家」「外交政策の全体的構想と具体的状況を操作する能力とを兼備した人物」として、ワシントン、リンカン、リシュリューと並べて、その名を挙げている（"The Perils of Empiricism," *The Restoration of American Politics*, University of Chicago Press, 1962, p. 115）。このような政治家像は、ウェーバーが『職業としての学問』で力説したところを思わせる。

それ以上に若きモーゲンソーのビスマルク観を窺わせるのは、博士論文中、国民的名誉の問題を、侮辱されて決闘するというような、学生組合流の名誉と類比して扱うヴェーベルク（Hans Wehberg, 1885～1962）やシュッキング（Walter Schücking, 1875～1935）等の平和主義者たちを批判した箇所で、次のように述べていることである。

このようなとらえ方を輝かしく（glänzend）論駁し、国民的名誉の問題が国際政治の問題であることを明確にしたのは、ビスマルクの次の言葉である。

「私は国際対立の問題をゲッティンゲンの教授たちや学生組合流の名誉の流儀の次元でとらえたことはなく、それをヨーロッパの諸大国と対等性と政治的独立を獲得しようとするドイツ国民の抱負として理解してきた。国際対立の根本的解決は、国民間戦争

（Völkerkrieg）以外では不可能である」（p. 120）。

五　決闘部

ところでハンスは、この「学生組合流の名誉の流儀」に無関係ではなかった。トゥリンギア（Thuringia）という「決闘部」（Fechtklub）に参加したのである。たいていのことでハンスの観察を額面通り受け容れるフライも、この点については、次のようなことを言っている。

しばらく前コーブルクで、祖国から排除され、拒否されていると感じていた彼が、ドイツ愛国主義・ドイツ帝国・ドイツ的名誉に尽瘁する団体に参加したのだから、驚くべきこと、少なくとも奇妙なことに感じられる。後年このことについて尋ねられると、彼は何となく居心地が悪そうで、弁解的になる。彼は「私は自発的に入ったのでなくて、父が是非入れというものだから。私は余り興味はなかったのだが、父がこれこそドイツ的世界への同化の極致だとしていて…。誠に馬鹿馬鹿しいことで、いつぞやその同窓会の通知が来たが、屑籠に捨てましたよ」などと言っているが（*Truth*, p. 342）、それはどうか？　実は彼はそのトゥリンギア決闘部に大いに打ち込んでいて、一九二四年夏に副部長、二五年春には部長になっている。彼は六回正式の決闘をし、頰と顎に傷が残っていて、四十年後の一九六五年、ヴェトナム問題でテレビに出た時、二番目の決闘の相手がその傷で「あいつだ」と気づいた。（Frei, p. 32）

もっとも、この種の団体は、ユダヤ人を受け容れないのが普通で、彼が属したトゥリンギアは、実際上はユダヤ人学生の団体となっていたという。「彼らがアーリア人学生の決闘伝統を模倣しようとすればするほど、激しく侮辱され、二六年には遂に、ユダヤ人団体は、ミュンヘンでアーリア人学生組合が組織する行事への参加を拒否された」(Frei, p. 33)。

トゥリンギアは一八七五年にチューリンゲンで結成されたBurschenschaft(学生組合)で、やがて全国組織となった。ユダヤ人のみで構成されていた訳ではない。モーゲンソーはそのミュンヘン支部の部長で、その支部にユダヤ人が多かったのであろう。同部は一九三五年ナチ組織に吸収され、戦後復活したという。

なお、「ユダヤ人学生と決闘」という主題で想い出されるのは、一八八八年、ベルリン大学学生会での、右翼青年アイヒラー(神学部)の反ユダヤ的発言に怒ったフーゴー・ブルムHugo Blum(1866〜88)(医学部)が決闘を挑んだ事件である。前者は「ドイツ学生同盟」(Verein Deutscher Studenten)、後者は「学問自由同盟」(Freie Wissenschaftliche Vereinigung)の代表的活動家であった。決闘は、十二月十一日グリューネヴァルトで、ピストルにより、「厳重な制約下で」(unter schweren Bedingungen)行なわれたが、ブルムは一撃のもとに射殺された。二十二歳であった。この事件がユダヤ人社会に深刻な衝撃を与えたことは言うまでもない(*Im Jüdischen Leben, Erinnerungen des Berliner Rabbiners Malwin Warschauer*, Transit Buchverlag, 1995, p. 61)。

ハンスは、父に劣らずドイツ的伝統への同化を志向していたのである。渡米後の回想の中で、この側面が消極的に描かれていることは、留意すべきことである。フライも「色々あっても、所詮彼はドイツ人で、…政治的には青年保守派（Jung-Konservative）のシンパであった」と言っている（p. 33）。また、彼の決闘部参加は、「国家の名誉」を重視する彼の国際政治論とも無関係ではないであろう（cf. *Notion*, p. 85）。彼はこの点について、『ハムレット』の一節（「大した問題でもないことで興奮するのが立派なことじゃないことは、分っているが、藁しべ一本で大喧嘩をしなければならないこともある、名誉がかかっている場合にはね」四幕四場五五～八）を引用している（*Rechtspflege*, p. 125）。

大文字で書かれた「青年保守派」とは何か？　それは、Moeller van den Bruck, Edgar Julius Jung などと結びついたファシスト的革命運動で、その一部はナチに合流した。フライ氏の私信によれば、彼らの名は日記等に現われないそうであるが、ムッソリーニを好んでいた。conservative と reactionary を区別する観点からすれば、もとより後者である。

六　ユダヤ人と自由主義

ドイツ主流文化への同化を求めるユダヤ人の努力は、世界観中立的「国家」と私的自由の世界としての「市民社会」を結合した自由主義国家の中に、「ユダヤ教徒ドイツ国民」として統合されうるとの展望を生み、それは、「根強い反ユダヤ主義も、やがて社会の進歩とともに克服されうるものである」という希望と手を携えていた。

しかし第一次大戦戦場における激しいユダヤ人差別や戦後の「背後の一撃伝説」などに伴う激烈な反ユダヤ主義運動は、その展望を大きく動揺させ、ナチスの体験は、あらゆるユダヤ人に、同化主義の失敗を教えた。早くよりシオニズム運動に身を投じていたレオ・シュトラウスなどは、「そら見たことか」と同化主義者を嘲笑することができたが、かつて同化主義者であった者の多くも、「本心は自分も同化主義を不可能だと感じていた」という形で、自己の過去を再解釈し、同化主義を批判した。

この点についてのモーゲンソーの態度を示すものに、一九六一年の講演「ドイツ・ユダヤ人自由主義の悲劇」("The Tragedy of German-Jewish Liberalism," *The Decline of Democratic Politics*, The University of Chicago Press, 1962) がある。その中でモーゲンソーは言う——、

ナチ体制によってユダヤ人が受けた災厄は、三重の意味で悲劇であった。

(1) 従来の迫害は、信仰に対する迫害であり、信仰を放棄すれば逃れることができた。迫害を受けた者は、自らの苦難について、信仰を守り通した故に受けたものであるという意味づけをすることができた。ナチの迫害は、信仰でなく、存在そのものに対するもので、そのような意味を失わせた。

(2) 中産階級であったドイツ・ユダヤ人は、フランス革命が掲げた平等な自由と人権という自由主義原理を信じ、中産階級的オプティミズムの故に、迫っている危機を直視できなかった。彼らは自分たちを、たまたまユダヤ教という、他の諸宗派と同列の一宗教を信じているドイツ国民であると考え、反ユダヤ主義は「前自由主義時代の遺物」で、ほどなく消え去るものとみなしていた。従って、これらの前提を否定する勢力の擡頭に対して心の準備ができていなかった。

(3) 十九世紀のナショナリズムは、自由主義的ナショナリズムであったが、二十世紀のそれは、

自民族選民思想に基づく反自由主義的なものであった。他方ユダヤ人は、いかにその国に同化していても、超国境的性格を棄て切れず、また自らの神の下で、別の選民思想をもつものと看做された。ソ連であれ、ナチ・ドイツであれ、これを槍玉に挙げ、屈辱を加えることをその本質的傾向としていた。

この中で特に(2)は、父親の属していた中産階級の同化主義への批判を含意しており、若き日の彼自身の反自由主義的同化主義との相違を示唆している。

先行世代のユダヤ人たちの自由主義に対するこの批判は、一九六二年のレオ・シュトラウスの回想("Preface to the English Translation," *Spinoza's Critique of Religion,* The University of Chicago Press, 1997）と似ている（長尾「シュトラウス伝覚え書き」『争う神々』信山社、一九九八年、一九五頁参照）。シュトラウスのシュミット『政治の概念』への書評を、モーゲンソーは「秀逸」（excellent）と評した（*Notion,* p. 46）。モーゲンソーのシュトラウスとの関係については、トムスン（Kenneth Winfred Thompson, 1921〜）の回想がある。

レオ・シュトラウス教授をNew School of Social Researchからシカゴに招聘するに当って、学部長代理であったモーゲンソーは、決定的な役割を果した。当初モーゲンソーはシュトラウスに対して手放しの礼讃ぶりで、「他の政治学者たちから何時間もかかって聴いたことよりも、彼と数分間会話する方が有益だ」などと言い、シュトラウスの方でも敬意を報いていた。ところが時が経ち、シュトラウスに熱狂的追随者たちが生れ、メシア的ともいうべき無比の成功を博した頃から、シュトラウスはモーゲンソーに対して批判的になっていった。シュトラウスは

「哲学は普遍的で不可分なもので、□□哲学・△△哲学などというものを説くのは誤りだ。『善き生』とか『最善の国家』とかいうものについて、根源的問題を考察するのが哲学の本来的任務で、『国際関係の哲学』などというものを云々するのは、『清掃労働者の哲学』を論ずるような見当違いである」とモーゲンソーを批判し始めた。そうすると親しい同僚たちの間にさえ、「君のいう国際関係の哲学というのは、哲学の根本から見て通俗的で狭すぎるのじゃないかね」などと批判する者が出てきた。("The Two Commitments of Hans J.Morgenthau," *Truth*, p. 22)

モーゲンソーのユダヤ人自由主義批判は、当時のドイツ思想界における自由主義批判と結びついていた。「自由主義」を侮蔑的に語ることは、ヨーロッパや日本の戦間期知識人を支配したムードである。ところがその「自由主義」とは、基本的に、戦後日本国憲法やボン基本法に盛り込まれた思想や制度そのものである。それは、国内政治においては、個人主義・自由主義・議会制民主主義、国際政治においては平和主義・国際主義を含意し、それらを貫くエートスとして、異質的なるものとの共存を求める寛容主義があった。

第一次大戦という総力戦の体験、戦勝国側の復讐政策、そしてロシア革命などにより、第一次大戦後世代のドイツ知識人は、自由主義の時代は去ったと感じ、ヴェルサイユ体制とワイマール体制を攻撃した。それに若きユダヤ系知識人は、従軍体験等を通じて、反ユダヤ主義的心情・運動が到底根絶し難いほどに根強く、強烈であることを痛感し、先輩世代の同化主義を批判し始めたのである。

七　一九二六年の転向

一九二六年、ベルリンからミュンヘンに戻ったモーゲンソーは、学問、具体的には国際法学を生涯の職業として選び、本格的な研究者の道を歩み始めた。スメントなどに代表される右派国家主義イデオローグに親近感を感じ、決闘部に身を投じたりしていた彼は、この時期に大きく方向転換をする。決闘部との訣別に関しては、二七年五月の日記に次のような言葉があるという。

青年運動の気風は、今の自分には不思議なほどに、無限に遠く、違和的なものに感じられる。彼らは、歌だとか、そういう情緒的なものに捌け口を求めているが、違和感の理由の一つはそれだろう。しかしそれ以上に、そういう気風は堕落している。現代のような時代に、生の現実に直面できず、幼稚な生きざまに逃避するなど、単純で愚の骨頂だ。（Frei, p. 102, GE, p. 37）

確かに彼は、右派政治学者たちの権力主義的国家観や無規範的国際観念を維持したが、それをイデオロギーでなく、冷徹な社会認識という学問的基礎に置き換えた。この点において重要なのはニーチェとの邂逅である。

フライによれば、彼は一九二六年にニーチェ『反時代的考察』を読み、多大の共感を覚えた。彼がニーチェに共感したのは、何より、徹底的懐疑に堪える認識のエトス、「幻想を超えて窮極的現実を求める精神」（*Truth*, p. 17）である。それに対し、超人論のようなニーチェの「預言者的」側面には追随しなかった（Frei, p. 107）。この点で、彼のニーチェ観はウェーバーのそれと瓜二つである。

渡米後の彼は、米国で評判のよくないニーチェに代えて、「一応まともと見られている」(plausible name) ウェーバーに多く言及した (p. 112)。フライは、彼へのウェーバーの影響は強調され過ぎていると言うが (p. 95)、神なき現代の宿命に堪えつつ、認識のエトスに撤するウェーバーが、彼の重要な模範となったことは明らかである。

米国においてウェーバーは、何より『プロテスタンティズムの倫理と資本主義の精神』という書名によって有名である。それはまさしくワスプの解釈するアメリカ「國體」そのものだから。「一応まともと見られている」のは何よりそのためである。

彼は、スメントやトリーペルのような政治派の教授たちから徐々に距離をとり、ノイマイヤーやナヴィアスキーのような堅気の学者に学び始めた。ノイマイヤーの緻密なテキスト分析ぶりについて、感銘をもって回想している (*Truth*, pp. 8, 348)。このことが、彼が右派国家主義者たちの政治的リアリズムの認識を吸収しつつも、それと一線を画するに至った重要な理由であろう。彼は著書『政治概念論』(一九三三年) 序文において、この著作は純粋に論理的なもので、実践的発言はしない旨を強調している。彼が親炙した「堅気の学者たち」(ノイマイヤー、ナヴィアスキー、ジンツハイマー、バウムガルテン、シュトルップ等) が揃いも揃ってユダヤ系であることも、注目さるべきである。

しかし彼は、ユダヤ系左翼知識人に思想的に接近した訳ではない。彼は社会民主党指導者であったジンツハイマーの交友範囲にあったフランクフルト学派のマルクス主義者たちと交流したが、彼らを「マルクス主義を、あらゆる問題にレディーメードな解答を用意している閉じた知的体系と看做し」「ナチの脅威が眼前に迫っているのに」「マルクス訓詁の論争にふけっている」と論評している。マルクス主義そのものについては、「近代社会学はマルクス抜きには考えられない」と言っているが（*Truth*, pp. 13～14）。

ユダヤ系知識人の学派であった精神分析についても、マルクス主義と同様、複雑な事象を経済ないし心理に還元しようとする誤まてる還元主義であると批判している。もっとも、博士論文などにおいて、潜在的な「緊張」関係の発現が抑圧（verdrägen）されると、全然無関係に見える「係争事項」に捌け口を求めることがあるなどと、国際紛争に関する彼の持論をフロイト的用語を用いて説明している（*Rechtspflege*, p. 82, *Notion*, p. 82）。

八　博士論文

博士論文『国際裁判論――その本質と限界』は、厳しい環境の下で学界における未来を模索する二十五歳の青年の作品で、真面目な勉強の成果をまとめたものという性格もあるが、生涯を貫くテーゼが既に提出されている。その要旨――、

「政治問題」は国際裁判に親しまないとされているが、政治問題と法律問題の関係如何？　両者は背反関係にあるという説があるが、そんなことはない。第一次大戦の発端となったドイツによる中立国ベルギーへの侵攻、一九二八年における日本の山東出兵等は、法律問題でもあるが、政治問題でもある（p. 61）。政治問題になりやすい問題となりにくい問題の区別があることは事実だが、しかし法律問題であってもなくても、国家間のどんな問題でも、一定以上の

強度（Intensitätsgrad）に達すれば、政治問題となる（p. 69）。

国家間の対立（Gegensatz）は、主張が厳密に定式化されうる「係争」（Streitigkeit）と、不可視で潜在的で、明確に定式化できないが、強度においては係争事項にまさる「緊張」（Spannung）に分類される。国内においては、係争は司法的に、緊張は立法的に解決され、係争が革命や無政府状態に発展することは例外的にしかありえないが、国際関係においては緊張は恒常的に存在する（p. 73）。

緊張なき国家間においては、あらゆる係争は司法的解決に親しむが、緊張ある国家間においては、係争を緊張から切り離して解決することはできない。A国とB国の間に重大な緊張関係があるが、一見それと無関係に、通商条約の解釈をめぐる係争事件が生じたとすると、その係争事件が緊張の表現者となり、捌け口となって、緊張のエネルギーを吸収し、係争事件それ自体としては不相当な、重大な政治的意味を帯びることにもなる（p. 82）。

このような緊張関係は政治的性格のもので（p. 91）、政治的紛争は司法的解決に親しまない（p. 90）。緊張関係を巻き込んだ事件を司法的に解決しようとした場合、裁判官が緊張の側面をまったく無視して、法的に問題を処理したとすると、それが緊張を緩和するか、却って悪化させるかは、全くの偶然である（p. 89）。

この「係争」対「緊張」という図式は、仏語の著書では tension と différend の対置（*Notion*, pp. 72ff.）、英語の著書では tension と dispute の対置として承継される（*Politics among Nations*, 3rd ed. Alfred A. Knopf, 1960, pp. 429ff.（First ed., 1949））。

九　カール・シュミット

この論文は、元来『国際裁判と政治概念』という題であったという（*Truth*, p. 9）。「政治の概念」といえば、シュミットの影響を思わせるが、シュミットの「政治概念」（"Der Begriff des Politischen," *Archiv für Sozialwissenschaft und Sozialpolitik*, 1927）は同論文には引用されていず、「政治概念」の論議は一応シュミットから独立して開始されたようである。シュミットの政治概念論議は、多元的国家論批判の脈絡から始まるのに対し、モーゲンソーのは国際裁判における「法律問題」と「政治問題」の区分の脈絡から始まる。

同書において言及されているシュミットの著書は、もっぱら『国際連盟の中心問題』（*Kernfrage des Völkerbundes*, Ferd. Dümmlers Verlagsbuchhandlung, 1926）である。シュミットのこの著書の要旨は次のようなものであろう。

国際連盟は、英仏などの大国が支配する政治的機関で、それを「脱政治化」しようとする試みは愚かなことである。それは、主権国家原理を克服するものではまったくなく、大国の利害に関するものには、全く手をつけず、ヴェルサイユ体制の status quo を防衛する機関である。

連盟規約第十条は「連盟各国ノ領土保全及現在ノ政治的独立ヲ尊重シ、且外部ノ侵略ニ対シテ之ヲ擁護スルコトヲ約ス。右侵略ノ場合又ハ其ノ脅威若ハ危険アル場合ニ於テハ、連盟理事会ハ、本条ノ義務ヲ履行スヘキ手段ヲ具申スヘシ」と定めており、保障の対象は極めて広範に見える。しかしシュミットによれば、その実質は、英米の経済帝国主義を免罪しつつ、もっぱら「軍国主義国ドイツ」の復讐に備え、大戦の戦勝国がその略奪物を保障しようとするものに他ならない。ラインに進駐したフランス軍は侵略者ではなく、却ってそれへの「軍事的脅威」が連盟による「手段」の対象となる。

また連盟規約第十九条は、「連盟総会ハ、適用不能ト為リタル条約ノ再審議又ハ継続ノ結果世界ノ平和ヲ危殆ナラシムヘキ国際状態ノ審議ヲ随時連盟国ニ慫慂スルコトヲ得」と規定し、現状変更の可能性を開いているように見えるが、議決が全会一致制の連盟総会で採択される可能性は（当事国が決定に参加できないとされる場合に、孤立した弱小国が煮え湯を飲まされる他は）ありえない。

ウィルソン米大統領の掲げた民族自決原則は、「民主国は平和的だ」という根拠薄弱なドグマと結びつき、オーストリア＝ハンガリー帝国を解体させた。チェコ＝スロヴァキア等の諸国は、国家としての体裁も整わないうちから、連合国に承認されたが、アイルランドの独立は、英国の主張によって連盟の議題ともならなかった。

モーゲンソーは、博士論文において、共感をもってシュミットに幾度も言及している。特に共感を強く表明している箇所は、以下の通りである。

(1)　国益に発する主張を通りのよいイデオロギー、特に法的イデオロギーをもって覆う傾向があり、抽象的な法原則のみあるところで国際司法裁判所の管轄を拡大すると、「政治的なるもの」が隠蔽され、表面だけの「法の支配」が行なわれることを述べた箇所で、「政治闘争の法的隠蔽」について述べたシュミットの論述に「卓越した」（vorzüglich）ものとして言及している（p. 42)。

(2)　国際対立を、「係争」と「緊張」に分類し、後者を「既存の法状態と現実の力関係の乖離に起因する対立」と性格づけた箇所で、そのような事態を裁判で解決するのは、典型的な「法の極は不法の極」の事例だと指摘するシュミットの言葉を、「卓越した」（vorzüglich）ものとして評価している（p. 79)。

(3)　上述の緊張関係を背景にもつ係争事項が国際司法裁判にかけられ、裁判官が緊張関係を視野に入れて判決を下そうとする場合、裁判は個人的偏見に支配された非合理なものにならざるを得ないと論じた箇所で、そういう事態については「誰が決断するか」（Quis judicabit?）が核心問題であり、「米国が、フランスが、或いはソ連が決断すれば、全然異なった結論となるであろう」というシュミットの一節（*Kernfrage*, p. 75）を引用している（p. 88)。

(4)　緊張関係を背景にもつ係争事項を、裁判官が全くそのことを無視して法的観点のみから判決しようとする場合、適切な解決となるか否かは、全くの偶然に依存し、事態を悪化させる可能性もあることを論じた箇所で、国際連盟を脱政治化した上で、それに政治問題を解決させせようとするのは、全くの見当違いであることを論じたシュミットの指摘を「秀逸」（ausgezeichnet）と評している（p. 89、*Kernfrage*, p. 73 を指示しているが、p. 7 の誤植であろう）。

戦後モーゲンソーは、シュミットを、知的能力は一流だが、ナチ時代の著作は「不誠実・卑小・俗悪」で、「法学のシュトライヒャー」だと評している。また「私の博士論文が公刊されるや、シュミットから絶讃した手紙が来た。私が大喜びしたのは当然で、面会を申し込んで、期待に胸を膨らませて面会した。だが結果は全くの失望で、帰りに彼のアパートから階段を下り、次の階との間の踊り場に立って『俺が今会ったのは、現存人類中最も邪悪な人物だ』と呟いた」と回顧している（*Truth*, pp. 15〜16）。

ナチ時代に独伊学術交流とかでローマを訪れたシュミットについて、カール・レーヴィットは「ばら色のすべすべした顔をしたプチ・ブルジョワ（ein petit-bourgeois mit rosigen und glatten Gesicht）」で、「会話を交わしながら、おどおどした（unsicher）目つきでまわりじゅうを見まわした」と印象を語っている（Karl Löwith, *Mein Leben in Deutschland vor und nach 1933*, J.B. Metzlersche Verlagsbuchhandlung, 1986, p. 86.『ナチズムと私の生活』秋間実訳、法政大学出版局、一九九〇年、一四一頁）。書くものに比べて、シュミットの「実物」は余り見栄えがしなかったものらしい。モーゲンソーが「邪悪」だという印象を受けた一理由も、訪れた青年学者に見られるプロフィールの角度に気を配っていたからである（p. 16）（なお長尾「カール・シュミットとキケロ」『キケロ選集七・月報』（岩波書店、一九九九年）参照）。

彼は、仏語の著書『政治概念論』において、政治の本質を「敵味方関係」に求めるシュミットの政治概念論を批判した。彼は、政治概念を「国家と国家の行動対象における対立関係の強度（dēgrē d'intensité）」に求め、この「強度」という観念はシュミットの一九二七年論文には見られないが、その後の著作において、発案者の私に言及しないままに採用している、と剽窃を臭わせる批判を加えている（pp. 34〜35, *Truth*, p. 16）。

また道徳上の「善悪」、美学上の「美醜」等に対応する政治のカテゴリーが「敵味方」であるとするシュミットの主張に対し、「善悪＝道徳・不道徳」「美醜＝美・不美」であるが、「敵味方」は「政治・不政治」ではないからこのような並列は成り立たない、敵味方は、目的実現を促進する者と阻害する者の対比であるから、政治目的のみならず、道徳目的においても経済目的においても、敵味方ということはありうると言う（pp. 48～61）。

筆者［長尾］の印象としては、シュミットの敵概念は、「世俗化され、神と互換的なものとなった悪魔」という政治神学的概念で、政治神学を欠いたモーゲンソーとはすれ違いに終っているようである。

モーゲンソー自身は、戦後シュミットについて、「一時的・否定的に影響を受けた」と言っているが（*Truth*, p. 15）、モーゲンソーに対するシュミットの影響は、実は強くかつ永続的であった。

パリが陥落し、ヴィシー政権が成立した一九四〇年の夏、彼は、ヨーロッパよりの亡命学者に職を与えるために設立されたニューヨークの New School for Social Research において、「自由主義と外交」と題する講演を行ない、ヨーロッパ諸国のナチへの敗北を、自由主義の敗北として描き出した。この講演を発展させた著書『科学的人間対権力政治』（*Scientific Man vs. Power Politics*, University of Chicago Press, 1946）において、彼は次のように言う——、

トゥキュディデスからマキャヴェリ、リシュリュー、ハミルトン、ディズレーリと連なる伝統は、国際政治を「不断の生存闘争・権力闘争」としてとらえるのに対し（p. 42）、自由主義者たちは、それを「平和・秩序・理性」の世界としてとらえ（p. 43）、その攪乱は、戦争を職

業とした貴族が支配した前自由主義時代の遺物（p. 50）であるとする。即ち各国が「理性の担い手である中産階級」の支配する自由主義体制を採用する時代になれば、戦争は地上から消滅すると信ずるのである。

政治の本質は「支配への意志」「権力への願望」であるが（p. 45）、自由主義者たちは、国際政治を「政治無き世界」と見ようとした（p. 46）。一九三〇年代後半に「一九三六・七年と三八年の二度」フランス人民戦線内閣を率いたレオン・ブルムは、「世界に危険があればあるほど、武装解除が必要だ」と説いた（p. 44）。こうした態度こそが、現在の catastrophic results（p. 51）を生んだのだ、と。

十　エリッヒ・カウフマン

博士論文において最も多く言及されているのは、エリッヒ・カウフマン（Erich Kaufmann, 1880～1972）である。

カウフマンは、ドイツ国家主義に同化しようとしたユダヤ系知識人の一つの典型で、その点では若きモーゲンソーの先輩といえる。プロテスタントの信仰をもち、第一次大戦に従軍して重傷を負った。一九一七年よりベルリン大学教授、三四年罷免され、三九年よりオランダに潜伏、戦後ドイツに戻ってミュンヘン大学教授。

ギールケに師事した彼は、その著『国際法の本質と事情変更の原則』（*Das Wesen des Völkerrechts und*

統合を唱え、それを模範的に示した人物として、ヘーゲル、ランケ、ビスマルクの名を挙げている（*die clausula rebus sic stantibus*, J.C.B. Mohr（Paul Siebeck), 1911）において、国際法における理論と実践の（Vorwort)。

同書において彼は、「大国というものは、どこかの条約のそれこれの文言に拘泥して、自国民の利益を犠牲にすることはできないのだ」（p. 29）というビスマルクの言葉を引用しつつ、事情変更を理由として、条約の文言に反する行動をとることを正当化する。その最近の事例として彼が挙げるのが、オーストリアによるボスニア＝ヘルツェゴヴィナ併合である。

ベルリン条約（一八七八年）は、弱体化したトルコに代って、オーストリアに同地の管理権（軍事基地設置権等）を認めたが、一九〇八年同国は、「状況の根本的変化（changement radical）」を理由として、同地を併合した。トルコ、ロシア等は猛反対したが、結局列国に併合を既成事実（fait accompli）として承認させた。カウフマンは、事情変更の原則が国際法の原則であることを、これほど明確に示したものはないだろうと言っている（pp. 31〜37）。本書出版から三年後に、これが世界大戦の引き金となったことは、当時の彼は知らなかったとはいえ。

しかし国際法上の権利（Recht）、否「世界史におけるより高次の正当性」（das größere Recht in der Weltgeschichte）は、戦争という「巨大で窮極的な力の試練」（große und letzte Machtprobe）によって決定されるものだという彼の主張（p. 6）からすれば、このロシアとドイツの主張対立が戦争によって決着を見るべきことは、明らかである。

彼は、シュタムラーの掲げた「自由に意欲する者の共同体」という理念を批判し、「自由に意欲する者の共同体ではなく、戦勝こそが社会の理想である。戦勝は、かの最高目的に到達するための窮極の手段であり、国家は戦争においてその真の本質を顕示する。戦争こそが国家の独自性を完全に発揮させるものであり、国家のなしうる最高の業績である」などと述べた（p. 146）。ケルゼンはこの箇所に言及しつつ、「それは国家間関係においてはただ裸の力、いわゆる強者の権利が支配する」ものとなす国際法否認論であり、「ドイツ国法学を支配している実力説の窮極的帰結を述べたものである」と論評している（*Das Problem der Souveränität*, J.C.B. Mohr, pp. 199, 265）。

このようなケルゼンの批判に対し「哲学的」に反論したのが、『新カント主義法哲学批判』（*Kritik der neukantischen Rechtsphilosophie*, J.C.B. Mohr, 1921）で、同書で彼は、一種の「生の哲学」的立場から、新カント主義を「生命なき形式主義」として、その科学主義や相対主義を批判した。

その中で、彼の力と法の関係についてのかつての発言は、新カント主義の悪影響下のもので、それから免れた現在の立場からすれば、それは「力一元論」ではなく、「力・正義一元論」であった、と弁解している（pp. 66～68）。しかし先に言及した通り、『国際法の本質』の序文で帰依しているのはカントでなくヘーゲルである。「力は正義であり、正義は力である」というこの主張は、何れにせよ「力なき者には正義はない」という帰結を導くであろう。ユダヤ人でありながら、ナチ時代に敢てドイツに留まったのは、「自分はユダヤ人ではあるが、自分の思想は、勝者の権利というナチ哲学と矛盾するはずがない」ことを説得できると信じ続けたからではないか。

一九二〇年代ドイツにおいて流行した新カント主義批判を、その非経験性・観念性・反経験的性格を正当に指摘したと解するのは誤解である。新カント主義は「極めて限定された範囲の先天的綜合判断以外には、経験のみが認識の源泉である」とするカント認識論の承継者であり、（先天的綜合判断の可能性を否定する論理実証主義に比べれば、「観念論的」であるとはいえ）、まずは実証主義的傾向を有している。

新カント主義が批判されたのは、むしろそのアプリオリな認識の可能性や、客観的価値判断の可能性についての「謙抑性」にある。シュタムラーがアプリオリに導かれたと称した法概念や法理念について、ケルゼンなどは、アプリオリに導かれないはずのものを恣意的に読み込んでいると、その「アプリオリの過多」を批判したが、カウフマンやマクス・シェーラーなどは、それが余りに形式的で無内容であることへの不満を表明し、「アプリオリの過少」を非難した。

ケルゼンに関していえば、法認識におけるアプリオリな部分が形式的に無内容であるという認識と、法の内容はすべて慣習と立法という経験的事実に由来するという法実証主義とが結びついている。それへの「不満」とは、「アプリオリに自然法の存在や国家の尊厳性が立証できる」などと言わないことへの不満なのである。これは、「生」「弁証法」「現象学的直感」などという方法が、カントのアプリオリの形式の限界を、理論的に突破できたか否かの問題である。

モーゲンソーは、博士論文においては、国際仲裁裁判条約の多くは「国家死活の利益」や「国家の名誉」に関わる事項について附託を留保しており、そのような留保のない条約でも、それを暗黙の前提としているはずだという趣旨のカウフマンの言葉（*Wesen*, p. 4）を肯定的に引用している（p. 132）。また、「事情変更の原則」は、「国家死活の利益」や「国家の名誉」に関わる事項についての留保の特殊事例であり、後者の暗黙の留保を認めるならば、前者も認めざるを得ないだろうと論じた箇所で、カウフマンの著書に言及している（p. 135）。

しかし研究が本格化するにつれ、インテリやくざ的なカウフマンにいかがわしさを感じ始めたとおぼしく、その『新カント主義法哲学批判』については、『政治概念』論でその実証主義批判に言及している（p. 42）他は、言及していないようで、教授資格論文『規範の現実性』には引用が見られない（同書にも、『国際法本質論』への言及は二箇所あるが（pp. 69, 77）、何れも法の概念、法と道徳の関係について論じた箇所を、多くの関連文献とともに併記したに過ぎない）。彼は公刊されていない一九三二年の書き物の中で、『新カント主義法哲学批判』について、「エリッヒ・カウフマンの旧派攻撃は、清掃的・刺激的効果をもったが、自説を樹立したと標榜しているのは自己過大評価である」と言っているよしである（Frei, p. 118, GE, p. 123）。

十一　ケルゼンとモーゲンソー(1)　アンビヴァレントな関係

モーゲンソーは、渡米後の回想インタヴューの中で、「マクス・ウェーバーやハンス・ケルゼンのような人々」の影響下で育った私には、ウィリアム・ジェームズのような米国風の「楽観主義とプラグマティズム」にはなじめない、と言っている（*Truth*, p. 379）。

「楽観主義」になじめないという点について、ケルゼンが体質的な悲観主義者であることは、メタルの伝記（Rudolf A. Métall, *Hans Kelsen, Leben und Werk*, Franz Deuticke, 1969）が、若き日にショーペンハウアーに惹かれて以来の彼の性癖や思想に関連して強調しており、何よりも「人間界においても動物界においても大魚は小魚を食う。ただ本能に駆られて小魚を食った人間魚は、自己と社会に対し、それが正義であったという正当化を求める」という言葉（*What Is Justice?* University of California Press, 1960）がそれを示している。モーゲンソーも「人間界の悲劇性」について繰り返し語り（*Truth*, p. 379）、「幻滅――それが人生だ」というようなことを言っている（*Truth*, p. 16）。

「プラグマティズム」の一つの意味は、知を実践の手段と考えることであるが、これは知の自律性の否定である。「知行合一」とは「知」を「行」に合一する限度に留めることで、「認識と実践の弁証法的統一」とは、認識を実践と統一可能な限度に留めることを意味する。「実践理性」とは実践に従属した理性に他ならない。「法学は実践理性の学である」と誇らしげに唱えられるが、それが「学」としての不適格性の証明であることを指摘したのはケルゼンである。

モーゲンソーは、「知行合一」の哲学的保障者、スメントやカウフマンの哲学的パトロンであるヘーゲルについて、根拠不明な前提から導き出された「馬鹿げた結論」（absurd conclusions）に盲従する「ヘーゲル的一貫性」と嘲笑的に語っている（*The Restoration of American Politics*, The University of Chicago Press, 1962, p. 59）。

以上のような点では、ケルゼンとモーゲンソーの志向は一致するが、ケルゼンは、政治を法、特に司法の支配下におく法政策の主張者で、オーストリア共和制憲法に憲法裁判所制度を導入し、憲法の保障者は非常事態権限を行使する大統領であると主張するシュミットと論争し（*Wer soll der Hüter der Verfassung sein?* Walter Rothschild, 1931）、国際司法の管轄拡大による世界平和の推進を提唱した（*Peace through Law*, University of North Carolina Press, 1944）。これは国際司法の無力を指摘するモーゲンソーの受け容れないところで、この点では両者は終始対立した。

国際連盟や国際連合の評価についても、不完全ながらも、世界統合への道程として、両者の積極的に評価するケルゼンと、「立法し、それを適用・強制しうる政府のないところには、法秩序も平和もありえないというホッブズの洞察は、永遠の真理である」とし、連盟も国連もそのような政府とは全く異なるとするモーゲンソー（"International Law and International Politics: An Uneasy Partnership," 1974, quoted by Leo Gross, "On the Justiciability of International Disputes," *Truth*, p. 203）とは正面から対立する。彼は『ケルゼン七十歳記念論集』に、「世界政治の観点から見れば、国連とは、本来米ソ両国プラスその各々の同盟国のことで、国連の政策とは諸大国の政策に他ならない」と、シュミット『国際連盟の中心問題』（一九二六年）を思わせる論文を寄稿している（"Political Limitations of the United Nations," *Law and Politics in the World Community*, University of California Press, 1953, p. 151）。

こうして、認識と実践の二元論、認識への献身という点では共通し、現代国際社会の認識や評価については対立するケルゼンとモーゲンソーは、亡命者の町ジュネーヴにおいて、宿命的に遭遇した。

十二　ケルゼンとモーゲンソー(2)　義理人情

初期にはカウフマン流俗論の影響下でケルゼンを見ていたらしいモーゲンソーも、やがて「堅気の学問」を始めるにつれて、ケルゼンの法理論を本格的に検討してみることの必要を感じ始めた。そして、ジュネーヴにおける教授資格取得論文（Habilitationsschrift）に、ケルゼン法理論の批判という主題を選んだ。

モーゲンソーは、当初はドイツで教職を得るための一時の便法としてジュネーヴに来たつもりであった。その地位は、学生の聴講料を唯一の収入とする私講師で、聴講者は二・三人から五・六人である。ほどなくナチ政権が成立し、帰国は絶望的となった。聴講者の中にゲシュタポの手先が入り込み、聴講者を監視し、威嚇した。ドイツ人学生に、ドイツの国家試験準備のためのドイツ公法講義を担当する彼の授業は、ドイツ公法がナチ公法となると、ユダヤ人の彼がそれを講ずることは、奇妙極まるものとなった。父の亡命もあって、経済的にも困難を極めた。

このような中で、一九三三年、彼は教授資格論文『規範の現実性』を大学に提出した。ところが同年十一月、論文落第の通知が届いた。しかもそれは、五歳年上のグッゲンハイム助教授（後の国際司法裁判所判事）の反対によるものであった。「反ユダヤ主義者でなく、同じユダヤ人から背中を刺されたのだ」（Frei, p. 47）。モーゲンソーは後に、グッゲンハイムは「卑しい野郎」（mean fellow）で、私に嫉妬したのだ、と言っている（*Truth*, p. 353）。彼は訴訟も考えたが、ジンツハイマーに止められた。彼はこの決定の不当を当局者に訴えたが、はかばかしい成果はなかった。ところが、権威あるパリのアルカン出版社が同論文の出版を決定したことから、情勢が変り、ケルゼンの下で新たな審査委員会が組織された。

ケルゼンは、ナチ政権にケルン大学を追われ、モーゲンソーに後れてジュネーヴにやってきて、高等国際研究所教授の地位にあった。ゲシュタポの追及や、スイスの学者・知識人の間の反ユダヤ主義、ナチ・ドイツがスイスの中立を侵害する可能性への危惧などから、チェコスロヴァキアの国籍を取得すべく、プラハ・ドイツ人大学教授の兼任ポストに就任していたが、プラハもまたナチの脅威下にあり、彼の就任はナチ系勢力の激しい反対運動の中で行なわれた。一九三四年プラハで開催された国際哲学者大会は、ケルゼンを報告者として招待しながら、ナチ・ドイツ哲学者団のボイコットの威嚇を用いた反対により招聘を取り消された（こうしてプラハを訪れて報告者となったドイツ哲学者の一人に、戦後西独で大哲学者の如くもてはやされたニコライ・ハルトマンがいる。長尾『ケルゼン研究Ⅰ』信山社（一九九九年）一六頁参照）。

ケルゼンは、「モーゲンソー氏は、規範理論の最も困難な問題に精力的かつ真剣に取り組み、広範に文献を渉猟し、関連諸問題を深く考察し、独立した独創的な思考を示した。著者は厳密な学としての法学に重要な貢献をなしうる稀有の精神の持主と認められる」という最大限の評価をこれに加えて、教授資格を賦与した（Frei, p. 48, GE, p. 56）。モーゲンソーは「ケルゼンがいなければ、研究者としての私の履歴はここで尚早の終末を迎えていたであろう」と言っている（*Truth*, p. 354）。

この論文がどの程度すぐれたものかは、簡単に断定できないが、当時の独仏の主要な法学原論・法哲学の文献を渉猟した力作であることは疑いない。著者は、ケルゼンの法理論は法秩序構造論としてはすぐれたものであるが、「法の現実性」という点に触れておらず、本論文はそれを問題とする、「新カント主義は、道徳規範のアプリオリ性というカント思想を誤解し、当為を経験界、特に心理の領域から完全に分離してしまった」と宣言し（p. 11）、法・道徳・習俗の定義や相互関係、慣習法の概念などの問題に触れた後、結局国際法は充分な現実性をもたない法であるという結論を導き出している。本書の結論を象徴するのは、冒頭にモットーとして掲げられたパスカルの言葉であろう。

正義は論争に従属するが、力は論なく明解である。正義に力を与えることは不可能で、力は正義を廃し、「俺が正義だ」と宣言する。正しい者を強くすることはできないが、強者を正義とすることはできる。（『パンセ』二九八）

この論文に高い評価を与えたのはケルゼンの度量でもあるが、著者がかつて傾倒したスメントやカウフマンなどを問題とせず、もっぱら「堅気の法理論家たち」の理論に取り組んでいることに好意をもったのであろうか。

渡米後のモーゲンソーにも苦難の日々が持っていたが、やがて彼はそれを克服し、「リアリズムの国際政治学者」として、国際政治学という学問分野を創設し、学界の指導者となるとともに、オピニオン・リーダーともなる。彼の思想の実践者の一人にヘンリー・キッシンジャーがいる。

他方ケルゼンは、六十歳近くで渡米し、やっと得たカリフォルニア大学バークレー校の職も七十歳で退職し、満足な年金もなく、なお老いた貧困の二十年を送った。国際政治における観念論者に見えたに相違ないこのケルゼンに対し、モーゲンソーは義理堅く、ケルゼン七十歳祝賀論集の発起人となり、五四年には甚だ高給のシカゴ大学客員教授に招聘し、七〇年には著書『真理と権力』（*Truth and Power*, Praeger Publishers, 1970）をケルゼンに献呈した（Frei, p. 49）。その献辞は「身をもって、力に向って真理を説く模範を示してくれたハンス・ケルゼンに捧げる」というものである。

5 民主主義と保守主義の間？
――ケルゼンとその「甥」――

一　ケルゼンとシュタール

『民主制の本質と価値』（初版一九二〇年）の末尾近くで、ハンス・ケルゼン（Hans Kelsen, 1881-1973）は、次のように述べた。

民主制の特質をなす多数者の支配は、反対者・少数者の存在を、その最内面的本質において概念上前提するのみならず、政治的に承認し、基本権・自由権や、比例代表制の原則をもってこれを保護する。……特定の政治的信念が設定した価値を相対視すること、特定の政治的綱領や政治理念に、それがいかに深い主観的帰依と個人的確信の対象であろうとも、絶対的正当性を認めないこと、このことは否応なしに政治的絶対主義の否定を帰結する。……それに対し神寵や天啓をもってその政治的意志や政治行動の根拠となしうる者は、民の声に耳を閉ざし、絶対善の意志としての自己の意志を、他の意志をもつ不信・迷妄の徒の世界に対して、貫徹する権利をもつであろう。それ故にこそ、「多数でなく権威を」という標語が、キリスト教君主制の、神寵による支配の標語となりえたのである。これは保守的法哲学者シュタールの創唱したもので、精神の自由の擁護者たち、奇跡とドグマから解放され、人間の理知と批判的懐疑を基礎とする科学の擁護者たち、そして政治上の民主主義者たちの一致した攻撃対象となったものである。(1)

ケルゼンは、ほぼ同様の言葉を同書第二版（一九二九年）(2)ばかりでなく、『一般国家学』（一九二五年）(3)、『政治体制と世界観』（一九三三年）(4)、『民主主義の諸基礎』（一九五六年）(5)において繰り返しており、シュタール（Friedrich Julius Stahl, 1802-61）こそ、ケルゼン政治哲学の対極点にあるものといえようか。ユダヤ百科辞典『ジュデイカ』の項目から、シュタールの生涯を窺ってみよう。

ドイツの保守政治家。バイエルン州ヴュルツブルク生れ。生名ユリウス・ヨルゾン（Julius Jolson）。ユダヤ教徒として正規の教育を受けたが、一八一九年官職への機会を求めてルター派に改宗した(6)。バイエルンの諸大学で法学を学ぶ。学生組合（Burschenschaft）運動で名をなした。一八二七年ミュンヘン大学講師、同年『古代ローマ法における請求権』を発表。その後キリスト教神学を基礎として法哲学史を概観した主著『歴史的視点より見た法哲学』（上下二巻、一八三〇〜三七年）を公刊した。

一八四〇年エドゥアルト・ガンス（Eduard Gans, 1798〜1839）の後任としてベルリン大学法学部教授となり(7)、講義は好評を博した。講義において時事問題について極端な保守主義的見解を表明、一連のパンフレットによって、自由主義・民主主義に対抗してキリスト教国家を動員すべきことを唱えた。一八四八年革命挫折の後、プロイセン上院議員となり、右派政党Evangelische Oberkirchenrat Parteiを率いた。同党のユダヤ人解放反対政策は彼の主張によるところが多く(8)、彼は下等なユダヤ性とドイツ民族性の対比を強調した。伝統的な権利・正義・秩序の擁護者であるという点では、ビスマルクやトライチュケ等の同時代の人の支持を得たが、カトリック的バイエルン出身の元ユダヤ教徒がプロイセン・ルター派保守主義思想を定式化したという点には困惑した。ナチスは彼の哲学をユダヤ的神権主義であるとして排撃した(9)。

二　ケルゼンの改宗

この、余り好意的でないシュタール像の是非はともかく、この経歴とハンス・ケルゼンの経歴との間には、「ルター派に改宗したユダヤ人」という、一つの類似性がある。

ケルゼンが一九〇五年にカトリックの洗礼を受けたことは、よく知られている。これについて、メタルの伝記は次のように言っている。

フランツ＝ヨゼフ皇帝期のオーストリアにおいても、学界において、ユダヤ教徒であることばかりでなく、単にユダヤ人であることが履歴に重大な障碍となることは明らかであったが、彼は父存命中の一九〇五年洗礼を受けた。学界に自分の未来を求める決意をしたためである。彼は、当時のオーストリアの大学で、人種的反ユダヤ主義ばかりでなく、宗教的反ユダヤ主義も支配的で、こうしなければ前途の見込みがないと判断したのである。彼は全く没宗教的(religiös indifferent)な人間で、この行為は全く非宗教的動機のものであった。(10)

ところが彼は一九一二年にルター派の洗礼を受けている。(11) 筆者の知る限りで、この事実を最初に指摘したのは、オーバーコフラーとラボフスキーの共著であるが、ウィーンの教会文書を調べたロバート・ヴァルターによって確認された。(12)

問題はこの第二の洗礼の動機である。愛弟子メタルに「没宗教的」と断定されている彼に、深い信仰上の回心が存在したとは考えにくいし、『国法学の主要問題』(一九一一年)とその二・三年後の著書との間に、そのような回心を示唆する思想的相違も認められない。普墺戦争以来、あるいはそれ以前から、反プロイセン感情の強いカトリック国オーストリアにおいて、カトリックから、プロイセンを本拠地とするルター派に改宗することが、出世に何らかのプラスをもたらすとは考えられない。現在この点について、ハードな証拠に基づいて、改宗の動機を推測することは不可能なようで、以下に述べるところは、一つの臆測である。

第一の手掛かりは、物理学者ヴィルヘルム・フランク(13)のオーバーコフラー宛書簡（一九八八年九月一九日）の次の一節であろう。

　ケルゼンはフリーメーソン会員(14)でもありました。彼はウィーン・ドイツ国民劇場専属の劇作家ハインリッヒ・グリュックスマンと同一の支部（Loge［英語 lodge］）に属していたようです。ケルゼンがカトリックから更にプロテスタントに改宗したのもこれと関係があるのではないでしょうか。

これはオーバーコフラーとラボフスキーによる、第一大戦中のケルゼンの行動を批判した共著の献本に対する謝辞の中の一節で、その証拠や信用性という点には、問題がない訳ではないかも知れない。しかし、フランクにこのような固有名詞つきの話を捏造する動機があるとも考えにくいので、以下この記述を基礎に仮説を考えて見ることにする。

まずこの点で想起されるのは、ケルゼンの結婚である。父の工場の経営不振、その破産によって、困窮の青年時代を送った彼も、一九一一年、『国法学の主要問題(15)』で教授資格を取得し、ウィーン大学私講師として講義を開講するとともに、「商業博物館輸出学校」に定職を得た。そこでの同僚アドルフ・ドルッカーと親しくなり、翌一二年その妻の妹マルガレーテ・ボンディ（Margarethe Bondi, 1890-1973）と結婚した。このドルッカーこそ後にオーストリア・フリーメーソンの grand master になった人物で[16]、ケルゼンが彼に勧誘されたことは充分考えられる。ルター派に改宗したのは、当時において、フリーメーソンに加入することと、カトリック教徒であることが、両立不可能であったからであろう。

その後彼が、フリーメーソン会員として大いに活躍したという痕跡は全くない[17]。オーストリアのフリーメーソンは、「深く反軍部的」（deeply anti-military）だと言われているが、彼は第一次大戦中陸軍大臣顧問として活躍した[18]。

ケルゼンの二度の改宗は、彼が非宗教者として、宗教的帰属を便宜視していることを示していることは事実であろう。その点で、敬虔なユダヤ教徒の祖父の下で育ち、ルター派教師を尊敬して改宗したシュタールとは、異なるであろう。

しかし彼が全く宗教に無関心な人物でなかったことは、繰り返し宗教者の思想史的研究を試みていることからも知られる。初期の『ダンテの国家論』（一九〇五年）には、中世カトリシズムの「世界帝国」の理念への共感が見られ、『民主制の本質と価値』（一九二〇年）末尾のピラトとイエスの対決の記述には、「イエスは神の子か（メシアか偽メシアか）」という問いの重大性に対する感覚が感じられる。「霊魂と法」（一九三六年）や「聖書における正義」（一九五二年）によれば、「死後の応報」というキリスト教の霊魂論は、現世秩序を補強するイデオロギーである。しかし終末における死者の甦りと、ラディカルな秩序の逆転というユダヤ教の信仰には、単なるイデオロギーを超えた真摯さを見ているような気もする。

三　「甥」の回想

ともあれケルゼンは、その後ドルッカー家と親密な親類附合いを続けたらしく、同家の息子ペーター（Peter Drucker, 1909-）の回想録の中にも、「ハンス叔父さん」（Uncle Hans）の名で登場する（もちろん正確には「叔母の夫」である）。

私は大学教授になるよう、圧迫されていた。実際私は、四方八方から大学教授に囲まれていたのである。叔父たち、従兄弟たち、家族の友人たちには、ウィーン大学教授たち、プラハ、スイス、ドイツの大学教授たち、オクスフォードやケンブリッジの教授たちもいた。彼らの専門は、法学・経済学・医学・化学・生物学・美術史や音楽など様々であった。……それでは私は何を専攻すべきだろうか？　私の関心が政治学・政治史・政治制度、更には経済学などにあったことは間違いない。これらの学問は、ヨーロッパでは法学部で講ぜられていた。そこで私はハンス叔父さん――有名な法学者で、バークリーで長年大家として法理学を教えた後、ごく最近の一九七〇年代に九十歳代で亡くなった――に、「法哲学で最も難しい問題は何ですか」と尋ねてみた。「刑罰の根拠を説明することだよ」というのがその答えであった。(19)

〔トラウン伯爵（Max Traun-Trauneck）（?-1938）の話〕ハンス叔父さんの三人の弟は彼より優秀だったが、その内二人はイタリー・チロルの軍人墓地に埋葬されている。……三人目の弟エルンストは、ロシアの地雷により生き埋めとなり、その後はイエズズ会の平修士（lay brother）として、皿を洗ったり、給仕をしたりして、辛うじて生きながらえた。しかし彼は最高に優秀なエンジニヤーで、エレクトロニクスや電話技術に関しては天才だった。[20]

何となく「叔父」への反感が感じられる記述であるが、ケルゼンの次女マリア・フェーダー女史の見るところは、次のようなものとなる。一九八八年、筆者が彼女とインタヴューした時の記録──、

四月七日、バークリーで故ハンス・ケルゼンの令嬢マリア・フェーダー女史に会う。色々話すつもりが、のっけから思いがけないことになる。というのは、私がひとことピーターの名を口にするや、「ピーターは嘘つきよ。でたらめばかり書いて。父の兄弟は二人しかいないのに三人だとか、叔父のエルンストが第一次大戦で負傷して不具になったとか。そんなことはどうでもいいけど、彼は一方で親類に立派な人が沢山いるように読者に思わせながら、他方で自分のユダヤ性を隠そうとしているの。彼の母親と私の母が姉妹なのは知ってるわね。その実家はボンディっていって、ウィーンのユダヤ系の旧家なの。それをボンドだなんて英国風の名に変えてるのよ。独墺合邦の時彼の父がナチに迫害されたのも、ユダヤ人だったからとは言わず、フリーメーソンだったからだって言っている。それに何よ、父の名前を一度も出さず、『有名な法学者のハンス叔父さん[21]』と書いている。有名なのはいいけれど、皆がユダヤ人だと知っている名前は困るんじゃないの。」

この「甥」（正確には「妻の甥」）の回想に関して、長年家族史を研究して来たフェーダー女史の令嬢アン・フェーダー・リー博士は、二〇〇〇年四月三十日付け筆者宛Eメイルにおいて、次のように

言っている。

①　兄弟は三人でなく、二人である。
②　平修士だったのは、エルンストではなく、パウル・フリッツである。
③　エルンストは英国で一九三六・七年に死に、そこで葬られた。イタリア・チロルの軍人墓地に埋葬されているなどということはありそうもない。伯爵がそれをピーターに話した頃はまだ生きていたと思う。
④　パウル・フリッツは一九七五年、七十七歳の時ウィーンで死んだ。戦死などとんでもない。
⑤　エルンストは第一次大戦に従軍したが、母は負傷していないと言う。パウル・フリッツが従軍した否かは母も知らなかったが、「仮にしたとしても前線には出ていないと思う」と言っていた。

四　「活力ある保守主義」

この「甥」は、弱冠二十三歳の一九三三年、処女作『フリートリヒ・ユリウス・シュタール─保守的国家論と歴史的発展』を公刊した。その中で彼は、国家権力を「帰属点」（Zurechnungspunkt）に過ぎないとするケルゼンの国家論を批判し、「多数でなく権威を」という命題に対するケルゼン流の理解を誤解と断じている。(22)「叔父」への挑戦である。

もっとも、本書の意図をそのような家庭内ないし親族内事情に解消するのは、不当な矮小化であろう。彼は、回想録の中で次のように言っている。

それはパンフレットに毛の生えたような小著で、ドイツ唯一の保守的哲学者フリートリヒ・ユリウス・シュタールを論じたものである。シュタールは、ビスマルク以前の時期の著名なプロイセン政治家・保守派国会議員、法の下の自由を説いた哲学者で、ヘーゲルの講座を承継したベルリン大学の哲学教授であったが、反ヘーゲル哲学の代表者であった。かてて加えてユダヤ人でもあった！　この彼を、動乱の一九三〇年代において、保守主義・愛国主義の垂範者・教師として推奨することは、ナチズムに対して正面攻撃をかけることを意味していた。

本書の執筆には幾週間もかからなかった。私はこれを、政治学・政治史の出版社としてドイツで最も有名だった、チュービンゲンのモール社に送った。同社は直ちに本書の出版を引き受け、著名な叢書「歴史と現代の法と国家」[23]の、第百輯という角目の企画として、可能な限り早く、即ち一九三三年四月に出版することとした。会ったこともない同社の人々が、私と同じように感じていたからに相違ない。うれしいことに、ナチは本書を私が意図した通りに理解した。即ち直ちに発行禁止となり、公開焚書に附された[24]。

執筆時期は、彼が「希望に反して希望を維持していた[25]［駄目とは思いながら一縷の望みをかけていた］」（I did hope against hope）時期、即ちナチ政権成立直前であろう。

本書は「近年のドイツにおける精神的・政治的闘争の中で、様々な陣営から繰り返し、『活力ある保守主義』（lebendiger Konservativismus）を求める声が挙っている」という一節から書き起こされている（p. 3）。一九三〇年、議会が機能麻痺に陥り、ヒンデンブルク大統領を擁する保守勢力の支配が行なわれ、三二年の大統領選挙がヒンデンブルクとヒトラーの一騎討ちとなった事態を眼中におき、老大統領を取り巻く旧勢力の刷新と「旧保守主義」に代る「新保守主義」育成の必要を訴え、その見地からシュタールを見直そうとの趣旨であろう。

この中で著者は、フランス啓蒙思潮の圧力の下で、一八四八革命を前にして思索した時期の思想家シュタールの業績を評価し、他面革命が失敗に終った後の政治活動は、考慮に値いしないと断じて(pp. 6〜7)、その思想的意義を四点に亘って性格づけている。

① 形而上学：「創造的人格としての神による、『一』と『多』の対立の克服」
② 倫理学：「倫理的帝国（das sittliche Reich）による、他律と自律、権威と自由の対立の克服」
③ 歴史哲学：「神の摂理による、自然法論と歴史学派の対立の克服」
④ 政治：「立憲君主制による、革命と復古の対立の克服」（p. 4）

そこで、この各々についての解説が附されるが、これらの思想の背後には、世界を論理の展開として考えるデカルトからヘーゲルに到る啓蒙主義哲学に対し、世界を非合理なものとしてとらえるシェリングの影響がある。神は自由に世界を創造し、神の似姿としての人間も自由な人格として歴史を創造する。このような世界を論理によって理解することはできないし、近代自然法論のような論理によって、歴史を破壊することも許されない。国家はこのようにして歴史的に形成された「倫理的帝国」である、という。

結論としては、歴史的連続性を破壊して改革を強行しようとする啓蒙的合理主義の革命論、歴史を静止的なものととらえて改革を妨害する死んだ保守主義や、過去に強引に復帰しようとする反動主義に反対して、歴史や伝統と連続する形での漸進的改革を導入しようとする「活力ある保守主義」がシュタールの立場であるとする。一九三三年一月三十日直前の状況においては、超然内閣の主導下で微弱な議会制を承認するというのが、ドルッカーの具体的戦術であろう。そして「後向き」（rückwärts）でなく、「中を貫く」（durch）ことこそが、シュタール主義のスローガンである、と（p. 32）。

だが、ヒンデンブルク体制の内在的改革を唱えたこの主張は、時既に遅く、彼も、彼の父も、ケルゼンも、皆亡命することになる。この後、ナチ学者となったカール・シュミットと、亡命学者フーゴー・ジンツハイマーとの間で、シュタールの「ユダヤ性」をめぐって論争が交えられるが、それについては、別稿に委ねたい。他方、この若き保守主義者と、後年の経営学者ピーター・ドラッカーとの思想的連続性の考察は、筆者の手に余る。

（1） Kelsen, *Vom Wesen und Wert der Demokratie*, J.C.B. Mohr（Paul Siebeck）, 1920, P. 37.（長尾訳『デモクラシー論』（初版）木鐸社、一九七七年、四二・三頁）
（2） *Vom Wesen und Wert der Demokratie*, 2. Aufl., J.C.B. Mohr（Paul Siebeck）, 1929, p. 102.
（3） *Allgemeine Staatslehre*, Julius Springer, 1925, p. 371.
（4） *Staatsform und Weltanschauung*, J.C.B. Mohr（Paul Siebeck）, 1933, p. 27.
（5） "Foundations of Democracy," *Ethics*, Vol. XVI, 1955-56, p. 38.
（6） ゲルハルト・マズールは、ユダヤ教儀礼の形式性をあきたらなく感じていた彼が、ギュムナジウム時代、ルター派の内面的信仰とドイツ愛国主義、それにドイツ・ロマン主義や人文主義に心酔していた教師たち（Friedrich Tiersch（1784-1860）や Friedrich Immanuel Niethammer（1766-1848））に遭遇し、強い影響を受けていたことを指摘している。ユダヤ教徒であるために大学進学ができなかったことは、改宗の契機であるが、改宗は内面的発展の帰結でもあるという（Gerhard Masur, *Friedrich Julius Stahl: Geschichte seines Lebens, Aufstieg und Entfaltung 1802-1840*, E. S. Mittler & Sohn, 1930, pp. 28-35）。ヴィーガントは、Thiersch を「合理主義的啓蒙神学に対する宿敵」と評した（Christian Wiegand, *Über Friedrich Julius Stahl*（*1802-1861*）*: Recht, Staat, Kirche*, Ferdinand Schöningh, 1981, p. 13）。Niethammer についてマズールは、「カントの弟子、バイエルンにおける人文主義の創始者」と性格づけている（Masur, *op. cit.*, p. 31）。ちなみにマズールは、ルター派の家庭に生れながら、カトリックに改宗した。

（7）　フリートリヒ＝ヴィルヘルム四世（在位 1840-61）は、即位するや否や、シュタールとシェリング（Friedrich Wilhelm Joseph Schelling, 1775-1854）をベルリン大学教授に招聘し、以後シュタールは、王の側近的地位にあった。

（8）　シュタールが反ユダヤ主義者であったという風評について、フュッスルは誤解だとしている（Willhelm Füssl, *Professor in der Politik: Friedrich Julius Stahl*（*1802-1861*）, Vandenhoeck & Ruprecht, 1988, p. 35）。

（9）　*Judaica*, Vol. 15, 1972, p. 326.

（10）　Rudolf A. Mētall, *Hans Kelsen, Leben und Werk*, Franz Deuticke, 1969, pp. 10-11. この洗礼はカトリックへのものである（*International Biographical Dictionary of Central European Emigrēs: 1933-1945*, Part 1, p. 612）。

（11）　Gerhard Oberkofler & Eduard Rabofsky, *Hans Kelsen im Kriegseinsatz der k. u. k. Wehrmacht*, Verlag Peter Lang, 1988, p. 18.

（12）　一九九九年七月十四日長尾宛私信。註（10）の記述が示しているように、ケルゼンの第二の洗礼は、殆ど世に知られていない。一九三九年、シオニストとなった長女アンナがパレスチナに移住しようとし、自宅にラビを呼んで家族で相談した時、ラビは「貴方は今でも自分をカトリックと思っているか」とケルゼンに問うた。ケルゼンは、（その後ルター派に改宗したことには触れず）、「いや今では Jüdisch だと思っている」と答えたという

(Max Knight, "Erinnerungen an Hans Kelsen," *Aufbau*, March 4, 1973)。

(13) Wilhelm Frank (1916-99) 工学者。モラヴィアのユダヤ系の家庭に生れる。ウィーン工大に学ぶが、オーストリア共産主義青年同盟に属し、反ファシズム・反ナチ抵抗運動に身を投じた。一九三八年八月スイスに亡命。同地でも活動を続けたため検束されたこともある。四五年オーストリアに戻り、工学者として活躍した。八〇年ザルツブルク大学名誉教授。

(14) Heinrich Glücksmann (1863-1947) ウィーン演劇学校及びウィーン大学に学び、ブダペストで新聞編集者。ウィーンのフリーメーソン系雑誌・新聞の編集者を長く務めた。一九一〇年以後ドイツ国民劇場 (Deutsches Volkstheater) に参加。ウィーン劇場学校教授。一九三八年アルジェンティンに亡命、同地で死去。

(15) Exportakademie des k.u.k. Österreichischen Handelsmuseums は、一九一九年世界貿易大学 (Hochschule für Welthandel)、七五年ウィーン経済大学 (Wirtschaftuniversität Wien) と改称した。「博物館」(Museum) という名がついているのは、見本市を通じて産業を振興させようとした十八世紀官制の名残りだという (Peter Drucker, *Adventures of a Bystander*, first ed., Harper & Row, 1978; new ed., Transaction Publishers, 1994, p. 28. 風間禎三郎訳『傍観者の時代』ダイヤモンド社、一九七九年、四四頁)。

(16) Drucker, *op. cit.*, p. 118.(邦訳一八七頁)。

(17) Drucker, *op. cit.*, p. 29.(邦訳四六頁)。

(18) 「軍官僚ケルゼン」本書二九―七〇頁参照。

(19) Drucker, *op. cit.*, p. 108.(邦訳一六八―一七〇頁)。筆者の記憶では、フェーダー女史は、「父が法哲学の最難問が刑罰の根拠だなどと言ったとは信じられない」とも言った。実際彼は、応報刑論から目的刑論への変化を精神史の必然と考えていて、最難問視はしていないように思われる (Kelsen, *Society and Nature*, 1943, p. 246.)。

(20) Drucker, *op. cit.*, p. 114.(邦訳一八〇頁)。

(21) 長尾『されど、アメリカ』(信山社、一九九九年) 一六五―六頁。

(22) Drucker, *Friedrich Julius Stahl: Konservative Staatslehre und geschichtliche Entwicklung*, J.C.B. Mohr, 1933, p. 16.

(23) Recht und Staat in Geschichte und Gegenwart: Eine Sammlung von Vorträgen und Schriften aus dem Gebiet der gesamten Staatswissenschaften.

(24) Drucker, *Adventures*, pp. 160-161.（邦訳二四六・七頁）。「直ちに発行禁止とな」ったという同書であるが、日本では少なくとも、学習院・九大・慶応・東大・北海学園大・北大・立大・早稲田の各図書館が所蔵している（インターネットより）。

(25) Drucker, *op. cit.*, p. 159.（邦訳二四五頁）。

(26) もっともドルッカーは、シュタールの反ヘーゲル主義には追随していない。「ヘーゲルを単に合理主義者、啓蒙期の完成者としてとらえるのは、彼の偉大さを正当に評価するものではない」（Drucker, *Stahl*, p. 6）

(27) cf. Erich Kaufmann, "Friedrich Julius Stahl als Rechtsphilosoph des monarchischen Prinzips," 1906, in *Gesammelte Schriften*, Band I, Otto Schwartz, 1960. なおシュタールにおける「倫理的帝国」概念の変遷については、Füssl, *op. cit.*, pp. 25-30.

6　ケルゼン伝補遺

チェコの学者 Jiri Klabouch 博士の論文「ウィーン学派及びブルノ学派前史より」の中に、ケルゼンの家族的背景に関する、メタルなどの伝記に含まれていない記述があるので、紹介したい。まずハンス・ケルゼンの祖先について、ルドルフ・A・メタルの記述を顧みてみよう。

ルクセンブルクとドイツとの国境近く、ザールブルクの西南、レミッヒの手前、モーゼル河とザール河の中間に小さな村がある。その村は、ミュラーの『大ドイツ地名録』第十版（一九五三年）には、「トリアー郡ケルゼン・ユーバー・ザールブルク」という名で記され、一九五三年に一三九人の住民がいたという。この地名は、よほど大きな地図でないと出ていないので、その位置を正確に記しておくと、ライン＝ファルツ州の北緯四九度三四分、東経六度二九分にある。

古代において、境界を防衛するローマ帝国の軍団がここに駐在した際、ユダヤ人従軍商人の一団がそれに伴ってこの地域に移住して来たのではないかと思われる。彼らは、幾世紀か後に、中世のユダヤ人迫害を逃れ、安住の地を求めて、東方に移住したようである。十八世紀末、オーストリア在住のユダヤ人たちが苗字を与えられたが、周知のように、その多くはその出身地の地名をその姓とした。ハンス・ケルゼンの祖先も、こうしてその姓を付したのであろう。

……

これ以上ケルゼンの出自について付け加え得ることは余りないが、彼の祖父が、旧オーストリア領ガリチアのブロディにあるユダヤ人墓地に、［オシアス］ケルゼンの名で葬られていることは確かである。ハンス・ケルゼンの父アドルフ・ケルゼンも、一八五〇年にこのブロディで生れ、十四歳の時、まったく無一物のまま、故郷ガリツィアから、帝国の首都であり、帝都であったウィーンに上京した。

アドルフはここで、小商店の徒弟となり、努力と忍耐によって番頭にまで昇進したが、独立の念やみがたく、自営の照明器具店を開業しようとして、プラハに移住した。このプラハで、彼は、ボヘミアのノイハウス出身、十歳年下のアウグステ・ロェヴィ (Auguste Löwy) と知り合い、結婚した。二人の母語はドイツ語であったが、妻の方はチェコ語にも堪能であった。彼女の家族のうち、ボヘミア、後にチェコスロヴァキア共和国に属した人々は、自分たちをチェコ国民と考えていた。しかしハンス・ケルゼンはチェコ語を全然知らず、母語はドイツ語であった。

一八八一年十月十一日、この新婚夫婦から、ハンスと名づけた第一子が生れた。この子が三歳の時、一家はウィーンに戻った。

(Rudolf Aladar Métall, *Hans Kelsen, Leben und Werk*, Verlag Franz Deuticke, 1969, pp. 1-2)

Klabouch 博士の論文は、プラハに残された資料から、この記述を追試している。そのうち、メタルの記述と重複しない部分を訳出して見よう。

ハンス・ケルゼンは、一八八一年十月十一口、プラハ市ノイシュタット (Neustadt) 街六四番地［現在のSpälena ulice（Brenntweggasse）で、現在の番地は四六号、もはや彼等の住んだ家はない］に生れた。戸籍によると、父はアブラハム・リットマン（Abraham Littman）で、アドルフ・ケルゼンは通称である。父はガリチア地方ブロディ出身の商人で、その父はオシアス・リットマン（Osias Littman）、母はローザ（旧姓名ヘーベル（Rosa Hebel））である。

アドルフは成功者であった。ルヴォフから約百キロ離れた東ガリチアの片田舎に育った彼は、同地の多くの青年たちと同様、十四歳の時、手ぶらで首都ウィーンに出た。彼は機械工の修業を積み、また商業においても頭角を現した。彼がどういう理由で、また何の資格でプラハに来たのかはわからないが、何れにせよ彼の生涯にとってプラハ時代は意義深いものである。なぜなら、彼はここで独立の企業者となり、家庭を発足させたからである。

一八八四年のプラハ住所録によれば、アドルフ・ケルゼンは、ガス・水道・蒸気誘導パイプ製造の工場と販売代理店を所有しており、その上住居から遠くないところに二軒ストーヴや暖炉を扱う店ももっていた。そのうちこの一家は、ノイシュタットからヴァインベルゲ街に移転した。当時この地域は、近代的で快適な地域として発展を始めたところであった。ケルゼン社はプラハ商人名簿に載っていないから、商業より製造業の方に重点があったのであろう。事業の見通しは悪くなかった。この地域の住環境も八〇年代に水道・ガスが導入され、照明もガス灯から電灯に変った。長男が漸く三歳になったとおぼしき頃、アドルフは事業をウィーンに移し、そこで彼は、［メタルの伝記によれば］シャンデリアとランプを製造する工場を開業した。

ハンスにとって、このプラハ滞在は、幼時で、期間が短かったこともあって、その後の生涯に痕跡を残していない。当時のプラハにおけるユダヤ系の有名人とも関係をもたなかったし、後にチェコ人と交際した際にも、両親のプラハ時代の知人との関係はなかった。ただ、母親はドイツ語とチェコ語を同じくらいよくマスターしていたから、この母を通じてチェコ的なるものが何らかの影響をもった可能性はある。当時ボヘミアのユダヤ人たちは、たいていこの二箇国語ができたのである。この母に関しては、最初はチェコ語の方を常用していたに相違ない［ケルゼンは、ブルノ大学文庫に残されているフランティセク・ヴァイル遺贈文書中の（活字になってない）回想の中で、「母はずっと後になっても、チェコ語の寝言を言っていた」と言っている］。

母アウグステ・ロェヴィは、殆どチェコ人だけが住むノイハウス（チェコ名 Jindrichuv Hradec）で、ドイツ語は殆ど用いられない片田舎出身の両親の間に生れた。彼女の母の姓 Schidlof には、チェコ語源が含まれている。彼女の父はドイツ地名 Tutschap（チェコ地名 Tucapy）の商人で、祖父アロン・ロェヴィ（Aron Loewy、またはレヴィ（Levi））は、プラッツ（チェコ地名 Straz nad Nezarkon）から、一八五〇年代に「酢醸造業者」として、ノイハウスに移住して来た。この一家は、一八八〇年代にはウィーンに住んでいたようである。一八八〇年八月二十二日、娘アウグステとアドルフ・ケルゼンとの結婚式もウィーンで行なわれた。アウグステの両親夫婦は少なくとも十人子供を儲けたというから驚くべきだが、彼らはウィーンに移ったにも拘らず、（全世界に散っていった者は別として）、自分たちをチェコ国民だと思っていた。

（Jiri Klabouch, "Aus Vorgeschichte der Wiener- und Brünner Schule," *Die normative Rechtstheorie im Kontexte der Rechtswissenschaft*, pp. 83-85）

7

マーク・トウェイン

オーストリア議会見聞記〔一八九七年〕

一　フライパンの上の政権

一八九七年も年末に近いウィーンでは、誰もぼんやりしてはいられない。政治的電荷は、まさに一触即発状態にある。人々の話題といえば、もっぱら政治的話題で、何か世間話をしていても、すぐに放電して青い火花が出そうになる。誰にも一家言があり、誰もが忌憚なく、激しく発言する。だが、あれに耳を貸し、これに耳を傾けているうちに、いよいよ何が何だか分らなくなる。というのは、この政治状況の中で、誰にも本当のことは分っていず、これからどうなるかも五里霧中だからである。

最近起った出来事の数々は、いかなる国で起っても、国全体を猛火に包み、政府を確実に転覆させそうな事態である。ところが、オーストリアだけはそうならない。そして、そんなことが起ると思っている者もいない。ここでは、何が起るか、皆がただ見守っているだけである。事前には何も分らず、事が起ってみて、初めて分るのである。未来についてあれこれ気をまわすのは無駄なことで、何の役にも立たない。有識者たちはそう教える。誰もがそう言っており、日夜そう言いながら暮らしている。有識者たちが一致するのは、この一点のみである。

もっとも、考え直してみれば、もう一つ、皆が一致しそうなことがないでもない。それは、「革命は起るまい」ということである。彼らは言う、

我が国の歴史を見てくれ。革命は国柄に合わないのだ。政治状況を見ろ。組織的蜂起なんか起りようがないじゃないか。だって統一（union）のないところで、叛乱なんか起せるはずが

ないよ。幾世紀にも亘って、我が帝国を存続させてきたのは、不統一（disunion）だよ。これまでもそうだったし、これからもずっとそうだろう。

私の知る限りで、この訳の分らない状況のスケッチとして、最も訳が分るのは、三年前雑誌『旅日記』（*Traveller's Record*）に、フォレスト・モーガン氏(1)が寄稿した文章である。曰く、

墺洪帝国は、ヨーロッパにおける、つぎはぎの布、博覧会会場、諸民族を繋いだ囚人行列である。それは国家（state）ではあるが民族（nation）でなく、複数の民族の束に過ぎない。それらの民族の中には、過去の民族的記憶と未来の民族的抱負を共有しているものもあり、そうでないものもある。一地域を専有しているものも、他と混住しているものもある。しかし彼らは、何れも独自の言語を有し、（共通の政府の下にあるという点を別とすれば）、他民族を外人と見なしている。諸民族中の一つは、全体の四分の一の人口を有しているが(2)、他は六分の一以下である。各民族は、同一地域に長期間混在していても、水中の油滴のように、混り合わない。

こういう状態は、昔々には存在したかも知れないが、現代世界においては類例を見ないものである。疑いもなくそれは現存しているが、それでも、こんな途方もないものが存在可能であるとは、信じ難いことである。それは、一国が存立するために必要とされる条件について、我々が有する常識的観念とまるで反したものである。それは余りのガタピシなものであるため、それが長続きしてきたなどということは、到底信じられないのである。

ところが実は、この国は、ほぼこのような状態で、二世紀間の嵐の中を生き延びてきた。その嵐は、多くの完璧な単一国家を消滅させ、他の諸国を滅亡の淵に追いやったというのに。

ヨーロッパ諸国の強力な連合体は、この国を解体させようとして、ずっと圧力をかけ続けてきたが、この国はそれを堪えぬき、むしろ圧力をかけられるたびごとに、力を増大させさえしてきたのである。

こまかく見れば、確かにこの国の構成は恒常的に変化してきた。西がへこめば東が突き出すといった具合に。しかしその絶え間ない変遷にも拘らず、その構成の堅固さには、少しの変化もない。ちょうど組木の材木を取り替えつつ、颯爽と川を上り下りする筏のように。

モーガンの観察したこのことこそ、「諸部分の脈絡なく調整不可能な混乱の中にこそ、この統治体制の強みがあるのだ」というオーストリア人たちの信念を支え、保障しているものである。「この国では革命は成功しませんよ」と教えてくれる人に、私は殆ど毎日出くわした。彼等は言うのだ。

まあ、革命は所詮無理ですね。確かに、帝国内のあらゆる民族は、政府を憎んでいますが、しかし彼ら同士も、情熱的・徹底的に憎み合っている。そのうちのどれか二つが連合するということさえ、全然見込みがありません。仮にどれかの民族が叛乱に立ち上がったとしても、味方はどこからも現れず、他の諸民族は大喜びで、それを鎮圧する政府に加担します。蜂起した民族が成功する可能性は、蜘蛛の連合に対し蠅が勝つ可能性くらいのものでしょう。

政府は、全く独立独歩、何ものも恐れず、思った通りに行動しています。英米のように、国民の言語が一つで、利害も共通である国では、政府は世論を無視する訳にはいきませんが、墺洪帝国には州ごとに一つずつ、十九もの世論があるんですから。いや、各州には、二つ、あるいは三つの民族がおりますから、この十九の州ごとに二つ、あるいは三つずつの世論があるのです。政府がそのすべてを満足させるなどということは、まるでできない相談です。だから、世論は顧慮するふりをして見せるだけですよ。そのふりをして、うまくいかなくても、ちっとも困らないんです。

次に会った人物は、一層立ち入った説明をしてくれた。

政府は、一つの方針をもち、それを堅持しています。そしてそれは賢明な方針です。その方針とは、「何が何でも静謐を保て」というものです。この、興奮し易い諸国民の蜂の巣を、できるだけ静かに保つこと、これですよ。そのために、人々を、政治のような刺激性を帯びていない、他の色々なことに夢中にならせるのです。カトリックの聖職者を大勢動員して従順を教えさせ、この世のことは二の次にして、天国のことに熱中させたり、「熱い」事件が起れば、朝五時に新聞を冷やすのです。

新聞云々とは、検閲のことである。検閲官は忙しく勤勉で、毎朝五時彼のところに、刷りたての各新聞の朝刊が届けられる。検閲局の馬車が各新聞社の門で待ち構え、第一刷りが刷り上げるや否や、彼のところに運ばれる。すると早速助手たちが、それらを精読し、少しでも危険そうに見える箇所に、印をつける。検閲官は、その部分につき権威的決定を下すのである。

その決定は、気紛れで、バランスがとれていないものと受け取られている。それには二つの事情があるようだ。第一に、助手たちの危険性判断に個人差があり、検閲官がそれを丁寧に検討する時間がなく、その結果、ある新聞で差し止められた記事が、別の新聞にそのまま載ったりする。第二に、朝刊で差し止められた記事に多少手を加えたものが夕刊に載る。それで伏せ字の部分も判明し、表現はやわらげられているが、詳細が伝えられる。これには検閲官も手を出しにくい。

時には、検閲官が記事の血を吸い尽くし、何のことやら分らなくなることもある。そうかと思うと、どの他国の新聞もここまでは書けないほどの率直・強烈極まる論説がそのまま掲載されることもある。検閲官が一旦下した決定を変更したらしく、発行済みで流通中の新聞の差し止めが命じられることもあり、既発行分にも返送命令が出され、回収されて廃棄されるのである。私も返送を命じられた新聞を二つもっているが、命令が出た時どうしたのだったのか、忘れてしまった(3)。

検閲官がその仕事を朝刊印刷時までに終えれば、それほど不都合ではないが、新聞社も午前五時を過ぎて延々と決定を待つ訳にはいかず、ともあれ刷ってしまうこともある。ところがその後に「どこそこを削れ」という命令が出ると、刷り直しに何時間もかかり、費用もかかる上に、政府はこうして発行禁止となった部分を無償で没収する。新聞社からするとまことに踏んだり蹴ったりで、「発行禁止分は有償引き取りにしてくれねば」とぶつぶつ言っている。抵抗の意志表示として、削除されたスペースを他の記事で埋めず、空白のままにして、訃報欄と同じ枠で囲んで、「被差押」とだけ記すこともある。

政府は新聞情報の流布を、他の仕方でも妨害している。例えば、新聞の街頭売りは禁止され、従ってウィーンに新聞売り子はいない。また、新聞一部につき一セント近くの印刷税が課される。私に届けられる米国の新聞のすべてに印紙が貼られており(郵便局で貼るのか、ホテル事務室か分らない)、その料金を払わされる。友人たちが沢山新聞を送ってくるので、私の一週間分の稼ぎをまるまるそれに取られることもある。

また政府は、静謐を保つために、「目立つ人間を作らない」という政策を採っている。「政府は、いかなる人間にせよ、大きな影響力をもつことを嫌うのだ。そういう人物は秩序にとって危険で、政府に不都合だからだ」と誰もが言う。次のように、淡々たる態度で語る者もある。

我が国にも、他国に劣らず才能豊かな人材はいる。だが国の公共の福祉のためと称して、彼らに注目を集めさせず、目立ちそうになると、巧みにそれを阻止するのだ。その結果として、我が国には、著名人がいない。幾世紀を顧みても、そういう人物は登場しなかった。ということは、そういう人物を登場させることが許されていなかったということである。現に、全世界で知られているようなオーストリア人は一人もいないではないか。そんな国は、キリスト教文明に属する一流国家の中で、他にはない。

静謐な維持に奉仕しているもう一つのものが、軍隊である。それは空気のように、至るところに浸透している。上述した、カトリック聖職者以下、諸々の静謐創造者・推進者・維持者たちも、もちろん各々の仕方で、公共の安全と安寧の創出に貢献しているが、何事かに抗議しようとして群集が集ったりして静謐が一時的に攪乱されそうになることがある。群集が、「騒がしい」「もっと騒がしい」という状態を越えて、「騒がし過ぎる」という状態に達すると、至る所に浸透しているこの軍隊が登場し、数分間後にはもとの静けさが戻り、群集は姿を消す。

この国には憲法もあり、議会もある。下院は十九ないし二十の諸州から選ばれた四二五人の議員によって構成されている。彼らは、十一の言語を話す諸民族の代表者である。ということは、妬みあい、憎みあい、争いあっている十一の集団が地域代表者として出てきているということである。そういう議員たちによって構成された議会が、不和に満ち、立法が難渋を極めないはずがない。実際政党は、聖職者党、進歩党、ドイツ国民党、チェコ青年党、社会民主党、キリスト教社会党等々に分れ、相互に争いを好み、大同に就くことはない。

最近の混乱は、バデーニ伯爵・首相によってもたらされた。[4] 彼は、下院で過半数の支持を確保するために、一つの取り引きを試みた。取り引きの相手はチェコ人、即ちボヘミア人で、取り引きした事柄というのが、「ボヘミアにおいて、ドイツ語に代えてチェコ語を公用語とする」[5] という、大問題を孕んだものであった。内閣がそれを実施する命令を発し、案の定ドイツ系の猛反発を惹き起した。ドイツ系は、人口においては、帝国の四分の一を占めるに過ぎなかったが、ドイツ語は共通語・世界語で、国家の公事はドイツ語で行なわれるのが当然だと主張していた。ともあれバデーニ内閣は一応これによって下院多数の支持を確保したから、ドイツ系は少数派の悲哀をかこち、チェコ人議員たちは意気軒昂たるものであった。

しかしこれは劇の始まりであった。バデーニの旅は第一歩から荒れた。政府にとって必須の課題は墺洪協定（Ausgleich）[6] の更新で、多数に頼んでその議会通過を図ったが、少数派ドイツ人勢力は、それを妨害することによって、チェコ語命令を撤回させようとしていた。

Ausgleich とは、オーストリアとハンガリーを結びつける妥協・調停・和解を意味し、それは一八六七年に最初に締結され、以後十年ごとに更新されることになっていた。この Ausgleich によって、帝国政府の経費のうち、ハンガリーの負担すべき部分が決定されるのである。ハンガリーは王国で、その王はオーストリア皇帝が兼ねるが、固有の議会と政府を有している。しかし外交と軍事は帝国が担当し、ハンガリーには外務省も固有の軍も存在しない。ハンガリー軍とよばれているものは、帝国軍の一部である。従ってハンガリー軍の経費は帝国国庫から支出され、帝国陸軍省の支配下にある。

新墺洪協定は一八九六年末までに成立すべきものであったが、それまでに、少なくとも完全な合意は成立せず、一年間の暫定的合意がなされたのみであった。そこで今年（一八九七年）末までに、新協定が成立しなければ、オーストリアとハンガリーは、別の国家とならざるを得ない。確かにそれでもオーストリア皇帝はハンガリー国王ではあり続けるが、オーストリアにとってハンガリー王は、独立国である他国の王となる。墺洪国境にはハンガリー税関が設置され、ハンガリー軍、ハンガリー外務省が発足するであろう。そうなれば、両国ともに打撃を受け、弱体化するであろう。

議会野党は、少数派ではあるが、墺洪協定成立を妨害するという武器をもっている。その成立を数週間遅らせることができれば、政府はチェコ語に関する決定を撤回するか、ハンガリーを失うかの選択に直面せざるをえない。

野党は戦闘を開始した。武器は議事規則である。ほどなく明らかになったところによると、この規則を上手に使えば、多数派はどうしようもなくなり、野党は停滞状態を好きなだけ引き延ばすことができる。延会決議を頻発すれば、議事を完全に空転させることができ、その動議の採決を、議員一人ずつ指名して賛否を言わせる方式にすれば、細部の決定に三十分は空費させることができる。前回の議事録の朗読と確認を要求すれば、半日はつぶれる。本論に入る前に、発言者の追加を何人も要求すれば、またそれで時間がつぶれる。こうしたことを限りなく繰り返すことができるのである。

これらは何れも合法的な武器で、野党議員たち（ここでは内輪の用語で「左派」とよばれる）(7)はいくらでもそれを用いることができる。そして彼らは、それを議会活動の一切を麻痺させるという不吉な目的のために用いたのである。「右派」（政府派）は手の施しようがなかった。そこでこの状態を何とかするために、一つのアイディア、誠に奇妙なアイディアが登場した。議長と副議長が議院規則を蹂躙するというアイディアである！

それは野党を深く憤らせ、火薬に火を点ずることとなった。こうなれば、私のような部外者としても、傍聴席から身を乗り出して、行く末を見守らなければならなくなる。

二　歴史的議場

さてこの歴史的議場において、二つの新記録が生れた。その第一は、二日と一夜会議が続けられたことで、これは世界記録を半時間上まわる、議会史上未曾有のものである。第二は、レッヒャー博士(8)が延々十二時間演説を続けたことで、これも、天地開闢以来、一人の人間の口から継続的に発せられた言葉としては、最長のものであろう。

十月二十八日午後八時四十五分、既にこれまで約十時間会議が続いた後に、レッヒャー博士の登壇が許された。劇的効果という点では満点の場である。議場は豪華にして華美、その輪郭はオペラハウスのようである。舞台に当る正面は、大臣・書記・秘書らが坐る雛壇で、各列は三〇フィートほど。少しずつ間隔をおいて半ダースほどの机が並んでおり、その上段に、壁を背にして議長席がある。政府委員やその補助者たちの設備も、列に沿って設けられている。

壁は見事に磨き上げられ、豊かな彩色を施された大理石で、それは、電灯に照らされて優雅に耀く柱によって、アクセントをつけられている。床は半円形で、その形に沿って一、二階のます席が並んでおり、その正面にはこまかい彩色と華麗な鍍金が施されている。四二五の議院席は、議長席をかなめにして、扇のように並び、光沢を放っている。

今夜が墺洪協定が議題となる特別な晩であることは既に知られており、傍聴席は満員である。リッター・フォン・アブラハモヴィッツ議長(9)が議院規則を蹂躙したということで、野党はカンカンに怒っており、今夜の議場は荒れそうである。

傍聴者たちは、思い思いに流行の衣装をまとい、盛装した女性たちは、強い電灯の明りに映えている。しかし議場の方は、衣装どころではない。議員たちは平服で、きちんと正装している者もあるが、そうでない者もいる。イヴニングを着た者も三人見かけたが、それ以上はいないようだ。黒く長いガウンを着て、首から十字架を下げているカトリック聖職者が何人かいる。帽子をかぶっている者はいない。この光景は、英国下院より、我が米国の下院に似ている。

野党の憎悪の対象であるアブラハモヴィッツ議長は、顎を引き、肘掛け椅子に深く坐り、拡げた両手の指先を、胸の前で重ね合せている。その様子は、「これからが大仕事だ。しかしもう少し待たねばならぬ。何より大事なのは忍耐だ」と、自分に言い聞かせている人物の風情で、リシュリュー(10)を思わせる。首を時々右に、また左に向け、誰彼の耳打ちに応じ、また指先を合せる。疲れているように見えるが、また多少苛立っているようにも見える。胡麻塩頭、痩せて長身で、活気のない長い顔、じっとしている時はデスマスクを思わせないではない。

だが、そうでない時は、闊達で、笑顔も見せる。その笑顔たるや、変転極まりないもので、天使のように敬虔で神聖そうな笑顔を見せるかと思えば、哀願し懇願する者の頬笑みに変る。話し始めると大きな口が開き、柔軟に動く舌は丸まり、開き、また丸まる。物柔らかで、説得的で、天使を思わせる語り口であるが、その際歯並みが剥き出しになり、それが聖なる微笑を中断して、一瞬世俗的・政治的で、悪魔的でさえある表情を垣間見せる。まったく観察して飽きない顔である。手は長く、長身で、それがその表情に加えて発言に力を与えている。

この話はこれくらいにして、傍聴席の方に眼を向けると、人々は、何が起るかと、夢中で舞台を凝視している。扇形の傍聴席の半分はまだ空席だが、残りの半分に着席している幾百人の聴衆は、刷毛の毛のように身を寄せ合って、成り行きを見詰めている。いよいよ「レッヒャー博士の発言を許します」という議長の声が響く。

たちまち議場は、荒々しい、激しい、轟々たる怒号に満たされる。この地球上でのこんな騒ぎは、コマンチ族が深夜白人集団を襲って以来のものである[11]。右側が「ワー」と叫べば、左側が「ウォー」と応じ、腕を振るい、手を振り、滅茶苦茶な混乱である。雷と嵐が一緒に来たような騒ぎの中、レッヒャー博士は立ち上がった。その態度は、冷静で悠々としており、並外れた背丈は、周囲から突出している。

こうして彼の十二時間演説が始まった。演説は始まった。その証拠に彼の唇が動いているのが見えるから――。上の議長席では、議長は長い両腕を祈りのように前に合わせ、静粛を求めているらしい。というのは、何を言っているのか分らないが、唇が動いているから。彼は時々、鐘を取り上げて強く振るが、それも下の騒ぎに更に騒音を加えるだけのことである。

レッヒャー博士は、悠揚迫らず、そのパントマイム演説を続ける。あちこちで時々、この騒ぎを突き抜けて、並外れた怒号が響き、それだけは何と言っているのか分る。たまに一、二分静まることがあり、この時は議長の発言が聞こえるが、すぐまた元の騒ぎとなる。

どうやら議長は、右派（政府側）支持のために行なった権限濫用を非難されているらしい。「議長は議事が完結する前に、恣意的に議事を打ち切った」「発言権の配分が不公平である」「発言権を有する者の発言を、あらぬ言いがかりをつけて打ち切った」「不当な言いがかりをつけて、演説を途中で中断させた」等々。

騒ぎを突き抜けて、ここまで声を届かせたヤジ議員の一人は、おしゃれな服装で小柄な若い男である。彼は、騒ぎの中心からややはずれた所で、手を拡げ、足を組み、机にだらしなく凭れかかっている。小綺麗で、ハンサムで、くっきりとした顔立ち、細い顔、黒い乱れ髪、僅かの口髭、響きのいい大きな声――これぞかのヴォルフ、(12) 剣とピストルの男、最近バデーニ伯爵・首相と決闘した、あのヴォルフである。彼は、その弾丸がバデーニの腕を射貫いた後、優雅極まる態度で「傷は深いかね」と尋ね、握手し、「お気の毒様」と言った。そしてその場はそれで終った。

そのヴォルフが議場で怒鳴った。

「俺に発言させろ、動議だ」

この声は騒ぎを圧して、雷鳴のように響き渡った。一瞬静まったところで議長は、「現在レッヒャー博士が発言中です」と答えた。

ヴォルフ「延会動議を提出したい」

議長「現在レッヒャー議員が発言中です」（左派（野党）より嵐のような怒号）

ヴォルフ「俺は手続き上の提案をしているのだ（一瞬静かになる）。議長、どうだ。（左派より賛意の声）俺は、これが認められるまで、言い続けるぞ」

議長「ヴォルフ議員、指示に従って下さい。現在レッヒャー博士が発言中です」

ヴォルフ「議長、あんたは議事規則を無視する気かね」（左派より嵐のような喝采。叫び声が長く続き、議事が停止する）

フォン・ペスラー博士「議長、ヴォルフ議員の動議は議院規則上認められたものです。議長はそれを採決にかける義務があります」

議長はこれへの回答として、鐘を力いっぱい鳴らした。怒号の渦がまた爆発した。

ヴォルフ（騒ぎを上まわる大声で）「議長、俺に発言させろ。そんな態度をとるなら訊きたいことがある。ポーランド人とドイツ人とどっちの頭が堅いんだ〔議長はポーランド人〕？」

左派は賛意を表して「ワー」と騒ぐ。そこへ誰かがまた延会動議を提出する。議長は穏やかな声で「現在レッヒャー博士が発言中」と繰り返す。議員の動議提案とレッヒャー演説と、何れが議事録に記録すべき正式の議事なのか。

ともあれレッヒャーは、確かに「発言中」で、依然穏やかに、熱心に、論理的に、語り続けている。書記は、それを聴き取るために席を離れ、レッヒャーのそばに行って、記録を取っている。レッヒャーは体を書記の方に向け、その耳元に向って演説している。奇妙な、興趣ある光景である。

フォン・ペスラー博士（議長に向って）「我々を極端な行動に追い込まない方がいいんじゃないですか」

怒号がまた起る。左派からは賛意の声、右派からは猫声と嘲笑である。ここで新たに、最強力の騒音製造器が登場した。議員座席には、取り外しのきく、縦十八インチ、横幅六インチ、厚さ半インチほどの補助板〔Pultdeckel〕が付いている。一議員がそれをはずして、それで机を叩き始めた。直ちに追随者たちが出る。それでどうなったかは、ご想像に任せよう。これこそ、考えられるあらゆる騒音の中でも、最高に耳を聾し、我慢ならず、悪魔的なものである。

こうして痛めつけられた議長は、椅子の背に凭れ、両眼を閉じ、両手を膝の上に結んで、その長い顔には諦めが漂っている。昔々、田舎の校長先生が、休校日に登校を命じたため、行儀の悪い生徒たちが暴れだした時、こういう態度をとったものだ。

延会決議が二つ提出されており、それがこの会議でなければ、議院規則上当然採択さるべきものである。否、この会議だって規則に違いはないはずだ。ところが議長はそれを却下した。そのために彼はこの苦境に立たされている。どうしたものか。この動議を採決に附すれば、それが可決されると否とに拘らず、また延々と時間を喰い、墺洪協定は次世紀までお預けになってしまう。

この困難極まる状況、怒号のハリケーンの真っ只中、悪魔的な机叩きが続く中で、心なきクローナヴェッター博士(13)が発言する。

「議長、動議が提出されているんですよ。イエスかノーか言って下さい。それをせずに、どの面さげてその席に坐っていられるんですか」

議長「私は現在の発言者に発言権を与えました。その時間中他の者にそれを与えることはできません。レッヒャー博士の演説が終ったら、貴方たちの動議を取り上げましょう」（左派から憤激の嵐）

ヴォルフ「ヨハン・シュトラウスじゃないが、こりゃ『雷と稲妻』だ。規則集をちゃんと見てくれよ」

クローナヴェッター「私は閉会動議を提出する。採決を要求します」

レッヒャー「議長、私は演説を続けていいんですよね」

議長「もちろん」

ヴォルフ（嵐を突き抜ける大声で）「議長、あんたはこういう無茶苦茶なことをして、俺たちをいよいよ極端な行動へ追いつめてるんだ。あんたは、自分が惹き起そうとしていることの名〔革命〕を、誰かから顔面に叩き付けられるまで、待つつもりか？（右派から怒号の嵐）ゴマ塩爺さん、あんたはそれを待望しているんだね」（左派席より長く続く机叩きの音プラス「採決！　採決！」という叫び。右派席より「ヴォルフはやくざだ」というヤジが聞こえる）

ヴォルフはなお、彼の提出した動議につき説明するための発言権を求め続ける。そして遂に――、

議長「私はヴォルフ議員の退場を命ずる！　こんな狼藉は前代未聞だ！　貴方は議会の議場にいるんですよ。場所柄をわきまえなさい。」（右派から喝采。レッヒャー博士は依然淡々と演説を続け、書記はその口もとに耳を寄せて、筆記を続ける）

ヴォルフ（板で机を叩きながら）「俺に発言させろよ。こんな規則蹂躙は許さんぞ。決して、死

んでも、許さんぞ！ 俺は屈伏しないぞ！ 俺をやめさせる気なら、腕づくで止めてみろ。どうだ、それでも俺にしゃべらせないか」

議長「ヴォルフ議員よ、何というぶざまな態度ですか。貴方に二度目の退場を命じます！ 議員の品位というものを、自覚して下さい」

ヴォルフはここで、一転して、演説を続けるレッヒャーに対し侮辱の言葉を投げる。

レッヒャー「ヴォルフさん、そういう言い方はやめてくれませんか」（敵対陣営である右派席から喝采。レッヒャーもヴォルフも同じ議事妨害陣営に属しているのだから、これは敵に褒められたのである。ヴォルフは吠え返す）

ヴォルフ「君は、あの喝采を、名誉の印として記念アルバムに記録しておけよ」

議長「私は、もう一度、ヴォルフ議員の退場を命ずる。貴方は、ご自分が国会議員であることを、忘れたのですか？」

ヴォルフ（机叩きをしながら）「俺は脇道に逸らされないぞ。俺の発言権を認めるのか、認めないのか、まずそれに返事をしろ」

まだ守衛は現れない。というのは、奇妙なことに、守衛などという者はいないのだ。議長は、退場を命じても、それを実効化する手段を持たないのである。しばらくあって、

ヴォルフ（机を叩きながら）「しゃべらせろ。俺は引っ込まんぞ」

議長「手のつけようがありませんね。まったく嘆かわしい」（右派席より「奴を叩き出せ」との叫び）

実際議長には、手のつけようがないのである。困った時に議長を助けるべき「議場係」（Ordner）が一応いることはいる。しかし彼らは説得係であって、強制力をもたない。即ち武器なき守衛、装填されていないピストルで、物の役には立たない。

ヴォルフは更に二、三十分机叩きと権利要求を続けた。遂にしびれを切らした議長は、規律執行者の導入を示唆した。

「もし貴方がこんなことをこれ以上続けるようなら、議場係に秩序の回復をお願いしなければなりませんね」と。

しかし、その言い方も、内容も、いかにも気が向かず、こんなことをせざるを得ないことを嘆いている様子であった。

ヴォルフ「どうぞご遠慮なく。警官隊を導入したらいいんじゃないか。（大騒ぎになる）それで俺の提出した延会動議はどうなったのかね？」。

レッヒャー博士は演説を続けており、机板をもったヴォルフがそれに近づく。

議長は、議場係ラング〔Ignaz Lang〕博士（議員でもある）を秩序回復のための使者としてヴォルフのところに送る。ヴォルフは彼を、机板を振り上げて迎え、悪態をついた。それをトゥイード親分[14]に翻訳させれば、「てめえ、やる気か？」というようなものだろう。ここで議場全体が大騒ぎになる。

ヴォルフは「俺の権利だ、ここで死ぬまで頭を下げんぞ」と叫び続け、机叩きを再開した。議長は鐘をジャンジャン鳴らし、静粛を呼びかけるが、議場はたてられる限り最大限の騒音をたて続ける。

ヴォルフ「延会を要求する。俺の身体が脅迫されたのだ（右派席より笑い）。誤解するな！　俺は恐がってるんじゃない。俺に手をかけた奴に何が起るか心配しているだけだ」

議場係ラング博士「僕も、別に君と取っ組み合いをしようとしている訳じゃないよ」

この平和の使者の努力は何の実も結ばず、彼はほどなく場面から消え去った。ヴォルフは相変らず騒ぎ立て、発言権を要求し、時々机叩きを休むのは、議長に毒つくためであった。

「てめえ、俺にしゃべらせるっていう決りを破ったな、ごろつきめ。てめえに良心のかけらでもあるなら、それを寝床に持ってって、枕にして寝な。てめえは欧洲中の笑いものだぜ」

その言葉は議会用語とは到底いいかねるものであった。そうしているうちに、彼は机叩きのリズムで音楽を奏でることを思いついた。更に、議長に発言権を要求することを諦め、一種の自己授権というか、自分に自分で発言権を与え、レッヒャー博士とともに演説し始めた。二人の演説は、他の騒音と混淆し、誰も何れの演説をも聞けなかった。ヴォルフは時々、演説内容をパンフレットの朗読で間に合わせた。

レッヒャー博士は決して、閑潰しのために、十二時間演説を続けたのではない。それには、重大な目的がある。政府は何としても墺洪協定をこの期日に上程し、投票によって委員会に附託させようとしていた。それは日程上ぎりぎりのものである。野党の非難するところでは、多数派は騒音をたてて、この議案に対する討論を窒息させ、強引に採決に持ち込もうとしていたという。

ところが、この政府の計算には、抜けたところがあった。即ち、騒音などを無視して、延々と演説を続けることで、期日の全体を占領してしまうという可能性を、計算に入れていなかった。そこへ、レッヒャー博士というダヴィデが現れて、十二時間に亘って、統計的・歴史的・論理的に淳々と語り続け、巨人ゴリアテを倒したのである(15)。期日は徒過した。レッヒャーは勝利者である。

英国議会においては、議事妨害者は、聖書を読んだり、関係のない文書を朗読したりして時間を潰すことができるが、ここでは、厳密に議事に即した演説以外は許されないから、英国のように、物静かに面白い本の朗読を聞いて楽しむという訳にはいかない。議長は、騒音でレッヒャーの演説が聞き取れない時、何度も人を派遣して、果して演説が議題を逸脱していないか、チェックさせた。

その議題は、甚だ難しいもので、他の議員なら、三時間もしゃべれば種が尽きてしまうであろう。それについて語ろうとすれば、ハンガリーと帝国との間の通商・運輸・財政・国際金融などの諸関係についての、厖大かつ詳細な知識、細部に亘る専門的知見が必要となる。

レッヒャー博士は、ブリュン［ブルノ］市商工会議所会頭で、この主題について、打ってつけの専門家であった。その演説に持参したのは、走り書きのメモだけで、ちゃんとした草稿など用意されていなかった。資料は彼の頭脳の中に蓄積されていたのである。

博士の心は、この演説を立派に完成させることだけに向けられていた。周囲の騒音などものともせず、十二時間演壇に立ち続け、気品を保ち、堂々と、自信に満ちた態度で、その頭脳に蓄えられた宝を取り出し続けた。論調は周到で、用語も完璧に正確、語り口は雄弁であった。

博士はまだ三十七歳の若さで、背は高く、登山で鍛えられた、均整のとれた体躯の持ち主である。もう少しハンサムだったら、私が数年前ニュー・イングランドで夕食会に同席したチョンシー・ドゥピュー(16)生き写しである。レッヒャーは、ドゥピュー同様の、優雅な物腰、上品な言葉遣いと話しぶりである。

レッヒャーは、何が何でも、演壇に立ち続けなければならなかった。一瞬でも坐り込んだならば、その場を敵に奪われるのである。三、四時間話したところで、彼は「疲れてきたので、ここで延会した次回に続けてはいけないでしょうか」と申し出た。もっともそれに「この申し出が拒否されたら、私は演説を続けますよ」と付け加えた。ヴォルフはここで妥協的となり、これまで千回も繰り返してきた動議を撤回し、レッヒャー博士の提案が投票にかけられたが、否決された。こうして彼は演説を再開した。

午前一時、興奮と喧噪によって、大抵の者は疲れ切っていたが、演説者だけは違った。右派席では段々空席が目立ち始め、脱出して休憩室で飲食したり、廊下で雑談したりする者の姿が見られた。ある議員が「もはや定足数を満たしていないようだから、出席数の確認をすべきだ」という動議を提出したが、司会を務めていたクラマージュ副議長(17)がこれを却下した。この却下の合法性をめぐってなお議論があったが、司会者は自説を押し通した。

左派は、その代表選手〔レッヒャー〕を支援するため、戦場に留まった。演説は着々として進行し、その論旨は力強く、迫力に富み、巧みで、的確であった。演説の切れ目には拍手が起り、それは左派にとっての得点であった。何分間も拍手が続くと、レッヒャーはその間、演壇を追われることなしに、声を休めることができた。

一時四十五分、左派の一議員が「レッヒャー博士にしばらく休んでもらいましょう。議長は薄情ですよ」と発言した。レッヒャーはそこで十分の休息を要求したが、〔クラマージュ〕議長は五分だけを許した。しかし彼は、五分が経たないうちに演壇に戻った。

ヴォルフが再び立って延会動議を提出したが、議長に拒否された。ヴォルフはそこで、「こんな議会なんて米粒ほどの価値もない」と憎まれ口を叩いたが、議長も「そうですよ、たった一人の議員によって全議会活動が麻痺するんですからね」と応酬した。レッヒャー演説はその間も続く。

多数派議員たちは三々五々議場を離れ、応接室のソファでうたた寝したり、飲み食いしたりしたが（その消費量たるや驚異的である）、少数派議員たちは、代表選手のもとに忠実に留まった。多数派議員たちの中にも、著名な何人かを含めて、議場に留まる者がいた。演説が余りに立派なので、出られなかったのであろう。

一体、八時間しゃべり続けている人物の話が、なお面白く、魅力的だなどということが、信じられるであろうか。レッヒャー博士が話し始めてから八時間を経過した時にも、なお友人たちは彼を取り巻いており、あらゆる政党に属する敵たちの間にさえ、去ることができない者が相当いた。そのことを示すのは、演説の切れ目ごとに、心からの拍手喝采が送られ続けたことである。これはまさしく、古今未曾有の勝利であった。

十二時間の間に、友人たちは、ワイン三杯、コーヒー四杯、ビール一杯を彼に飲ませた。演説による消耗に比べれば、誠にけちな栄養補給であるが、彼に敵対的な議長は、これ以上は許さなかった。しかし結局、議長は彼を潰すことができなかった。兵糧攻めに屈しない要塞守備隊のように、彼は保塁を守り通した。演説が八時間続いたところで、彼の脈拍は七二であったが、十二時間を話し終えたところでは、一〇〇であった。

この長い演説の最後の部分を、自由に翻訳すると、次のようである。

この論題についての私の論述も、いよいよ結末に向って急がなければならない時がきました。我々左派は、この議場の反対側におられる敬愛すべき紳士諸君に対し、このような節度なき興奮状態によっても、我々が動揺しなかったことを示し得たと信じます……。

我々が求めるもの、あらゆる合法的手段を用いて闘い取ろうとするものは、この困難な問題についての、正式の、包括的で、明確な解決であります。我々が求めるものは、かつての状態の回復である。即ち、この無能な政府がハンガリーとの間で行なった有害な取引の白紙還元であり、バデーニ内閣がもたらした憂慮すべき負荷よりの解放でありますが……。

私が語るのは希望である。それが実現するか否かは分らないが、しかし、深い、真摯な、愛国的希望である。その希望とは、やがてこの法案が附託されるであろう委員会が、高い立場に立って、この墺洪暫定協定を、我らの祖国の国益と名誉を保護し、促進するようなものに改訂して、本会議に送り返して下さることであります。（と述べて、政府席を振り向き）何れにせよ、多数派の紳士諸君よ、我々には、これまでと同様に、今後も闘い続ける用意があること、オーストリアのドイツ人は、降伏もしないし、死にもしないということを、忘れないで頂きたい。

喝采が起り、少し静まるとまた起り、いつまでもそれが繰り返された。爆発的な、嵐のような喝采が、いつ終るとも知れず続いた。左派の全員は、レッヒャーのもとに集り、手を握り、祝福し、讃嘆した。

遂に彼は去り、帰宅し、パン五枚、魚十二籠を食べ、朝刊に眼を通し、三時間眠った後、少し［馬車］ドライヴを楽しみ、それから議会に戻った。そしてそれから二十三時間続いた議事に出席し続けた。

一つの場所に十二時間立ち続けるというだけでも、並みの人間にできることではない。立ち続けられる少数の者の中でも、その間何十万語を語り続けることのできる者は皆無に近いであろう。そしてそれができる僅かな人間の中でも、それがずっと首尾一貫した演説で、平仄もきちんと整っているという者は、まったく存在しえないだろう――レッヒャー博士を除いては。

三　奇妙な議会作法

レッヒャー博士の十二時間演説や、少数派が仕組んだその他諸々の議事妨害によって、かの有名な三十三時間議会は、何の成果も生み出さなかった。政府側は、合法違法のあらゆる手段を尽くして、最大限の努力をしたが、墺洪協定を委員会に附託することができなかった。これは痛烈な敗北であり、右派は傷つき、左派は狂喜した。

議会は一週間停会された。ひょっとして、議員たちの熱を冷ますためかも知れない。これは貴重な時間の徒過である。最重要な墺洪協定を成立させるためには、もはや二箇月しか残っていないのであるから。

議会の様子についての私の叙述に大きな間違いがないとすれば、読者は驚いたであろう。一体この議員たちは何者で、どういう出自なのか、と。あの「長時間議会」において示された議員たちの言動は甚だ異常なもので、異常な興奮や刺激の産物だと考えたに相違ない。議員たちの出自はといえば、あらゆる領域、あらゆる階層から出てきているという他ない。王侯、伯爵、男爵、聖職者、農民、機械工、労働者、弁護士、裁判官、医師、教授、商人、銀行家、商店主等々。彼らは敬虔な信仰者で、真摯で、真面目で、献身的で、ユダヤ人嫌いである。たいてい博士号の持主で、博士でない議員は、そのことによって目立った存在である。博士号は自称でもなければ、栄誉称号でもなく、実際自分で勉強して獲得したものである。

オーストリアでは、ご機嫌取りのために博士号が授与されるということはまずない。この国では、音楽博士とか、哲学博士とかが授与されることはなく、従ってオーストリア人が「博士」とよばれているとすれば、それは法律家か医師かの何れかである。そしてその人物は、独学者ではなく、大学出身者で、その成績によって学位を得たのである。下院の人的構成も、このことが分っていないと分らない。

そこで奇妙な議会作法の話になるのだが、この「博士会」が「長時間議会」で見せた作法は、決して空前のものではなく、前からある程度行なわれてきたことである。そのことを示すために、以前の議会の様子を顧みて見よう。

まず一つの事件から。議院の尊厳が二人の議員(18)によって傷つけられたとして、懲罰委員会にかけられた。委員長の報告によると、シュラメル議員(19)が「宗教は私事であり、公立学校には持ち込むべきではない」と演説していると、グレゴーリッヒ議員が「それじゃ自由恋愛はどうだ」とヤジを飛ばした。すると更に、イーロ議員(20)が「ヴィンベルガー［ホテル］のソーダ水だ」とヤジった。これがグレゴーリッヒ議員をいたく怒らせ、イーロ議員に「このグズのオッチョコチョイ、もう一度言ってみろ」と怒鳴り返した、という。

委員会は三時間かけてこれを協議した。グレゴーリッヒは謝罪し、イーロも釈明した。イーロは「私はヴィンベルガーのソーダ水のことなんか全然口にしたことはない」と言い張り、それを書面にして、「私は名誉にかけて、私が言ったとされている言葉を発言したことはない」と明確に否定した。ところが不幸なことに、公式の議事録の中にそれがあり、何人かの同僚議員たちの証言でもそれを聞いたという。

しかし委員たちは、なぜヴィンベルガーのソーダ水という、一見どうでもよさそうな発言が、グレゴーリッヒを「グズのオッチョコチョイ」と叫ばせるまでに怒らせたのか、分らなかった。ともあれ、慎重審議の結果、委員会は、下院が関係者を譴責処分とすべきことを決定した。これは極めて厳しい処分として受け取られた。

処分を厳しいと受け取ったのには、それなりの理由がある。ウィーン市長・下院議員ルエーガー(21)博士は、ソーダ水云々の発言が一見するほど無害なものでないことを示して、友人グレゴーリッヒを救おうとした。実際それに激怒したのは当然だというのである。そこでルエーガーは、何枚かの名誉毀損的葉書が、匿名ではあるが、実はイーロの出したものであることが筆跡から明らかであるとすっぱ抜いて、それを朗読した。その一部はグレゴーリッヒの事務所宛となっており、彼の部下の目に触れるものである。それ以外のものは、「グレゴーリッヒ夫人」宛となっている。その葉書が、グレゴーリッヒ氏の街の酒場での siphon-squirting に関する噂話（女性問題もからんである）に関するものであることは、ルエーガーは言わないが、誰でも知っていることである。

葉書は何通かある。「何通か」というと少ないようだが、一日に五通以上出されたということもある。ルエーガー博士はその何通かを読み、他のものも要約した。何通かには挿絵も書かれている。その一つは、巨大な鼻をもった豚の絵で、そばに噴出しているソーダ水のストローが描かれており、その下にからかいの狂歌が添えられている。

グレゴーリッヒはシャツやネクタイなどを商う商人で、葉書の中には「尊厳ある議員閣下、襟縫い閣下、泥棒閣下」と書かれているものもある。「ご婦人方に囲まれたキリスト教社会党議員万歳！soda-squirter 万歳！」というのもある。ルエーガーはこれについて、「これ以上読むに堪えない、署名も見るに堪えない」と評した。彼はまた「教えて下さい」に始まる葉書についても、「余りに下品で読めない」と言った。グレゴーリッヒ夫人への葉書には「敬愛するグレゴーリッヒ夫人よ、次のsoda-squirt へのご招待です」とある。ルエーガー博士は、「議会でこんなものをこれ以上読めたものじゃない」とやめてしまった。要するに、これらの葉書の目的は、グレゴーリッヒの行状を家族に暴露することで、他の葉書もみなそういうたぐいのものである。

下院は投票によって、この二人の議員を、品位を欠いた行動をとったということで、譴責処分にした。この処分によって、暫くの間は議員の言葉遣いも改善され、ヤジも少し減ったが、長続きしなかった。先に見たように、「長時間議会」の夜、元の木阿弥となったのである。次の会議も、「活溌さ」において遜色ないものであった。

議長は、政府援護のために、議院規則を無視し続け、野党はいやが上にも憤激した。耳を聾する雑音、騒音、叫び声、足を踏みならす音、そして机叩きは絶え間なく続いたが、それを突き抜けて大声が響き渡り、一応何を言っているか分ることもある。こうして聞き取れた発言の中には、我が国の下院でも傾聴されるような率直な意見もある。その例を幾つか、順不同で示そう。

マイレーダー博士（議長に向って）「貴方は嘘つきだ。私に演説させると言ったじゃないか。さあ約束を守りなさい。そうしなければ、貴方は嘘つきですぞ」

グロェックナー氏（議長に向って）「とっとと出て行け！」

ヴォルフ（議長を指差しながら）「爵位をもった男があそこに坐っているよ」

このヴォルフは、大声で新聞を読み続けている。多数派席から彼に向って、口々に「黙れ」「つまみ出せ」「叩き出せ」と怒号が飛ぶ。ヴォルフは、しばらく新聞朗読を中断し、演壇で演説を始めようとしているルエーガーに対し、「聞えないぞ。人民の裏切り者、始めろ」と怒鳴る。

ルエーガー博士「紳士諸君」（「ウォー」など呻き声）

ヴォルフ「あれがキリスト教社会党の聖なる光だってさ」

クレッツェンバウアー氏(22)（キリスト教社会党）「ちっくしょう！　いつてめえはおとなしくなるんだ」。

ヴォルフがヴォールマイヤー氏に悪態をつくと、ヴォールマイヤーは「ユダ公め」と言い返す。一瞬静寂。ルエーガーが演説を始める。彼は上品でハンサムで、物腰や態度に人を惹きつけて離さないところがあり、演説は分りやすくかつ雄弁、政治の潮流に乗ずる才覚の持主である。だが彼が何とか二言三言しゃべると、大騒ぎが起って続けられなくなる。

ヴォルフは、新聞朗読を中断して、ルエーガーとキリスト教社会党に何かひどいことを言い、「キリ社」側が騒ぎ出したのである。

フィーローラヴェク氏(23)「おい雑言屋、『キリ社』のことを口に出すな。議会はお前に用がない。何か邪魔立てしたいなら、『キリ社』以外のことの邪魔をしろ。お前なんか一杯飲み屋でとぐろを巻いてればいいんだ」

プロハツカ氏(24)「一杯飲み屋なんて立派過ぎるよ。気違い病院が向いてらあ」

フィーローラヴェク氏「あんな奴がドイツ国民党員だなんて、ドイツ人の名汚しだ」

シャイヒャー博士(25)「あんな奴に言いたい放題言わせて、黙ってられるか」

シュトローバッハ(26)（ヴォルフに）「見下げ果てた奴め、貴様（du）を叩き出してくれるぞ」（du は普通親愛の情をこめた呼びかけ語だが、ここでは軽蔑の念を強調する）

シャイヒャー博士「口で言ったってしょうがない。横面を張り飛ばしてくれる」

ルエーガー博士（ヴォルフに）「貴様はイーロの雑言にでもかかずらわってろ。やくざ（street arab）め」

シャイヒャー博士「まったくもってみっともない」

ルエーガー博士「こういう恥知らずのごろつきどもが、ドイツ国民党の指導者なんだな」

だがヴォルフは、平然と新聞朗読を続けている。

パッタイ(27)博士「おい静かにしろよ。お前が演説者じゃないんだから」

シュトローバッハ「ひでえ野郎だ」

ルエーガー博士（騒音に抗して声を張り上げ、ヴォルフに）「碌でなしめ」

「あのごろつきをクビにしろ」という声が聞こえる。しかしヴォルフは依然大声で騒ぎ続けている。

そこへ、体躯堂々、下院随一の大声の持主であるシェーネラー(28)が、怒りの顔を真赤にして、人々を掻き分け、ヴォールマイヤー議員の前にやってくるや、物差し（？）(rule）を取り上げて机に叩き付けた。そして拳骨で顔を押し、怒鳴った。

「貴様、目にもの見せてくれる」

指導者ルエーガー・ウィーン市長のまわりにいた柔和で謙虚なキリスト教社会党員たちも、シェーネラーに非難の声を上げる。「さあ、始まった」と我々は大いに期待した。五十年前のアーカンソー議会の光景の再現だ、その全体を特等席で見られるなんて。ところががっかり、そうならなかったのである。

パッタイ博士（興奮して）「黙れ。そんなことをすると、殴り合いになるぞ」

プロハツカ（怒って）「横面を張り飛ばすどころじゃない、本物のパンチだぞ」

フィーローラヴェク「ヴォルフに頭を下げるくらいなら、ユダ公に頭を下げるさ」

シュトローバッハ（ヴォルフに）「卑しいユダ公め。この十年俺たちはユダ公をやっつけようとして来たんだ。お前はユダ公のために働いてる。幾ら貰った？」

ホランスキー「奴に必要なのは囚人服だよ」

しかしヴォルフは新聞朗読を続け、今は株式欄にきている。その時シェーネラーに対し、ヤジが飛ぶ。

Die Großmutter auf dem Misthaufen erzeugt worden!［お前の婆さんは糞溜めの上で生れた？］

これは翻訳しない方がいいだろう。随分きわどいが、特に傍聴席にはご婦人方も大勢おられた訳だから、勇敢といえば勇敢だ。

これはヒットだった。キリスト教社会党席に歓喜の興奮が走り、それとともに野党議員の中でも彼らが嫌っている者、特にシェーネラーに、品位などお構いなしのヤジが次々に飛んだ。

Bordell in der Krugerstraße!［甕屋町の女郎屋］

それから、次のような言葉が、呻くが如く、吠えるが如く、あるいは歌うが如く発せられた。

Schmul Leeb Kohn! Schmul Leeb Kohn! Schmul Leeb Kohn!

机叩きやその他の騒音の嵐の中でも、これはちゃんと聞こえた。傍聴席では「これがオーストリア代議政体の白鳥の歌だな」というささやきが、口から口へ、扇形の端から端まで、あっという間に伝えられた。このささやきを伝えられた傍聴人たちが、「そうだそうだ」と、頬笑み、うなづき合っていたことも注目すべきである。

クレッツェンバウアー「ホロフェルネスよ、ユディトは何処に？」(29)（爆笑）

グレゴーリッヒ（シャツ屋）「このヴォルフ劇場は六千フローリンのカネを喰っている」

ヴォルフ（優しい声で）「皆様、あそこにおられますのが、有名なグレゴーリッヒさんでございます」（笑い）

フィーローラヴェク（ヴォルフに）「お前はユダだ」

シュナイダー「女郎屋の騎士さ」

合唱「東部ドイツ人は屑肉樽よ！」

こうして悪態のつきあいが、二時間ほども、衰えることなく、続けられた。

傍聴席の女性たちは、じっと観察している。結構なことだ。やがて女性たちも、各国の議会に議席を占めることになるだろう。現在はまだそれは男たちの独占状態にあり、男たちは女性を見下し、議会の同僚に女性を迎えることに、自尊心が傷つくだろうけれども。

ヴォルフはまだ経済欄を朗読している。

ゲスマン(30)「下司め、おとなしくしろ」

少し静かになり、ルエーガー博士の演説が二、三センテンス、議場に聞こえる。その演説は、最も騒がしい四人の野党議員を黙らせるよう議長に求めている。

ヴォルフ（これでもかという風情で顔を上げ）「ウィーンのペテン師が何を言うか」

イーロはシェーネラーの党に属しており、例の名誉毀損事件で有名になった。グレゴーリッヒはキリスト教社会党員で、葉書事件＝ヴィンベルガー・ソーダ事件の主人公である。彼は巨体で目立っており、自惚れのかたまりで、雄鶏のように威勢がいいが、力はない。ルエーガーの脇に立ち、このような大物の近くにいることを大いに誇りにしている。男前がよく、堂々としていて、そのことは十二分に自覚している。時々無内容なヤジを飛ばし、それで墺洪協定問題から解放されたかのように陽気でいる。実際彼の出で立ちは立派なもので、議場でただ一人チョッキを着ており、その間から白シャツをのぞかせている。両手をポケットにちょっとかけ、頭はゆったりと後にもたれている。彼は傍聴席に見せるために格好をつけているのである。

しかしそうしているのは彼一人ではない。投票するだけで演説はせず、気の利いたヤジも飛ばせない連中は、議場を歩きまわり、適当なところに坐って、何か重大な思索に耽っているような格好を見せびらかし、皆は俺をどう見ているだろうと、時々傍聴席をちらと見やる。似たような人物がやって来て、仰々しく握手し、賑やかに笑って見せ、色々格好をつけて見せて、それが注目を惹いているかどうか、また傍聴席をみやる。それはちょうど、主役が正面舞台で名演技をしてる時、うしろの方で脇役が色々な仕草をしているのと似ている。バデーニ伯爵でさえも、時に「瞑想するナポレオン」といった風情の、そういう気取った態度を見せることがある。もっともすぐに考え直して、やめるが。

そういう格好つけをしない人物が二人いる。その一人は、いじめられ、侮辱され通しの哀れなアブラハモヴイッツ議長である。彼はまったく可哀そうな境遇で、つらい時間の殆どをただじっと黙って過ごさなければならない。鐘を鳴らしたり、誰にも聞こえない声で何か言ったりする以外には。もう一人は聖職者で、忍耐強く諦めきって空席だらけの多数派席に坐って林檎を喰っている。

シェーネラーは、霧笛のようなどら声を上げ、屋根を揺るがすような大声で、多数党に怒鳴り返す。

ルエーガー「名誉も品位もないお前の党など、口をきく資格はない」

グレゴーリッヒ（シャツの胸を膨らませて同調し）「そうだ、黙れ女衒《ぜげん》！」

シェーネラー（ルエーガーら向い）「政界の香師《やし》！」

プロハツカ（シェーネラーに対し）「酔いどれの道化師！」

会議が終りに近づく頃には、このような立派な言葉が次々と振りまかれた。中でも特に立派なものを挙げておこう。

「オッチョコョイ！」、「下郎！」、「ごろつき！」、「女郎屋のあるじ！」

「女郎屋のあるじ！」と叫んだのは、ゲスマン博士で、私の見るところでは、これがこの晩の語録の中で最も輝かしいものの一つである。

午前一時半、下院は延会となった。勝ったのは野党である。もっとも、一概にそうとも言い切れない面もある。その勝利の重要部分は、議長の違法な権力行使によって横取りされた。これによって野党は怒り狂った。

別の期日には、野党の紳士たちは、議長に向って拳を振り上げ、「ポーランドの犬」と呼びかけた。また別の時には、ある議員が他の議員に対し「□□□□□□□□」と叫んだ。何と言ったかは想像にお委せしたい。これをドイツ語の原語で引用しても、編集者の削除は免れないだろう。まして英訳するなど、インクの無駄である。あるウィーンの新聞はこれをきちんと忠実に掲載した。他の諸新聞は、一番タフな部分を星印に代えた。

読者諸氏がもう一度これまでの叙述を読み返され、罵詈雑言の大行進を再読されたとすれば、二つの疑問をもたれるのではないかと思われる。即ち「この紳士たちの集会が、どうしてこんなひどい言葉を用いることを許すのか」「よくまあこんな発言をした者が生きて帰れたものだ」ということである。全く不思議なことである。仮に下院議員の全員が職業的ごろつきの集団で、船乗りの木賃宿に住んでいるとしても、まだ不可解である。連中はそういう言葉を日常的に使っているかも知れないが、言われて怒り、言い返すというようなことはないからである。しかも議員たちは職業的ごろつきでもなく、その大部分は教養ある紳士である。それがこういう雑言を吐き、それに応酬しているのであるから。

彼らは、実際こんなことを大したことでないと思っているようだ。そこが「お前の母さんデベソ」

などと言い合っているところである。しかし違うことは違うが、全く違うとまでは言い切れない。子供たちは、お互い雑言を投げ合うが、時が経てば大したことではないと悟るであろう。しかしまた、そうとばかりも言い切れない。一定限度までは、聞き流されるが、その限度を越えると、直ちに喧嘩が起る。例えば、シェーネラーの祖母についての雑言などは、どんないくじ無しの子供でも、言われれば復讐に駆り立てられる。小学生とオーストリアの下院議員たちの相違は、後者が限度を知らず、危険線をもたないところにある。一見彼らは、言いたい放題のことを言い合った後、無事帰宅したようであるが。

実際、下院で乱闘が二度あった。もっともその原因は罵詈雑言ではなかった。まだそれを原因とする乱闘騒ぎは起っていない。

議会がデリカシーを欠いているからと言って、彼らが名誉心をもっていないという訳ではない。名誉心はもっている。イーロは嘘がばれて、大変な不名誉を蒙った。議院は彼を非難し、排除し、彼は辞任した。辞任しなければ、罷免されたであろう。しかしこのイーロを「グズのオッチョコチョイ」と呼んだグレゴーリッヒに対しては、議院はそれほど厳しくなく、やんわりと非難をしたが、彼は余り痛痒を感じなかった。

ウィーンっ子たちは、「私たちは安易で、享楽的で、生を楽しみ、余り真剣にならない人たちなんですよ」と言うが、その議会についてはさすがに憂慮し、正直に「恥ずかしい」と告白する。「議会がこんななのは、昔からのことではなく、最近のことですよ」と。二十年前政府の指導的地位にいた紳士は、「あの頃は議会も秩序立っており、マナーも良かった」と言っている。ずっとここに住んでいる英国人紳士も、「その通りです。何年か前から、品の良くない政治家が、選挙遊説であんなふうな演説を始め、それを議会に持ち込んだのですね」と言う。今朝（一八九七年一二月一二日）の『新自由新聞』（Neue Freie Presse）社説の冒頭でも言っている。[31]

過ぎ去りし典雅な時代には、我が国の議会は、柔和で節度ある精神が雰囲気を支配していた。演説者のマナーは整然として学術的で、昨今のような混乱は想像もつかなかった。

いつの日か、作法省が設けられ、作法大臣が任命され、武装した議場係が登場して、事態は鎮静するのかもしれない。もちろん、仮に現在の嵐のあとにも、議会やら憲法やらが存続していると仮定しての話であるが。

四 歴史的クライマックス

十一月中事態は悪化の一途を辿った。最も重要な墺洪協定問題は、全然進捗せず、しかも喧嘩に時間を潰している訳にいかなかった。バデーニ政権は「言語命令」を撤回すれば過半数に留まりえないし、協定撤回以下の条件では野党は懐柔されない。ある夜、いつもの百鬼夜行状態が繰り返されている最中に、とうとう暴力沙汰が起った。[32]それは文字通りの集団乱闘であった。何発パンチが行きかったか分からない。大臣用の重い肘掛け椅子を、シェーネラーは二度振り上げた。片手で持ち上げたという説もある。それが多数派を威嚇したが、誰かがそれをねじり取った。ある議員はヴォルフの頭を議長用の鐘で殴った。彼の首を締めた者もいる。ある教授は床に倒され、拳骨で殴られた上に首を締められた。彼はナイフを取り出して、殴打に抵抗した。ナイフは取り上げられ、遠くに投げ棄てられた。それが何もしていないキリスト教社会党議員の手に当り、血が出た。これが唯一の出血事件であった。殴られた者も首を締められた者も、別状はないように見え、翌日には元気であった。拳骨や鐘で、力いっぱい殴っていたら、結果は違っていたであろう。私は、皆本気ではなかったのだと思う。

「感謝祭」[33]の日、議会は歴史的な一日を迎えた。痛めつけられ、苦しめられてきた政府は自暴自棄になっていた。野党の課した桎梏を逃れるために、政府は奇妙で子供じみた犯罪を犯した。即ち突如議院規則改正案を上程し、それに関する討論を禁止し、採決は一人一人に賛否を問う方式に代えて起立により行なった。そして、「議案は採択された」と重々しく宣言した。しかし、最も鈍感な目撃者の眼から見ても（私はそういう鈍感な人物だと自称するが）、採決というに値するようなことは全然行なわれなかった。

「神はその亡ぼさんと欲する者を、まず狂わせる」という言葉ほど真実を述べたものはない。フライパンの上から脱出するために、議会に対するこういう身も蓋もない侮辱行為をとることが最善の方法だと考えた政府は、頭がおかしくなっていたのであろう。

仮に問題が瑣末なものであれば、このエピソードも滑稽かも知れないが、とんでもない。下院にはいつもの嵐が吹きまくっていた。多数派議員の多く、そして少数派の殆どが立ち上っていた。ヤジを飛ばすなど騒ぎ立てるためである。この騒ぎの中に、ファルケンハイン伯爵[34]が、紙を手に持って入場した。議員たちは彼に近づき、動議を聞こうとした。人垣に囲まれた彼が何かを言うと、味方の議員たちの「賛成」と叫ぶ声と、反対派の「反対」を表明する叫びとが、彼の声を聞きえた範囲の人々から起った。彼が着席するや、議長は「議案に賛成の方はご起立願います」と言った。しかし全議員は既に、一時間も前から、立っている。議員の三分の一ほども議長の発言を理解しないうちに、議長は「賛成多数と認めます」と言った。それが聞こえたのは、ほんの少数の者だけだった。そもそも、議場は立法に従事しているのか、大砲発射の訓練をしているのか、分らない状態だったのである。

規則の定める点呼による賛否を避けて、起立による採決を行なうことが、どんなにすばらしい名案だったのか、読者も理解されるであろう。その直後、議員代表が議長に「議案は可決されたのですか」と尋ねると、議長は、「もちろんだよ、全会一致で」と答えた。ということは、このインチキが行なわれていた時には、全議員が席を立っていたということである。

この奇妙な仕方で生れた「ファンケルハイン法」によれば、議長は、二度規律遵守を命じられて、なお規律に従わない議員の資格を三日間停止することができ、その資格停止を有効にするために必要な実行行使を命ずることができる。さあ、こうして議会には、キリスト教国のどの国にもないような、強力な権限をもった守衛が登場したのである。更にこの「ファルケンハイン法」は、議院自体に、三十日間議員の資格を停止する権限を認めた。

こうなれば、墺洪協定は、一時間もあれば成立するだろう。野党はおとなしく静粛になり、議事妨害を停止するであろう。そうでなければ議員たちは、順番に議場からつまみ出されて、街に出て行き、議場は多数派の天下となるだろう——とそう思われたかも知れない。

実際事態は政府の思い通りに動いているように見えた。遂に政府はフライパンを脱出したのだ、「めでたい、めでたい」と関係者は少女のような喜びに耽っていた。政府株はマイナスからプレミアム付きにまで高騰した。「ファルケンハイン法」はホール・イン・ワンだ、天才的だ、と。

だがそう思わない人々もいた。「これはいけない、重大な過ちが起された」と心配した人々である。野党はこれで潰されるかも知れない。それはあるいは国益に適うものかも知れない。しかし問題なのは、そのやり方（manner）である。それこそが問題なのだ！　一体この後何が起こるのか。どんなに重大な帰結が待っているのか、予測できないではないか。これが、もう時代後れとなった、力による政治、無責任政治に戻る第一歩かも知れないではないか。

翌日[35]、傍聴席に空席はなかった。立ち見席券もプレミアム付きで売られた。群集が集まり、またヘルメットをかぶり、真鍮のボタンをつけた警官隊が麗々しく並んで、群集の興奮に備えている。騎馬部隊もあれば、歩兵部隊もある。何が起るか誰にも分らないが、「何か」が起ろうとしていることは、誰もが感じていた。その目撃者になりたい、少なくともその最新情報に接近したい、と野次馬たちは望んでいた。

正午には、議会には誰もいなかった、私を除いて。半時間後には、傍聴席は満員となったが、議場には依然誰もいない。それから半時間後、ヴォルフが現れて、自分の席に就いた。それから最近おなじみになった顔ぶれを含め、議員たちが逐次入場した。一時までには大体出席者が出揃った。社会主義者の一団が、議長席の陰、大臣席に向い合う場所に起立している。これらの当局側の拠点は、ボルトでとめた扉によって、押し寄せる議員たちを防ごうとしていた。制服を着た職員たちがそこを固めている。取り外しのきく机板は撤去されており、叩いて音を立てようがなくなっていた。

不安げな静寂が支配していた——もちろん本来議会は静粛であるべきものであるけれども。野党はおじけついている、もう議事妨害も騒ぎもないだろう、と観測する者も少なくなかった。しかし、それは間違いであった。

議長が右側のドアから、フックス副議長[36]を伴って現れ、二人はポーランド議員の議席のあたりを通って議長席に就こうとした。直ちにいつもの嵐のような騒音が起り、それはいよいよ大きく、荒々しくなっていき、この議場で過去に起った騒音の何れをも凌駕するように思われた。議長は席に就き、静粛を請うたが、耳を藉す者はいなかった。彼の唇が動くのが見え、身体を乗り出して、何とかしようとする様子が見えた。また胸のところで両手を広げているのも見えた。だがしゃべっている言葉は、議長自身にも聞こえなかったのではあるまいか。

議長席の下には、例の二ダースばかりの社会主義者たち[37]が、彼を睨み、彼に向って拳を振り上げていた。彼らは議長を罵り、罵声を浴びせていた。しばらくこういう状態が続いた後、社会主義者の一団が、扉を破り、大臣席を通り抜けた。赤いネクタイをした男が議長席にたどり着くや、机の上の書類をひったくって、ばらまいた。次の瞬間、その男やその同志たちが、半ダースほどの扉防衛隊の守衛ともみ合った。同時に社会主義者の他の一隊は横の階段を駆け登って議長と副議長を取り囲み、二人をその場から押し出してしまった。彼らは更に、二人を階段から下ろし、議場を横切って連れ出そうとしたが、それに敵対的なポーランドとチェコの議員席を通った際、彼らと衝突した。拳が振り上げられ、振り下ろされ、乱闘が行なわれているようであった。その間議長と副議長は出口から姿を消した。

勝利を博した社会主義者たちは議長席に凱旋し、議長席を占拠して、鐘や残った書類を投げ棄てた。

そして十一人の屈強の男たちが、そこを砦のように囲んだ。議場の同志たちも勝利に狂喜し、例の耳を聾する大騒ぎを演じた。議場は総立ちになり、驚いたり呆れたりしていた。

唖然とするような光景である。そして誠に劇的光景であった。誰もが全く予期しないことが起ったのだ。次に何が起るか？いや、もうどうしようもないのだ。劇は終った。クライマックスは過ぎた。すべての可能性は閉ざされた。あとは幕を引くだけである。

と思ったら、そうではなかった。扉が開き、五世紀前の光景が再現した。軍服にヘルメットを着けた無表情の屈強な男たちが二列縦隊で議場に入り、中を行軍した。自由なはずの議会は、物理力に侵入された！

誠に醜悪な光景である。醜悪なばかりか、とんでもない光景だ。一瞬それは信じられなかった。こんなことがありうるだろうか。幻覚、夢、悪夢を見ているのではあるまいか。いや、これは現実である。哀れな、汚辱に満ちた、身の毛のよだつような現実である。六十人の警官たちの出自は兵士で、それらしく、冷たい非感傷的な遣り方で、事を処理した。彼らは議長席に上り、不逮捕特権を持つはずの国民代表たちを捕まえ、引きずり、階段を引き下ろして、扉の外に押し出した。それが終ると、大臣席の前に軍隊式に整列した。

これは途方もないエピソードである。この事件の記憶は、現存の王朝のすべてが滅びた後にも語り継がれるであろう。自由な議会の歴史において、このようなことは過去三度あっただけである。この事件は、世界史上忘れ難い事件として残るであろう。私は自分の生涯において、歴史的大事件をこの目で見ることは、二度はないだろう。しかし、一度あったことだけは確かである。

この乱暴で異常な措置の結果はすぐ現れた。バデーニ内閣は崩壊し[38]、ウィーンに民衆暴動が起った。プラハでは三、四日に亘って激しい暴動が起り、戒厳令が施かれた。ユダヤ人とドイツ人は襲撃され、掠奪され、家が破壊された。他のボヘミアの都市でも暴動が起ったが、ドイツ人が蜂起した場合も、チェコ人が蜂起した場合もある。何れにせよ、ユダヤ人は、何れも側についた者も、ひどい目に遭わされた。現在十二月もだいぶ過ぎた(今日は九日である)。次期首相が議会の対立する諸陣営を調整することはまず無理で、議員内閣制も憲法も、消滅の危機にあるとは、世論の観方である。否、君主制自体でさえも、絶対安全とはいえない。

しかし、「ファルケンハイン法」は確かに偉大な発明であった。それは政府をフライパンから救い出すという所期の目標を達成したのである。

(1) Forrest Morgan (1852〜?) 著書 *Connecticut as a Colony and as a State*, 1904。また *The Works of Walter Bagehot*, 1889 の編者。

(2) 一九一〇年における墺洪帝国の人口は、ドイツ系二三%、マジャール系一九%、ルーマニア系六%、スラヴ系四五%、その他五%であった(A.J.P. Taylor, *The Hapsburg Monarchy*, U. of Chicago Press, p. 265)。

(3) もちろん、違法を承知で提出しなかったのであろう。

(4) Kasimir Felix Graf Von Badeni (1846〜1909) ポーランド出身の政治家。ガリチアの大地主の家に生れ、クラカウ大学で法学を学ぶ。一八六六年より内務省勤務。七九年よりクラカウ知事を勤めた後、八八年よりガリチア州知事として、ルテニア人の叛乱を鎮圧した力量が買われ、一八九五年十月首相兼内相に任命された。選挙権の拡大などで実績を上げる。九七年四月、チェコ語をボヘミアとモラヴィアにおける(ドイツ語と並ぶ)公用語とする勅令を発し、チェコ人議員の支持を得て議会を乗り切ろうとしたが、ドイツ系の強い反撥を招いた。議事妨害に対抗するため「ファルケンハイン法」を強行採決したため、社会民主党をも敵にまわし、十一月二十六日議場に警官隊を導入した。「このままでは革命となる」とのルエーガーの主張により、二十八日辞任。

（5）「ドイツ語に加えて」の誤り。公務に両語の能力が要求され、一九〇三年以降は公務員の資格としてチェコ語の試験合格が要求された。実際上ドイツ人が排除されるためドイツ系が反対した。

（6）「墺洪協定」：一八六七年三月十五日に発効したオーストリアとハンガリーの関係を定めた協定。両者は「帝国の半分」（Reichshälfte）と性格づけられ、それは対等・独立で、君主及び共通事項（外交・軍事・財政）においてのみ結合し、共通事務は両国議会より選出される六十名ずつの議員で構成される委員会で決定される。

（7）カンは「自由主義者たちは、一八八一年統一ドイツ左翼（Vereinigte Deutsche Linke）というミスリーディングな名の下に結集した」と言っている（Robert A. Kann, *Geschichte des Habsburgreiches*, 1977, p. 385）。

（8）Otto Lecher（1861～1939）ウィーンのジャーナリストで、Neue Freie Presse 紙編集長などを勤めた Zacharias Konrad Lecher（1829～1905）の子として、ウィーンに生れる。ブルン（ブルノ）の商工会議所に勤務、一八八九～一九〇一年同会頭。一八九七～一九一八年下院議員として、オーストリア・ドイツ国民党に所属。帝国内におけるハンガリーの特権的地位に反対し、ドイツとボヘミアの共通利益を促進しようとした。一八九七年秋の議会で、十月二十八日午後九時から翌朝九時まで演説を続けた。兄 Ernst（1856～1926）は物理学者。

（9）Dawid Ritter von Abrahamowicz（1839～1926）ポーランド出身の政治家。一八七五年より下院議員。ユダヤ系という。長く貴族院議員を勤める。

（10）Armand Jean de Plessis, Duc de Richelieu（1585～1642）絶対主義期を代表するフランスの政治家。

（11）一八四〇年、酋長 Buffalo Hump（?～1870）に率いられたコマンチ族が、テキサス州の諸集落を襲撃した事件。

（12）Karl Hermann Wolf（1862～1941）ジャーナリスト・政治家。プラハ大学哲学科を優等で卒業、辞典・新聞・

雑誌の編集に携った後、オーストリア・ドイツ国民党員となり、ボヘミア議会議員を経て、一八九七年より帝国下院議員となる。

(13) Ferdinand Kronawetter (1838～1930) 鍵職人の子としてウィーンに生れる。一八八五～一九〇一まで帝国下院議員として、オーストリア・ドイツ国民党員。普通選挙、労働者保護立法などの実現に尽力し、腐敗と闘い、国家と教会の分離を唱え、反ユダヤ主義に反対し、政界の一匹狼ながら「下院の良心」とよばれた。

(14) William Marcy Tweed (1823～78) ニューヨーク政界のボス。腐敗の象徴のようにいわれる。

(15) サムエル前書一七章。

(16) Chauncey Mitchell Depew (1834～1928) 米国の政治家、実業家。鉄道会社の経営に当り、一八八九～一九一一年ニューヨーク州選出上院議員。財産の多くをイェール大学に寄附した。「ペシミストとは、全ての女は悪女であると思っている男である」という言葉がある。

(17) Karel Kramář (1860～1937) 青年チェコ党の指導者、後にチェコスロヴァキア共和国首相。チェコ語の発音からKramarzとも表記される。なお本書三七—八、六三—四頁参照。

(18) Anton Schrammel (1852～1917) 機関車車掌の子としてウィーンに生れる。幼時に両親に死別し、職人の徒弟として遍歴した後、ウィーンの職工組合で活動。機関誌編集者となった後、一八九二年より組合を基盤に、社会民主党幹部となる。激しい煽動活動で、九四年には六箇月の禁錮刑に処された。一八九七年社会民主党初の下院議員の一人に選出され、一九〇一年まで、及び一九〇七～一一年議員を勤める。一九〇七・一〇・一二年の国際インターナショナル大会に出席。

(19) Josef Gregorig (1846～1909) 北オーストリア生れ、実業中学卒。下着類などを商ったが、ルエーガーに従って一八八〇年代末に政界に入り、地方議会を経て下院議員となる。反ユダヤ主義活動で名を馳せた。

(20) Karl Iro (1861～1934) オーストリア・ドイツ国民党員。教育問題・言語問題に関心をもち、ドイツ語純化運動機関誌編集長などを歴任。反ユダヤ主義で知られる。

（21）　Karl Lueger（1844～1910）ウィーン工科大学守衛の家庭に生れる。Theresianum（学習院。貴族の子弟を公務員・外交官・軍人として養成するための中等学校であったが、一八四八年革命の結果として、四九年より庶民の子弟の入学を許した）に学び、貴族的マナーを習得。六六年法学博士号を取得、七五年ウィーン市会議員、八五年下院議員となる。九三年、キリスト教諸派を糾合してキリスト教社会党を結成。資本主義とマルクス主義をともにユダヤ勢力として糾弾する煽動演説は、下層階級の人気を博し、九五年ウィーン市長に当選したが、デマゴギーの危険性から皇帝が拒否、九七年三度目の当選で漸く任命され、その死まで在任。若きヒトラーに影響を与えた。

（22）　Gregor Kletzenbauer（1855～1923）ボヘミア議会議員を経て、一八九七年より帝国下院議員。一九一八年革命の際の暫定国民会議議員。

（23）　Hermann Vielohlawek（1861～1918）キリスト教民主党議員。反ユダヤ主義運動家。

（24）　Julius Prochazka（1863～1916）陸軍御用の衣服係の子に生れる。ルエーガーのキリスト教社会党の運動に参加。一八九七年～一九〇七年下院議員。党のオーガナイザーとして活躍し、また労働者の福祉向上にも貢献した。

（25）　Joseph Scheicher（1842～1924）神学者・政治家。鉱夫の子に生れ、遍歴の後聖職者となり、北オーストリアで活動。一八七二・三年ウィーン大学で神学を学び、七五年神学博士号取得。キリスト教社会党の著作者として名声を博し、地方議会議員を経て、一八九四～一九一八年下院議員。『一般倫理神学』などの著者がある。

（26）　Josef Strobach（1852～1905）キリスト教社会党の政治家。ルエーガーが皇帝に拒否されたため、穴埋め（Platzhalter）として、一八九六～七年ウィーン市長を勤める。四月にルエーガーが市長となって以後は助役。

（27）　Robert Pattai（1846～1920）弁護士の子としてグラーツに生れる。グラーツ工科大学卒業後、グラーツ大学法学部に学び、一八七二年法学博士。最初シェーネラーと接近するが、やがてキリスト教社会党に入る。一八八五～一九一一年下院議員。「実践的キリスト教」を主張して、社会改革を唱え、スラヴを切り離してのドイツ的オーストリアを主張するドイツ派に近く、反ユダヤ主義者としても有名。最初過激だった反ユダヤ主義も後に緩和となり「サロン・反ユダヤ主義者」と仇名された。法律専門家として多くの立法に関与。一九一七年上院議員となる。『ドイツ及びオーストリアにおけるユダヤ人問題』の他、教育改革に関する著書がある。

(28) Georg von Schönerer (1842～1921) 鉄道会社経営者・貴族の子。反教権・反ハプスブルクの過激民主派として政界に登場、一八七三年より下院議員。反スラヴ、反カトリック、親プロイセン・汎ゲルマン主義の煽動を展開したが、七〇年代後半より「ユダヤ金権支配」を攻撃し、八八年「ユダヤ新聞」がドイツ皇帝について誤報したとして新聞社を襲撃、議員資格・爵位を剥奪された。九七年下院に復帰。独善的性格から大政党を作れなかったが、民衆的人気があり、一九三八年のナチ・ドイツとの合邦後、ウィーンのユダヤ人街に「シェーネラー街」の名が附された。

(29) ユダヤの美貌の女性ユディトが、アッシリアの将軍ホロフェネスを誘惑して、酔ったところを殺したと、紀元前二世紀に成立した旧約外典ユディト記にある。これを素材とした戯曲に言及か? 但し Friedrich Hebbel の戯曲 *Judith* (一八四〇年) には、これに対応するセリフはないようである。

(30) Albert Gessmann (1852～1920) ウィーン大学で歴史学と地理学を学び、哲学博士。同大学図書館勤務。政界に入り、一八九一年ルエーガーとともに下院議員となる。一九〇七年ベック内閣に労働大臣として入閣。一一年キリスト教社会党の敗北の責任をとって党務を辞任。以後戦争阻止の活動に専心した。

(31) 「九日に書いている」と後に言っているから (三九頁)、これは後の書き加えであろう。

(32) 十一月三日のこと。ルエーガー側とヴォルフ側の間で。

(33) 第四木曜日、即ち十一月二十五日。

(34) Julius Graf von Falkenhayn (1829～99) 軍務の後、製紙会社を経営。一八七九年ターフェ内閣の農業大臣に就任して後、十六年間閣僚の地位にあり、多くの立法に関係し、農地改革に実績がある。

(35) 十一月二十六日。

(36) Viktor Freiherr von Fuchs (1840～1921) ウィーン大学法学部卒、法学博士。一八七八年ザルツブルクの邦議会議員となり、七九年帝国下院議員となる。九五年カトリック人民党結成に参加。
（37）当時の社会民主党員は十四人。
（38）十一月二十八日、バデーニ内閣総辞職。後継首相はPaul Freiherr von Gautsch von Frankenthurn（1851～1918）。

訳者あとがき

『トム・ソーヤの冒険』などの作品で知られる米国の作家マーク・トウェイン（Mark Twain, 1835～1910）は、一八九七年九月から一八九九年五月までウィーンに滞在した。到着早々の議会の混乱を取材し、叙述したのが本論説Stirring Times in Austria（「混迷のオーストリア」）で、九七年十二月上旬に書き上げ、翌年雑誌（*Harper's New Monthly Magazine*, March, 1898, Vol.96）に掲載された。

本文に描かれているように、一八九七年秋のオーストリアでは、多民族国家オーストリア＝ハンガリー帝国を何とか維持しようとするバデーニ首相率いる政府は、分離を求めるハンガリーと、分離はしないまでも言語の自治を求めるチェコと、それではドイツ人がボヘミアから排除されるとして反撥する「ドイツ派」との間に立って、動きがとれなくなった。いわゆる「バデーニ危機」（Badenikrise）である。この状況の中で、十一月末に、議会が大混乱を起し、それをトウェインが傍聴席から観察したのである。

ハンス・ケルゼンは、自分の法理論は、末期墺洪帝国の混乱を背景として生れたと言っており、彼の高校（ギムナジウム）時代に起ったこの出来事も、そのような背景の一つであろう。トウェインのこの文章は、「ケルゼンと墺洪憲法」という主題を研究中たまたま発見したもので、墺洪帝国の末期的症状をありありと描き出している。

また議員たちの履歴を調べられる範囲で調べてみると、ハンガリーとの協調による帝国維持派（キリスト教社会党等）も、対独協調派も、註に示したように、下層ブルジョワ以下の階層出身者が驚くほど多く、政治的エリートの階層変化の急激な進展を示している。この議会の異常な「品の悪さ」もこのような階層変化の表われであろう。

末期的症状のように見えるこの帝国は、この後なお、十数年の余命を保ち、第一次大戦の敗北という超大型の激動によって初めて解体した。これはトウェインが冒頭に述べている、帝国のしぶとい活力の表われかも知れない。「多民族国家化」は現代国家において広く見られる現象であり、墺洪帝国の存続と滅亡は、現代及び未来について、多くの教訓を与えるのではあるまいか。

この事件の「陰の主役」は、分離を求めるハンガリーであり、それが墺洪協定更新に際してバデーニ政権に多大の譲歩を強いたことが、その議会通過を困難にし、言語問題におけるチェコの多大の譲歩を余儀なくさせたのである。

訳者［長尾］は今年〔二〇〇〇〕九月八～十日、短期ながらブタペストを訪れ、国立博物館などを見学したが、昨年春訪問したプラハと比べても、遙かに強烈な言語ナショナリズムに驚嘆した。ヨーロッパにおける孤立したアジア系言語であるマジャール語を固守し、国内の少数民族にも強要する十九世紀後半のハンガリー支配層の態度については、テイラーの前掲書（註（2））に批判的言及があるが（p. 186）、新聞も雑誌も、商店の看板も、殆どマジャール語一色で、四台乗ったタクシーの運転手の誰も英独語を話さない。

二十年後、ハンス・ケルゼンは陸軍大臣顧問として、ハンガリーの引き留めに大いなる努力を傾注した。解体する帝国の中で、敵対的なスラヴ系諸民族と、トランシルヴァニア問題などを抱えて更に敵対的なルーマニアに囲まれた小国ハンガリーだけは、オーストリアとの連帯を保ち得るのではないかと考えたのである。偏狭なナショナリズムにとらわれて、孤立の道を歩むのは愚者のわざで、オーストリアと連合することこそ、政治的にも経済的にも、賢明な選択であろう、と。訳者が、「ハンガリー人やチェコ人がもう少し冷静になっていたら、この案に合理性を見いだしたのではないか」と書いた（「軍官僚ケルゼン」五五頁）のも、その趣旨であった。

今回のハンガリー訪問によって感じたのは、「ハンガリー人たちが、ケルゼンのように『賢明』であったならば、現在ブタペストの町は、ドイツ語の新聞雑誌や店の看板に圧倒されているかも知れない。彼らが『愚か』だったからこそ、言語ナショナリズムが保たれたのだ」ということである。

思えばハンガリーは、チェコやポーランドと異なり、独裁的なホルティ政権のもとで、第二次大戦の最末期まで、ナチ・ドイツに対する独立を維持しえたのであった。多民族国家墺洪帝国に忠誠を保ち続けたケルゼンと、「帝国滅亡の主役を演じた」ハンガリー人（Taylor, p. 188）と、何れが「賢明」であるが、これは現在において、ナショナリズムとグローバーリズムの何れが「賢明」かという問題に連なっている（長尾「思想の拠点としてのグローバリズム」（蓮実重彦・山内昌之編『文明の衝突か共存か』東大出版界、一九九五年）参照）。

「ユダヤ人問題」という観点からすると、ここで激しく争い合う両派はともに、オーストリア反ユダヤ主義史に名を残している。若きヒトラーに影響したルエーガー、一九三八年の併合後、反ユダヤ主義の先駆者としてナチによって顕彰されたシェーネラーが、ここで激しく争い合っている。トウェインが、議員たちが何れもユダヤ人嫌いだと述べているのはそのことを物語る。

まさにこの箇所について、米国のユダヤ人弁護士より投書があり、彼はそれに答えて、「ユダヤ人について」（Concerning the Jews）という小文を草している。もはや宗教的反ユダヤ主義は過去のものになり、現在の反ユダヤ主義は、ユダヤ人が有能すぎるところから起っている、というのがその論旨である。

フランスにドレフュス事件が起り、前年テオドール・ヘルツルがシオニズム運動を創唱し、反ユダヤ主義者カール・ルエーガーがウィーン市長となったこの時期は、次の世紀のユダヤ人問題の始動期である。トウェインを接待したウィーン知識人には、ユダヤ人が多かったともいわれる。トウェイン自身は、Samuel Clemensという本名からユダヤ人と誤解されたことがあるそうであるが、もとよりユダヤ人ではない。

なお東大ノート交換クラブ編『宮澤先生「憲法」東京帝国大学法学部講義』（一九三九年）というガリ版刷りの文書に「一八九六年ルーマニア下院デ、或法律案ノ討議ニ際シ、三七時間ノ長演説ノ記録ガアル」とあり（三一五頁）、これが事実とすれば、レッヒャー演説に関するトウェインの記述は修正さるべきであるが、現在のところ調べがつかない。

オーストリア議会の混迷ぶりについては、上杉慎吉は「墺地利ノ国会ハ議事妨害ヲ名物トスルコト人ノ知ル所ノ如シ」と言い（「議事規則ト議事妨害」（一九一四年）『議会政党及政府』五二頁）、美濃部達吉「議会制度の危機」（一九三二年）（『議会制度の検討』一二頁）や、右に引用した宮澤講義ノート（三一六頁）などにも言及があって、一応我が国でも知られていたが、目撃者のこのような生々しい証言は、資料的価値があるかと思い、訳出したものである。

訳はよくいえば自由な、悪くいえば粗い訳である。siphon-squirting とか、Schmul Leeb Kohn（これは恐らく反ユダヤ的差別呼称である）など、また悪口の応酬などはさっぱり分らない。九月にウィーンを訪れた際、ウィーン経済大学 Michael Holoubek 教授に訊いてみたが、「今となっては分りませんね」とのことであった。ウィーン大学法学部助手 Konrad Lachmayer 君が、「分ったら知らせる」と言ってくれてはいる。（二〇〇〇年九月二十八日）

8 総理大臣の決闘

時は一八九七年九月二十三日、所はオーストリア＝ハンガリー帝国の首都ウィーンの下院本会議場である。グレゴーリッヒ議員が、「バデーニ首相は秘密警察を手下として使っているのではないか」と質問。ドイツ国民党（Deutsch-NationalePartei）のヴォルフ議員が「答えろ。もしこれが本当だとしたら、見下げ果てた破廉恥行為（erbärmliche Schufterei）だぞ」と発言した。それに対しポーランド・クラブに属する議員が、「罵言（Schimpferei）を吐くのはやめたまえ。規律違反だぞ」と叫んだが、ヴォルフは「何が罵言だ。俺は取り消さないぞ」と居直った。

会議終了後、首相は直ちに大学通り（Universitätstraße）に赴き、参謀本部でユクスキュル司令官（伯爵）に面会、ユクスキルとレッシュ大佐（参謀本部勤務）に、ヴォルフへの決闘申し入れの使者となることを依頼した。翌二十四日朝、二人はヴォルフ議員宅を訪問、「昨日の貴殿の発言は重大な人格的誹謗であり、武器によって決着をつけたい」という首相の意志を伝える。

ヴォルフは直ちにその挑戦に応じた。双方は「翌二十五日朝九時、ハンガリー街（Ungarngasse）にある軍馬学校（まだ夏休み）で、ピストルによって行なう」ことで合意し、ヴォルフは二人の立会人（シルヴェスター博士（ザルツブルク選出議員）とレミッシュ博士（ケルントナー選出議員））を指名した。また「射撃は三度行ない、三度何れも命中しないか、何れかが負傷した時決闘を中止する」、「両者は二十五歩離れて対面する」、「狙いは三秒間とする」ことが協定された。

二十四日午後、バデーニはブダペスト滞在中のフランツ＝ヨゼフ皇帝に電報を送り、明日の決闘について報告するとともに、辞表を申し出た。後で判明したことだが、皇帝は決闘の結果が判明するまで判断を留保し、結果を知ると直ちに長老閣僚ヴェルザースハイムをブダペストに呼んで、「辞表は無かったことにせよ」と伝えさせた。ヴェルザースハイムは二十六日ヴィーンに帰京して、その旨をバデーニに伝えた。

当日の朝、バデーニは立会人ユクスキュルとレッシュを伴って、馬車で九時前に決闘場に到着した。バデーニは黒ジャケツに黒ズボン、黒いフェルト帽という出で立ちで、ユクスキュルとレッシュは軍服である。バデーニの態度は堂々としていて、大事を前にした緊張という様子は表わさなかった。彼は立会人と二言三言言葉を交わし、準備を終った医師に謝意を述べた。

そこで再び門が開き、徒歩でやって来たヴォルフと二人の立会人が姿を現わした。ヴォルフは黒い上着に黒ズボン、山高帽という出で立ちであった。ヴォルフ側の両立会人は脱帽し、バデーニ側の立会人は軍人風の敬礼をした。「冷たく鄭重な挨拶」であった。

ユクスキュルは中央に進み出て、「ここでピストル装填を確認して下さい」と述べた。レッシュ大佐が、特別な細工を施していない一対のピストルを持参しており、ヴォルフ側の両立会人は装填を確認した。装填が終ると、ハンカチを取り出して結び目を作り、両決闘者に籤を引かせた。ヴォルフに籤が当って先に武器を選び、もう一つをバデーニが受け取った。続いてシルヴェスター議員に「距離を測って下さい」と頼み、議員は二十五歩歩いて止まった。レッシュが場所を確定し、ユクスキュルがそこに印をつけて、両決闘者に「定位置におつき下さい」と求める。その間、軍馬学校に出入りする人影はあったが、誰も決闘に気づかなかった。

両決闘者は向い合って立ち、会釈もしなかった。ユクスキュルは「私の号令に従って下さい。三を数え終わったところで発砲です。先撃ちはしないように」と注意し、クロノメーター（測時器）を見ながら「アインス」と叫ぶと、両者は狙いをつけた。

「ツヴァイ、ドライ」。

殆ど同時に二つの銃声が聞こえた。実はヴォルフの方が一瞬早かったが、規則違反の早撃ちではない。ヴォルフは平然としていたが、バデーニの顔に苦痛の表情が走った。「撃たれた後も、バデーニは銃を手放さなかったが、立会人が駆けつけてそれを取り上げた」という説と、「銃を落とし、左手で右腕を押えた」という説がある。苦痛の声は発しなかったが、「負傷した」(ich bin verwundet.)という声が聞こえた。ツィンマーマン軍医は直ちに駆けつけて服を切り裂き、血止めの応急手当を施すとともに、「もう決闘のできる状態ではない」と鑑定した。ユクスキュル伯爵はそこで、「名誉の闘いは完遂されました」と宣言した。

「ヴォルフは立会人とちょっと言葉を交わした後、バデーニに歩み寄り、手を差し伸べた。バデーニはその手を取り、左手でそれを押さえた」ともいうが、何れが先に手を差し出したかについて説が分かれている。その時ヴォルフが何と言ったかについても諸説あるが、「和解」(Aussöhnung)という言葉が聞こえたのは確からしい。後の医師の診断では、銃弾は下搏部(肘から二センチほど下)から上搏部へと貫通して肩下で留まっており、骨に異常はない。バデーニ側の人々は馬車で去り、ヴォルフ等は、関係者に鄭重な挨拶をした後、徒歩で立ち去った。

バデーニは応急手当を受け、コートを肩からぶら下げて、待たせてあった馬車に乗った。車中でも苦痛を示さず、立会人たちに礼を述べたという。この馬車で「ユダヤ広場(Judenplatz)にある内務省宮殿[現在の最高裁判所]に戻った」という記事と、「自宅に戻った」という記事とがあるが、両者が矛盾する訳ではなく、どうも内務省の中に閣僚アパート（Minisiterhotel）があったようである。家族は何も知らされていず、この段階で驚いた。

医師はそこで弾丸を摘出した。手術は苦痛を伴うものであったが、バデーニは平然と堪えた。発熱も見られなかった。彼はベッドに就かず、腕を三角巾で吊って室内を歩き回り、煙草を吸いながら周りの人々と雑談した。夫人の強い希望で見舞いは全部断った。「宮殿にはゴルホフスキー外相（伯爵）など、要人たちがつめかけた」という記事もあるが、夫人が頑張り通せたのかどうか分からない。午後には新聞を取り寄せて、自分の記事を熱心に読んだ。経過は順調だが、夕方少し苦痛があった。二十六日には夫人の禁令も解除されたらしく、「客に会い過ぎて微熱が出た」という記事がある。

双方の立会人が協力して「正式記録」（Protokoll）を作成し、署名した。バデーニ側も「ヴォルフは騎士道に則って決闘を行なった」ことを認めたという。

二十五日午前、議会の議事は予定されていなかったが、議員たちが集まり、あれこれ論じ合った。一つの論点は、皇帝がこの決闘を事前に知って容認したのかどうかで、有力意見によれば、参謀本部高官で現役の将軍であるユクスキュル伯爵が立会人となったのは、皇帝の諒解なしにはあり得ないという。「バデーニは辞表を提出したが、皇帝はそれを受理しなかった」という推測もある。回復にどの位時間がかかるか、その間の代理をどうするかも話題となった。

バデーニが皇帝に遺言を送ったとか、いやは前に書いた遺言があるとかいう取沙汰もあった。民衆の間では、「首相が暗殺された」「首相の息子が決闘した」「ヴォルフはポーランド人議員と二度目の決闘をした」「ヴォルフが午後五時頃ヴェーリング街で暴徒に襲撃された」などの噂も流れたというが、全部根も葉もないことである。

バデーニの知人の間では、最近彼が相当いらいらしていたと囁かれている。「問題の二十三日、議会に現われた時、外見上は颯爽としていたが、紙切れを引き裂いて捨てる様子は少し変だった」とか、「発言を終ってドサッと椅子に坐った様子は憔悴しきっていた」とかという者もある。

皇帝は心配し、バデーニに繰り返し見舞いの電報を送り、また周囲の者に情報収集や指示の電報を送った。ポーランド人クラブ、カトリック国民党、イタリア人クラブ、青年チェコ党などの諸政党や、有力政治家たち、イタリア大使、ドイツ大使等々からも見舞いの手紙や電報が来た。決闘の相手方ヴォルフ、レミッシュ、シルヴェスターの三議員も二十五日午前に見舞いに行ったというが、会えたかどうか分からない。ガリチアのレンベルク〔現ウクライナ領リヴォフ市〕から兄弟のスタニスラウス・バデーニ将軍(伯爵)も二十六日に見舞いに来た。

十五日午後には閣僚中の最長老ガウチュ文相の司会で臨時閣議が開かれ、回復までこの体制で政局を運営したが、何しろ自宅が内務省内の一室だから、閣僚たちは事あるごとに意見を訊きに訪れた。

立法の任に当る議員、まして法執行機関の頂点にある内閣総理大臣には、率先して遵法の実を示す義務がある。その総理大臣が、こともあろうに決闘という犯罪行為を行うことに自分から乗り出したのだから、輿論の批判を受けたのも当然である。

実際当時のオーストリア刑法には決闘罪の規定がある。

一五八条「いかなる理由であれ、可死的武器をもって人に闘争を挑んだ者、そのような挑戦を受けて闘争した者は、決闘罪を犯した者である」

一五九条「決闘したが何の負傷も負わせなかった者は、六ヶ月以上一年以下の禁錮に処する」

一六〇条「決闘において人を負傷させた者は一年以上五年以下の禁錮に処する。

　それが視力・聴力・肢体の喪失、長期の疾病、長期の労働不可能をもたらした場合は、五年以上十年以下の懲役に処する」

一六二条「いかなる場合にも、決闘の挑発は被挑発より重い刑を科するものとする」

一六四条「決闘において立会人を務めた者は、六ヶ月以上一年以下の禁錮に処する。

　但し立会人が決闘において特に重大な役割を果たした場合には、五年以下の禁錮を科すことができる」


司法当局も放置できない。ヴォルフは国会議員で、不逮捕特権があるが、バデーニの方は刑法違反となれば、捜査対象とならざるを得ない。グライスパッハ司法相は、検察当局に対し捜査の指示を発したという。もっともバデーニに対して皇帝の特赦が発せられることは目に見えているというのが一般の観測である。またカトリック教会の中でも、バデーニの行為を罪として糾弾するか否かをめぐって、対立がある、と二十六日の新聞は伝えている。

ところが実は、先に触れた皇帝のヴェルザースハイムへの指令の中で、決闘罪の件は恩赦にする旨が伝えられていた。また恐らく皇帝の希望によるものではないかと思われるが、ウィーン司教も赦免を教皇庁に申請することを決定していたらしい。

グスタフ・ヘルクセル著『決闘事典』（一八九一年）という本によると、決闘の動機となる侮辱には、「単純侮辱」「誹謗による侮辱」「暴力による侮辱」の三段階があり、この事件は第二段階に相当する。

この場合被誹謗者側に武器と射撃回数の選択権がある。四度以上繰り返すという先例はない。「一、二、三」の合図による決闘（かけ声プラス拍手の例が多いが）は最も危険なもので、早撃ちの危険が極めて大きい。早撃ちの射撃者は不名誉の烙印を捺され、相手は（もちろん生存した場合であるが）何時でも何処でも彼を射撃することができる、という。

政治家の決闘の例としては、ドイツのロホフ対ヒンケルダイ事件（ベルリン警視総監ヒンケルダイ（Carl Ludwig Friedrich von Hinckeldey, 1805-1856）死亡［一八五六年三月十日］）、マントイフェル対トゥヴェステン事件（マントイフェル参謀総長（Edwin Manteuffel, 1809-1885［一八六一年五月二十七日］）、後の元帥・アルザス＝ロレーヌ総督）がトゥヴェステン下院議員（自由精神党）（Karl Twesten, 1820-1870）に重傷を負わせる）などがある。ビスマルクがフィルヒョウ（Rudolf Virchow, 1821-1902）に決闘を挑み、後者が拒否したこともある［一八六五年六月八日］。フランスでは現職の総理大臣フロケ（Charles Thomas Floquet, 1828-1896）がブーランジェ将軍（Georges Boulanger, 1837-1891）と決闘し［一八八八年七月十三日］、ハンガリーではフェイエールヴァリ陸軍大臣（Geza Fejervary, 1833-1914）が議場で決闘を演じたことがある。

ヴォルフは以前にも決闘罪を犯したことがある。七年前、ジャック・フィッシャー博士とハンガリーで決闘し、ともに一ヶ月の禁錮刑を宣告されて服役した。もっとも皇帝の恩赦によって、前科は抹消されたが。

ともあれ、バデーニは順調に回復し、決闘から十日経った十月五日に議会に再登場した。その後に何が待っていたかは、トウェインのエッセイに示されている。

9　二〇〇四年夏――ヨーロッパ

一　老人老い易く

「青年女子大学人連合」(OYUW=Organization of Young University Women) というような名前の組織が存在するかどうか知らないが、仮に存在するとすれば、清く美しく、溌剌とした若き女性たちの集団であろう。他方には不潔で醜く、意気消沈して老いた男の OYUW がある。即ち「男（O）やもめに（Y）蛆が（U）湧く（W）」。私のことである。

この私が庶務科の方から、「在外研究の順番がまわってきましたが、どうしますか」と尋ねられたのが二〇〇二年秋のことであったが、その頃は妻が末期癌で闘病中であったから、もちろんお断りした。その妻が翌年六月生涯を閉じ、OYUW 生活が始まって何箇月かを経た二〇〇三年秋、再び庶務科より在外研究の照会があり、どうしようかと考えた。

「多少の気分転換になるか」と思ってイエスと返事し、行く先は懐かしの町ウィーンにした。アメリカということも考えたが、現代国際政治についてなお何か発言する野心もあるわけでなし、ケルゼン研究で研究生活の締めくくりにしようという従来の計画に従ったのである。滞在期間には一箇月・三箇月・一年というメニューがあったが、大した考えもなく真ん中をとって三箇月とした。在外研究には主題が必要で、「ケルゼン研究」という主題を掲げて出張が認められたのだが、今顧みてその主題について余り成果がなかったといっていい。「老人老い易く学成り難し」で、もう少し気力があったならば、多少ましであったであろうに。

理論的な問題は、我が家で蔵書を精読するのが一番で、旅行中には向かない。ケルゼン研究所も、ワルター教授は（私と同様）夫人と死別されてお元気でなく、教授たちは大体ヴァカンスで不在である。ウィーンは伝記研究に格好な場所なのだが……。

メタル著『ケルゼン伝』に、タイプ刷りの「自伝」が屢々引用されている。これはケルゼンの伝記研究にとって最重要の資料と思われるが、行方不明である。ケルゼン研究所でも分からず、ケルゼンの孫娘でハワイ在住のアン・フェーダー＝リー女史も知らないという。私は、ウィーンでメタルの遺族の手懸りを聞き、ジュネーヴかどこかでそれを探し出したいと思っていた。だがメタル夫妻には子供がいなかった、遺族の消息は全然分らない、もうジュネーヴにはいないだろうなどといわれて、もう一つ突っ込む気力を失い、諦めてしまった。

第一次大戦末期、マサリックやベネシュが「オーストリアのチェコに対する圧制」を世界に訴えていた時期、ケルゼンは陸軍大臣法律顧問として、オーストリア＝ハンガリー帝国の解体を阻止しようと心血を注いでいた。その頃の彼の情勢認識を窺わせる小文を発見し、その和訳を「愛国者ケルゼン」の題で本書に収録した。オーストリアの少数民族政策を極めて寛容なものとし、ハンガリーやチェコなどの主張をむしろ他民族の犠牲下で自民族の自我を主張する帝国主義として非難している論調は、彼らしからぬ情熱的なものである。もっとも「発見」といっても、当時オーストリア唯一の法律雑誌に掲載され、作品目録に昔から載っているものだから、私にとっての発見に過ぎない。他方には、一九三五年亡命先のジュネーヴでフランツ・ヴァイルに会った際、「俺は哀れなユダヤ人さ。アーリア人の君が羨ましいよ」と言ったという記事を発見したが、これも活字になっているもので、私にとっての発見に過ぎない。

ケルゼンの妻の甥ピーター・ドラッカーの自伝中のウィーンの思い出話は、ケルゼンの職場の同僚で妻の姉の夫であるアドルフ・ドルッカー周辺の知識人群の様子を描いて、ケルゼン伝資料としても重要である。ケルゼンに余り好意的でないことと、不正確なことで、ケルゼン関係者は軽視しているが、第一次大戦直前のトラウン・トラウネック伯爵周辺の社会主義的平和主義運動家群にケルゼンも属していたという記述、女性社会事業家オイゲニー・シュヴァルツヴァルトの学校で、ケルゼンも社会学の講義を担当していたことなど、更に突き詰めてみる必要がある。しかもドルッカーはフリーメーソンの要人で、ケルゼンを仲間に引き込んだ形跡があるだけに、「色々ありそうだ」。オイゲニーらしい人物がロバート・ムジル『特性のない男』の中に登場するから、同書のモデル問題との関連もある。

しかしヤブローナー教授（行政裁判所長官）に「フリーメーソンは調べるのが難しいでしょうねえ。何しろ秘密主義ですから」とか言われたりして気力がなくなり、結局大したことはしなかった。今の私は、（ヴァイルに弱音を吐いた）あの頃のケルゼンより十歳以上年上なのだから、気迫不足も已むを得ないかと自らを慰めている。同教授はまた「ドラッカーに会ってみろ。急がなければチャンスは永遠に失われる。実は私もケルゼン伝研究等でチャンスを逸して後悔していることが色々ある」と助言して下さる。仰る通りだが、彼が元気なうちに、私にカリフォルニアに行く時間と元気があるかが問題である。

だがそれでも、外国滞在は、自国にいては気づかないようなことに色々気づかされ、それなりに勉強になったかと、自らを慰めている。以下その概略――。

二　エスキモーの夏

いよいよ出発の七月がやってきたが、学内の雑用で十日間出発を延期し、七月十日朝六時多摩プラザ駅のバスで成田へ。隣席はウィーンに道場を設けることの下調べに向う曹洞宗の高僧で、若き日ハーヴァード大学で宗教学を学ばれたという偉い方だった。ウィーン訪問も十度目くらいだという。空港からシティーセンターまでタクシーでご一緒することになっていたが、その方の友人（背の高いオーストリア人）が車で迎えに来られていて、私もお相伴で市内まで運んで戴いた。市内はひんやりと涼しく、猛暑の日本とは別世界であった。余りに涼しく、寒いくらいなので、ここの人たちは「エスキモー・ゾンマー」とよんでいるよし。

私のホテルは「カイザー・フランツ・ヨゼフ」という、名はすごそうだが、「都の西北」にある中級ホテルである。かつて妻が健在で、長女が大学一年、次女が高校三年の一九九二年、泊ったことがある。その時も今回もケルゼン研究所の斡旋で、同研究所から電車の停留所四つ、歩いても二十分くらいの距離にある。夜具は布団一枚で、着ると暑すぎ、脱ぐと寒い。パジャマが欲しいのだが、街なかは観光客向けの店しかなく、うろうろして見たが見つからず、こういう日常的なものはどこで買っていいか分からない。十三日研究所に行くと、ワルター教授、ツェレニー博士など皆さん親切で、「何でも必要なことがあったら言って下さい」と仰って下さる。「パジャマが買いたいのだが」というと、先方は何か学問上の必要についての質問を予期していたらしく、なかなか理解されない。「ほら、夜寝るときの」とか説明していると、「オー、ナハトヘムト」と皆とたんに笑顔になり、事務の女性がホテル近くの店の地図を描いて下さった。

三　自由と放縦

「自由は放縦ではない。自由は自らの立てた原則 (Maxime) に従う厳しい自律である」とか何とか、カントの薫陶下に育った先輩たちから教えられてきたが、それはともかく、世間から見て我が儘いっぱいに暮らしているように見える大学教師生活を続けてきたこの私にして、このウィーン暮らしくらい自由な生活は体験したことがない。

朝起きると、伸びをしながら「さあ今日は何で時間を潰そうか」と、五・七・五で呟く。□□博物館にでも行ってみようか、と電車で出かけるが、ポスターなどを見て、ひょいと気が変わり、別の美術館に入る。そこを出てうろうろしている内に、カフェから室内楽の演奏が聞こえ、入って見ると、十九世紀末の雰囲気をたたえた喫茶店で、ゆっくり音楽を楽しむ。表で音楽会の客引きに誘われ、「それなら」とコンサートに行く、といった毎日である。

予定したことをひょこひょこ気紛れに変更しても、誰からも何とも言われず、まさしく放縦の自由である。でたらめに道を歩き、わざと道に迷う快楽もウィーンならではで、市中も郊外も、どこを歩いても風情がある。ここはモーツァルトが何年から何年まで住んでいたとか、ベートーヴェンが何を作曲したところだというような表示が至る所にある（彼等がしょっちゅう引っ越していたから、こういう所が沢山あるのだ）。市電で南駅に向かう窓から「モーリッツ・シュリックの住所」という表示を見つけて、戻って写真を撮ったこともある。シュリックは一九三六年大学構内で暗殺されたが、その時までこのアパートに住んでいた。

シェーンベルク記念館に行こうと市民公園のあたりを歩いていて、ひょっこりケルゼン出身の高校（ギュムナジウム）に出会い、シューベルトやシュレーディンガーもここの出身だということを知った。プロテスタント系の学校で、建物は随分立派、屋上に十字架がある。一九三八年ナチが進入した時、ユダヤ系の学生・教師が追放され、そのことへの反省を述べた額も掲げられている。

大学のあたりを歩いていたら、エリーゼ・リヒターを追憶する額があった。彼女は最初の女子ウィーン大学生で、古典言語学を学び、院外教授であった。一九三八年、「あとは次の授業で」と言い残して教室を出たまま戻らず、テレジエンシュタット強制収容所で死亡した。

四　通じないインターネット

出発直前、外国でインターネット接続が可能だというパソコンをわざわざ買い、持参した。到着するや否や接続を試みたが、どうしてもうまくいかない。近所の電気屋に相談しても、こういうことに強い日本人に相談しても駄目である。

ある暑い日（七月十九日）、近所の電気屋が「部品を変えたらどうか、この店にはないが、電車で七つ目のところの店に行ってみろ」というので行ってみた。店員が「ここにはないが、この通りを左に行って、右に曲って、また右に曲ってしばらく行ったところの店にある」というので店を探すがどうしても見つからない。戻ってみると別の店員が「あの店は別の通りだよ。むしろ直接東芝のサーヴィス・センターに行ったらどうか。今ウエッブサイトで出して上げるから」とプリント・アウトしたものをくれた。「ヌスドルファー駅から三つ目だから、すぐだよ」という。

ところが大違い、同駅から三つ目のハンデルスケー駅から、運河沿いを下流にバスで終点まで行き、そこからまたバスに乗り換えて、南東にはみ出して市内地図には出ていないところまで行く。運転手が一つ停留所を間違えて教えてくれたため、歩いて戻り、東芝の事務所を訪ねると、日本人はおらず、「ここはサーヴィス・センターじゃない。全然別の場所だ」とアドレスをくれる。そこを地図で探すが見つからず、訊くと市の真南で地図からはみ出して出ていないところだという。

北駅の近所で食事をした後、最寄りらしい地下鉄駅まで行き、タクシーを捜すが全然来ず、諦めかけたところでやっと一台来た。受付の女性に問題を説明する。「それではエンジニアに伝えておく。終ったら連絡するから電話番号を書いて下さい」という。（ホテルは留守が多いので）ケルゼン研究所の番号を書いておく。

こうして一日まるまる歩き回って、結局最後まで問題は解決しないままで終ったのである。くたびれもうけだったが、観光地でも住宅街でもない、ウィーンの産業地帯を見たのは、社会科学の徒として勉強になった。ウィーンの南郊外が工業地帯で、日本や韓国の自動車会社の整備工場が並び、「コンピューター通り」という通りもある。オーストリアは観光だけで外貨を稼いでいるのではなく、工業国でもある。もっともドイツの子会社が多いようだが。

お蔭で日本との連絡が不自由で、時々大津留教授（後述）のパソコンをお借りするか、研究所のパソコンで受信して英語で返事を書くという状態で終った。しかし「前パソコン時代」の生活に戻ったのも悪いことではない。退屈紛れに用事もないのに日本の友人にメイルを送るということもなく、迷惑をかけずに済んだし――。

五　フロイト記念館

ケルゼン研究が不振だった代りにもならないが、色々な博物館や美術館には随分通った。まず最初（七月十二日）に訪れたのは、フロイト記念館である。彼のクリニックをそのまま記念館にしたもので、アパートの三階にある。色々展示があるが、ただ見ても何のことかよく分らない。入り口に英語とドイツ語の説明書があり、戻ってそれを借りる。フロイトの母親のパスポートが展示されていて、「髪は何色、眼は何色」などと書かれている。手書き、髭文字の筆記体なので、鼻の形状の叙述が読めず、係員に相談すると、彼もちゃんと読んだことがないらしい。二人で協力して、proportioniert（均衡がとれている）と判読する。写真のない時代にはこんなことで人を判別したのである。

学生時代の展示には、「俺は昨日豚を喰ったぞ」「なあに俺は一年前に喰った」とかいう、ユダヤ人学生の対話があった。彼等にとって、豚を喰うのが、ユダヤ教とユダヤ人共同体を離れ、市民社会に入る儀式だったのである。

彼は古代エジプトの文物を早くから集めていて、それが展示されている。最晩年の『モーセと一神教』の布石はこのあたりにあったのであろう（同書は、モーセがユダヤ人でなく、エジプトの王子であったという説を唱え、アメンホテップ三世の一神教的宗教改革をユダヤ教の起源に結び付けている）。また一九二三年以後彼は顔面の癌に悩み続けていたことを知り、彼のペシミズムは、時代の重圧もさることながら、この身体的状況に関わっていたのではないか、と感じた。

六　抵抗資料館

「ナチに抵抗したオーストリア人もいる」ということで、ビルの一室にそれを展示した記念館があり、十三日に行ってみるが閉館。代りに「カンディンスキー：光の響き」という展覧会を見る。大好きな画家で、以前ニューヨークのグッゲンハイム美術館で大展覧会を見たことがある。

翌（十四）日抵抗資料館に出直す。社会主義的抵抗者、共産主義者、カトリック抵抗者、ユダヤ人抵抗者、市民的抵抗者などの原資料が展示されている。殺された人々の写真が百枚以上も展示されていて、陰鬱な気分が漂っている。パンフレットを見ると、一九八八年設立で、設立には東独政府が参加したらしい。どうりで、社会主義者や共産主義者の抵抗が特に強調されている。

一九三四年クーデターを起し、社民党を違法化したドルフス政権、及びそれを継いだシュシュニック政権をファシスト政権として悪者扱いしている点も、左派的色彩の顕われである。戦後カトリック勢力は、同政権のナチ抵抗を讃え、それを支えた教会の自己弁護と結び付けた。ピオ十二世の下のカトリック教会のナチに甘い態度や、潜在的反ユダヤ主義が批判の対象となっているが（同教皇はソ連のフィンランド侵攻を批判したが、ナチのポーランド侵攻を黙認した）、教会は、オーストリア、ハンガリーその他中欧諸国のファシスト政権については、思想的・政治的なパトロンであった。

私は全展示を丁寧に読んで、午後中かかったが、主催者もおらず、誰ひとりここを訪れる者はいなかった。右傾化の昨今、この左派臭が忌避されているのかも知れない。

七　ウィーンのユダヤ文化

ユダヤ博物館で「ユダヤ人の町ウィーン」という大きな展示が開かれており、十五日に訪れる。入り口には、次のような「趣意書」が掲げられている。

ウィーンのユダヤ人は、市民中に重要な地位を占めていた。彼等は公的生活のあらゆる側面に参与し、文化や政治の諸々の領域に足跡を残した。彼等は孤立した同質的な集団ではない。否、その正反対である。他の市民たちが多様な社会的・政治的グループに分裂していたのと同様に、ユダヤ人も分裂していた。改革者もおれば幻視者もおり、暴走家もおれば夢想家もいた。投機者も、山師も、一文無しも、億万長者の芸術パトロンもいた。

本展覧会は、彼等の最盛時の活動の諸様相を描き出そうと試みるものである。それは、ガリチア貧民窟のユダヤ人集落から逃れた者、ボヘミアンのカフェにたむろした者、大会堂に集った精神的エリートたち、「赤いウィーン」市庁舎の官僚たち、開明的ブルジョワたちのサロンなど、多彩極まる世界なのだ。

最初の部屋には、二七三人に及ぶウィーンのユダヤ人たちのリストと業績の概略が掲げられている。フロイトとかマーラーとか、超有名人もいるが、芸術系統に疎い私には、知らない人が大部分である。ウィーン学団のハーン、クラフト、シュリック、ノイラート、ミーゼス、フランク、カルナップ、ファイグルと、殆んど代表者全員の名が載っている。カルナップは、『亡命者事典』には「プロテスタント」とだけ書いてあるから、非ユダヤ人かと思っていた。

最も驚いたのは、第一次大戦後の保守政界に君臨した法衣の宰相イグナツ・ザイペルの名が出ていることで、数学者のクルト・ゲーデルがソ連から日本を経由して米国に亡命していることも初耳である。前衛芸術とか映画などでの活躍が紹介され、当時の喜劇映画も上演されていた。チャップリンやウディー・アレンなどもそうだが、喜劇の世界はユダヤ人俳優の最も活躍した領域の一つらしい。

八　マリアさんのミルク

彼女は、登場した時から、淳朴な田舎女教師のような雰囲気を漂わせていて、注目した。モーツァルトのコンチェルトK四六七は柔らかく、感情のこもった演奏、トルコ行進曲は強いタッチで、すばらしかった。終った後のお辞儀する態度も素朴で好意がもてた。演奏会の中休みに、受付に行って彼女の名を訊ねたが、誰も知らない。夏の二流演奏家の演奏会は、多数の出演者があり、一々名前などチェックしていないのだという。プログラムも曲目だけだ。

「ちょっとここで待ってて、訊いてくるから」と受付の女性が言うので、宮殿の裏、庭園に向いたヴェランダで待っていると、何と彼女が生れてほどない赤ん坊を抱いてやってきた。「今はもってないが、私の演奏したチャイコフスキーのCDがあるから、上げましょう。ここに連絡して下さい」と名刺を下さる。十七日のことである。

「二人で会ったりして大丈夫かしら。旦那に殺されたりしないかしら」と近藤先生（後述）やその令嬢に尋ねると、「ウィーンってところは、他人の女房とデートするなど当り前のところですから、大丈夫ですよ」と仰る。それで彼女に連絡し、オペラ座で待ち合わせたのは八月八日のことである。

赤ちゃんを抱いて現れ、赤ちゃんは眠っていた。喫茶店で色々話す。だいぶ前にロシアから来た。モスクワで幼い頃からピアノを習った。ウィーンは、外見はいいけど、外から来た人間が身を立てるのはなかなか大変だ。ウィーンではバドゥラ・スコダに師事し、出産の二日後にも病院に見舞いに来てくれた。演奏会の他、ピアノを教えて暮らしている。十月にミュンヘンでコンサートを開く、とのことであった。息子さんには「フョードル」という名をつけた。ドストエフスキーとシャリアピンにあやかったのだという。

「思想史がご専門ですって？　ロシアのこんな哲学者をご存知かしら」と色々名前を挙げたが、ソロヴィエフ以外は聞いたことがなかった。シモン・フランクという名を口にしたので、後で調べてみると、『存在論的宗教哲学入門』『ロシア的世界観』などの著書のある宗教的思想家のようである。昔ベルジャーエフの近代文明批判を読んだことがあり、その系統の思想家かもしれない。

彼女はこのように思想性をもち、また色々なコンクールで賞も取っていて、「只者ではない」感じがした。Maria Raszwetaevaという難しい名前だが、本書の読者には覚えていて頂きたいと願う。

しばらくしたら、赤ちゃんがむずかり始めた。マリアさんが「ミルクをやっていいか?」と言うから「もちろん」と答えた。私はその時、哺乳瓶を取り出すものと予期していたのに、胸から大きな乳房を出されたのには驚いた。私はこれまで、ミルクとは牛乳のことだと思っていたのだ!

九　娘の来欧

八月十一日、長女が来る。彼女はベルリン芸大に四年間留学していたから私より遥かにドイツ語がうまく、大学生時代にウィーンに家族で来たこともある。以後昼間は展覧会、夜は音楽会というような生活が五日間続く。

昼は、美術史博物館を初めとして、ベル・ヴェデレ宮殿のオーストリア美術館、レオポルト美術館でゴヤの素描展、Palais Harrachでのスペインの画家ムニョスとマスカロの展覧会、「ミケランジェロとその時代」という大展示、ダリ展、フンデルトヴァッサー・ハウス、それにドナウ河上流トゥルンのフンデルトヴァッサー美術館、エゴン・シーレ美術館などを歴訪した。

美術史博物館は、ルネッサンス絵画から十七・八世紀までのオランダ絵画等の大コレクションで、ティツィアーノやブリューゲルなどの最高傑作がある。ベル・ヴェデレは、暗殺されて第一次大戦の引き金となったフランツ・フェルディナント皇太子の居城で、表と裏に広い庭があり、クリムト、シーレ、ココシュカなどを初め、オーストリアを代表する画家たちの作品である。ゴヤの素描は、ナポレオン戦争の惨禍を追求し続けた彼の思想的背景を窺わせる深刻な作品群。ミケランジェロ展は同時代の作家たちの素描を集め、解剖学を背景とした人体描写の展開史が辿られる。ダリ展では、けばけばしいシュールな作品とは傾向の異なる、ダリの多様な傾向の作品に接することができる。フンデルトヴァッサーは、ユダヤ人として迫害を受けたにも拘らず、幼子のような心を持ち続けた画家で、日本女性と離婚したなど日本とも縁があり、Friedensreich Hundertwasser の和訳である「豊和」「百水」のハンコを作って、多くの作品に押捺してある。

夏休みとて、オペラ座やウィーン・フィルの演奏会はないが、室内楽団と歌手・踊り子が登場してモーツァルトやシュトラウスなどを演奏する多くのコンサートがあり、最後は「ラデツキー行進曲」に満場拍手して終る。それにシェーンブルン宮殿の「少年合唱団」や「ウィーン真夏の夜の夢」という喜劇も見た。ある夜の演奏会で、後の列に中国人の集団がおり、片言の中国語で少し話した。若く美しい東洋人の女性がヴァイオリン協奏曲の独奏を見事に終えたとき、「あれは日本人か」と尋ねられ、「いやハンングオレン（韓国人）だ」と答えた。髪型や仕草で分かるのである。

娘は「空襲で破壊されたベルリンと違って、古い貴族文化がそのまま保存されていて優雅だ」と感想を述べたが、そういうベルリンへの愛着もあるようだった。私もベルリンに二度行ったことがあるが、荒々しい破壊の中に漂う歴史の陰影には、ウィーンにない魅力を感ずる。

「西洋人にとって、ベルリンは男で、男たちは闘って倒さなきゃならないと感ずる。それに対しウィーンは女で、保護したくなるんだな。本当はウィーンがナチ時代にやったことは、ドイツより悪質なところもあるんだがね。ウィーンは、王侯たちが、広大な帝国で集めた税金を、この町に降り注いで、宮殿を建てたりしたから、市民たちも彼等を搾取者じゃなく、恩恵者と感じてきた。だから中産階級も貴族文化のお上品さを模倣したんだ。第一次大戦に敗けて、帝国が崩壊すると、残された宮殿を博物館・美術館・音楽会場にして、一流の芸術をそこに集め、世界中から人々がカネを落しに来るようにした。昔王侯、今観光客という訳さ」と私は言った。

十七日、娘帰国。

十 ブルノ市

同じホテルにオーストリア＝ハンガリー帝国史の権威、大津留厚教授が八月末まで宿泊されていた。気さくで親切な方で、随分お世話になった。食事を作って招待して下さったこともあり、パソコンがネットワークに接続しないため、日本との交信に協力して下さり、またウィーン通で色々知らないところに誘って下さった。ウィーン滞在中の日本人研究者を何人かご存知で、一緒にホイリゲに連れて行って下さったり、旅行に誘って下さったりした。

チェコのブルノまでウィーンからバスで三時間ほどで、「日本人グループが行くので、一緒に行かないか」と誘って下さり、八月十八日五人で出かける。同行の水野博子氏は、ドルフス＝シュシュニック期からナチ期に対する戦後オーストリアの思想的対応という興味深い問題を研究しておられる。一緒に町の中央を見物した後、私だけ分れてマサリック大学に向う。入り口に初老の女性がいたので、「法学部はここですか」と英語で尋ねると、「いや反対側です。だがちょっと待ちなさい、夫が来るから」と英語で返事があった。振り向くとその「夫」なる人が車から顔を出し、奥さんの説明を聞く。「それじゃ乗りなさい、連れて行って上げるから」と車に乗せて下さる。

学校はもちろん夏休み中だが、受付のあたりにいた何人かの人の誰にも英語が通じない。しかしともかく「フランティセク・ヴァイル教授の資料が調べたい」と英語で言うと、「ああ、ヴァイル、ヴァイル」と急に機嫌が良くなり、中年女性のところに連れて行ってくれる。

彼女は英語がよくでき、「こんなものはいかが」と次々に資料をもってきて下さる。ヴァイルのファイルを見ると、チェコがナチスに併合された一九三九年の資料として、ユダヤ人の血が八分の一混っていないことの「血統証明書」(ドイツ語)が出てきた。しばらくめくると今度は、一九四八年の資料に、共産主義政権への忠誠誓約書のようなもの(チェコ語だからはっきりは分からない)が出てきた。苦労したんだなあとの感に撃たれ、ナチとソ連の支配を受けた中欧・東欧のすべての教授たちが同じ眼に遭ったのだと思う。

一九三四年九月のプラハ国際哲学会において、当初ケルゼンを報告者として招聘しながら、「ドイツ哲学者団」がボイコットの脅迫をもってそれを取り消させ、ヴァイルがそれに抗議して、学会への参加を拒否した事実(『ニューヨーク・タイムズ』が報道)の裏づけとなるような資料を探したが、見つからなかった。一九三五年ヴァイルはジュネーヴにケルゼンを訪問したが、ケルゼンが悲しそうに「俺は哀れなユダヤ人さ。君みたいなアーリア人が羨ましい」と言ったという資料は、ケルゼン研究所編纂のものの中にあるから、これまで気付かなかったのは私の怠慢である。人種主義に対する義憤が感じられず、同化主義ユダヤ人の弱さを示したもので、長女のアンナがそれに反抗してシオニストになり、パレスティナに行ったというのも、家庭内の波乱を思わせる。

帰りに道に迷って延々と歩いたが、町の南西部を概観できて、勉強になったともいえる。

十一　ウクライナ大使館

ウクライナに行こうと思ったのは、オーストリア＝ハンガリー帝国の東端、東ガリチアを見たいという一般的な希望もあったが、もう少し具体的に二つの動機があった。

その第一は、一九八二年九月に遡る。アメリカのある研究所の研究員となった私と同時に同僚となったアンガーさんが、自己紹介で「私の両親はオーストリア＝ハンガリー帝国に生れ、ポーランド国民として成長し、ナチ・ドイツの支配下で過ごし、ソ連国民として死んだ。だが二人は一度も一つの町から引越したことがない。その町の名はルヴォフ、ドイツではレンベルクという」と仰った。今は更にウクライナ共和国となり、リヴィフと名も変った。その時から行ってみたいと思っていたのである。

第二は、ケルゼンの祖父がブロディのユダヤ人墓地に葬られていると、メタルの伝記等に書かれており、しかもその祖父の苗字がケルゼンなのかリットマンなのかはっきりしないと、孫娘のアンさんも仰るので、その点を確認したいという気もあった。

そこでウィーン郊外のウクライナ大使館にヴィザ取得に通うことになるが、何と六回も通わされ、スターリン主義の残りかすの切れっ端のような国の官僚権威主義を身をもって味あわされた。第一回は、午後に行ったら、午前に来いと言われた。第二回は、申請用紙を貰ったが、写真が必要だというので出直した。第三回は、ポーランドから列車で来るならば、同国のヴィザかウクライナに行く切符を持って来いと言われた。第四回は、十一時過ぎに着いたにも拘らず、延々待たされた末、十二時十五分頃時間切れだと追い返された。第五回は、「パスポートを預かるからまた来い」と言われた。第六回、やっとハンコの捺されたパスポートを手にできた。

三回目までは、パソコンが機能していれば、一度で済んだかも知れない。しかし四回目はひどい。しかも毎度門外の野天に立って待たされ、三十分か四十分に一度、中から傲慢そうな係員がやってきて、列も作らず待っている二十人ばかりの人々が必死で突き出す書類に一瞥して、数人の人間を指さして連れて行くのである。夏だからまだいいが、寒い冬も同じことをやっているに相違ない。四回目の時も、私のような眼に遭った人が数人おり、「Frech!」（厚顔無恥な）という声が聞こえた。私も怒って「こんなことをしていることを日本の新聞に書いてやるぞ」とドイツ語で怒鳴った。復讐されるかと思い、その場合はこんな国には「行ってやらず」、ポーランドをゆっくり見ようと腹をくくっていたが、その次から待遇がだいぶよくなり、背が低くて後の方にいる私をすぐ指名して連れて行くようになった。

どうも他の人々の多くは、ロシア革命・スターリン主義等々を逃れて国外に出た「ディアスポーラ」の人々らしい。二十世紀のウクライナは、第一次大戦時の内戦で百万、スターリンのクラク（富農）狩りで六百万、ナチ時代にも数百万の犠牲者を出したといわれ、その間に多くの亡命者を出した。それらの人々も故郷との縁を保ち続け、こうして帰国ヴィザを求めているのである。それに対して役人たちは昔ながらの横柄な態度で接していたが、私について「ひょっとしてこの日本人は大物かもしれない」と誤解して反省したのかもしれない。新聞社がそんな記事を書かせてくれるはずもないのだが。

このウクライナの体質は、クラクフからリヴィフに向う列車が国境の駅で五時間停車されてまた痛感させられた。恐らくダイア調整のためなのだろうが、それを乗客の時間の犠牲において平然と続けている。リヴィフの町は至る所で制服を着た警官や軍人が眼につく。帰途のリヴィフ空港の表示はすべてウクライナ語のみ、インフォメーションの女性もパスポート・チェックの男も英語が全然できない。人口八十万の大都市なのにである。

ウィーンに戻ってほどなく、『ヘラルド・トリビューン』(九月十日)に、ユシュチェンコ野党大統領候補(元首相)が投書し、「ウクライナはヨーロッパの一部のつもりなのに、EU諸国から『東の隣人』などと呼ばれているのは悲しい。ヨーロッパは今ブリュッセルとモスクワという二つの中心に分断され、ウクライナをロシアの勢力圏に入れようとの策謀が行なわれている。監視していただきたい」という趣旨のことを述べている。ところが同氏は、やがて秘密警察のトップと夕食した後、毒薬中毒らしい症状を呈してウィーンの病院に入院した。

十月三十一日に大統領選挙が行なわれ、ロシア寄りの与党候補ヤヌコヴィッチが四〇・一二パーセント、西側寄りのユシュチェンコが三九・一五パーセントで、十一月二十一日に再投票が行なわれる。西側から派遣された選挙監視団は、選挙を「自由でも公正でもない」と評価した。大勢の人間を一投票所から他の投票所へとバスで運んで何度も投票させたとか、投票所内に警官が詰めていたとか、死者が登録されていたり、一人の人物が何度も投票したという事実が、監視団に報告されているという（『ウォールストリート・ジャーナル』11/2/04）。

十二　クラクフ

かつて田中克彦氏より、「印欧語を話す諸民族がヨーロッパに到来する以前に、別系統の諸民族が居り、フィンランド人やエストニア人は東方から移って来たのではなく、元来あそこにいたのだ」という話を聞いたことがあるような気がする。ケルト人、ゲルマン人、スラヴ人などが中部ヨーロッパの地を占拠したのは何時頃か、それ以前にどんな人々が住んでいたのか、などについては、色々な議論があり、政治色濃厚な議論とも結びつく。

中部ヨーロッパは昔々から多民族地域であった。そこにポーランド人が国家を樹立したのは、十世紀のことである。日本でいえば平安時代で、ポーランド史は中世から始まる。中欧のナショナリズムとは、諸集団の中のある集団の支配であり、他の集団にとっては被支配である。第一次大戦末、ウドロウ・ウィルソンが「民族自決」原則を掲げてオーストリア＝ハンガリー帝国を解体した時、そのことを理解していたのかどうか。その最大の犠牲者がユダヤ人で、十三もの民族を包摂し、誰もが少数民族であった帝国の一集団から、どの国でも支配民族のサディズムの対象となる地位に没落した。

八月二十日ウィーン発、二十一日から古都クラクフ市を見学する。馬車で朝から昼過ぎまで町をめぐり、ガイドの女性の話を聴いた。民族愛、古き教会への愛着のこもった雄弁な案内ぶりであったが、もったいないことに、聴衆はたった三人。私の他はオーストラリアから来たユダヤ人夫妻で、夫君の祖父がルージ生れ、アウシュヴィッツの生き残りだという。ガイドの女性が彼等に「ポーランド語は発音が難しいと言われますが、そう思いますか」と尋ねると、「まったくその通り」と答えていた。実際子音だらけの単語は難物である。この町はコペルニクスが学んだ町、ヨハネ＝パウロ二世の出身地で、それに因んだ話もあった。

午後一人になると、午前のツアでちょっと訪れた郊外の旧ユダヤ人街カジミエーシュに行ってみる。今日は安息日の土曜日で、ラビに導かれた若者たちの集団に会ったり、建物の中からユダヤ音楽の合唱が聞こえてきたりした。シナゴーグが博物館となっているそうなので、そこを探していると、英語で話しかけられた。「まさかあなたユダヤ人ではないでしょうね」と言うから、「日本の西洋史の教師だ」ということにしておいた（西洋法思想史を教えているから、まんざら嘘という訳ではない）。映画『シンドラーのリスト』の舞台だということで、世界中から大勢ユダヤ人が訪れていて、それらしい人たちがあちこちにいる。

だがゴイ（異教徒）の悲しさで、安息日の今日は博物館も休みであることに気付かなかった。コシャー・レストランで食事をし、書店で色々本を買い、少しそのへんの人たちと話して引き揚げる。

十三　アウシュヴィッツ

ぎゅうぎゅう詰めの貨物列車が着き、そこからやっと降ろされた人々は、整列させられる。「労働は自由にする」（ARBEIT MACHT FREI）という（人を馬鹿にした）表示があるから、これからひどい労働が待っていることは予期しても、まさか直ちに殺されるとは思わないのである。その中で、奴隷労働適格者とそうでないもの（老人、女性、子供、病人）が選り分けられ、後者は係官から見て右（整列者の側からは左）に行くよう指示される。立ちんぼうの満員列車で汗臭くなっているに相違ないから、「シャワーを浴びよ」と命令されれば、持ち物を置き、衣服を脱いで、「シャワー室」に入る。入り終わると、戸が閉められ、ガスが導入される。死体処理の特別部隊が直ちにそれを焼却し、持ち物は分類されて、利用先に送られる。

この手際の良さは驚くべきもので、私は一緒になった日本人女性にこんなことを言った。

「僕はウィーンから来たのですが、何度も音楽会に行き、しみじみ思うのは、オーケストラのすごさです。多様な音を出す何十人の人間が一糸乱れず長時間作曲家の指示通りに演奏する。これがヨーロッパ人の人間を組織するモデルじゃないか。工場も、官僚制も、軍隊も、オーケストラのような整然たる分業関係をモデルとしてできているんじゃないか、と思ったんですね」

ここまで言うと彼女は「そのモデルがこれに適用されてるっていうんですか。怖いですねえ」と言った。

労働適格者と認定された者には、毎日の奴隷労働が始まる。もちろん使い捨てのつもりだから、マルクスのいう「労働力再生産コスト」などは無視される。毎朝「朝礼」があって、どんなに体調が悪くても、参加しなければならない。以前にミュンヘン郊外のダッハウ収容所を見学した時、「朝礼」で死んだ人も少なくない、という解説があった。逃亡者が出ると、罰として長時間立ち通しが命令される。三日間立ち通しということもあったという。地下に規律違反者の懲罰室があり、内部に抵抗細胞を組織しようとした者などを狭い空間に押し込んで、死ぬまで立ち通させるという刑である。

ガイドを務めてくれた女性は、強制収容所を作るために立ち退かされたポーランド人の令嬢で、「父から聞いた話」を色々してくれた。「ここはユダヤ人の中でお覚えがめでたく、仲間の監視役を務めた者の部屋です。彼等は食事なども多少ましだったと父から聞きました」とか。逃亡者が時々出たが、ここからは逃亡は不可能で、派遣された工場からが大部分だった、メンゲレが女性を不妊にする実験をし、助けられたが生涯不妊だった人もいるとか、とか。

ウィーンの花形ヴァイオリニストだったアルマ・ロゼ（1906-44）が、ここで女性の室内楽団を組織し、労働に行き帰りする囚人たちを慰めた。彼女は一九四四年に毒殺されたが、彼女のおかげで解放まで生き延びた女性音楽家もいるという。

音楽といえば、チェコの作曲家でシェーンベルクの弟子のヴィクトール・ウルマン（1898-1944）がテレジエンシュタット強制収容所で作曲した曲のCDが日本でも購入できる。彼はやがてアウシュヴィッツに送られて殺された。私たち夫婦は、二〇〇〇年夏、テレジエンシュタットを訪れたが、その時のガイドの説明では、「この収容所はガス室がなく、三つの機能をもっていた。第一はアウシュヴィッツ等に送る前の中継地点、第二はユダヤ人団体の責任者などの収容所、第三は宣伝用である」という。

第二の点に関しては、明治政府の顧問アルバート・モッセの長女で、幼時を日本で過ごしたマルタ・モッセがベルリンのユダヤ人組織の中枢にいて、ここに送られた。戦後「私が殺されなかったのは日本大使館の要請をナチ政府が容れたものだ」と書いている。その他第一次大戦に従軍した者や、ドイツ人の配偶者などもここに送られたという。

第三の点に関しては、楽団やフットボール・チームを組織し、その様子を映画で宣伝したりした。一九四四年六月デンマーク政府の要請により赤十字視察団が視察に訪れ、「なかなかいい」という評価を下したという。

十四　ナチ映画の中のユダヤ人

アウシュヴィッツから戻ると、再びカジミエーシュを訪れる。クラクフにはかつて六万人近いユダヤ人がおり、市の弁護士の五〇パーセント、医師の二十パーセントを占めていたというが、現在は数百人だという。

シナゴーグの博物館では、「ポーランドのユダヤ人」という展示が行なわれており、三百五十万人いたというポーランド・ユダヤ人の文化的業績やホロコーストの経緯などの資料が展示されている。映画室に入ると、ナチ時代のドイツ映画に映されたユダヤ人たちを、悲しげなユダヤ音楽をバックに延々と映し出している。ナチは迫害対象のユダヤ人の様子を映画に残しており、それを編集したもので、時々表情をゆっくりと大写しにしたりする。

ユダヤ人街から立ち退きを命じられ、荷車に家財道具を載せて忙しく立ち去る人々、病人の移送、松葉杖をついた人々、女性たち、銃身で叩かれながら走っていく子供たち。大会社のエリート社員風の人物が、トランクを提げて出張に出かけるかのように堂々と歩いて行く姿も、その内面を思うと悲痛である。「ダヴィデの星」を胸につけ、ミシンを踏んだり、縫い物をしたりしている女性たちの姿は、強制労働の場面だろう。ワルシャワ・ゲットーの殲滅の場面、強制収容所送りで貨物列車に押し込まれる場面、ビルケナウ収容所で、死を前にして並ばされた人々。そして死骸の山。

終った後、人々は黙々として立ち上がり、黙々として去っていく。「ひどいもんですねー」とか何とか、言っている人は一人もいない。恐らく世界各地から集まった人々の、この一致した沈黙は、何より印象的であった。

どこかで夕食してホテル（ホテル・ショパンという）に戻ろうと歩いていると、室内楽が聞こえる。カフェの前で、三重奏が演奏されているので、かなり寒かったが、表で食事をした。女性のヴァイオリン奏者は風邪を引いているらしく、楽章の合間に咳をする。手もかじかんでいるのではないかと思うが、演奏の水準は随分高い。やがて、今日は寒いからと早めに終えた。どうせ明日出発で、現金はもう大していらないのだからと、演奏会の切符相当ともいうべきチップをはずもうとしたが、最初は「報酬は店から出ているから」と受け取ろうとしない。しかし「すばらしい演奏を聞かせて下さったお礼だから是非」と言って強引に受け取ってもらった。暫く英語で色々話す。彼女は日本にも演奏旅行で行ったことがあるといい、最後に「サヨナラ」と言った。芸術家の生活も苦しいのかな、と思った。

十五　ブロディ

「ポーランド語は、発音が難しいとはいえローマ字なのに、ウクライナ語はキリル文字である。私は若い頃ほんの少しロシア語を齧ったので、固有名詞ならゆっくり読めば何とかなる。それが読めない人は旅行は難しいのではないか」と近藤先生（後述）に言ったら、「だけどキリル文字も多少はローマ字に似ているけれど、私がビルマに行ったときなんか、まったくどうしようもなかったですよ」と仰る。

ポーランドとウクライナのもう一つ違いは、前者がカトリック、後者はロシア正教の系譜を引くウクライナ正教であることである。カトリックは西欧では保守派だが、ポーランドでは精神的に西に属することの核心である。ヨハネ＝パウロ二世がリベラル派との間に太いパイプをもっているのもそのことを物語り、長い米国亡命生活の後、この夏クラクフで死亡した詩人ミロシュについて、カトリック教徒の間にその顕彰への反対運動が起ったとき、教皇自身の鶴の一声でそれを抑えた。それに対しウクライナは東方的色彩が濃い。もっともリヴィフにはカトリック教徒も多く、教会もある。

二十三日夜、リヴィフのホテル・ドニエステルに投宿。ドニエステルはウクライナ西部を流れる河である。「ドン」という言葉は原始印欧語で「河」を意味したらしく、古ペルシャ語、オセティア語などでも「河」を意味する。ドン、ドネツ、ドニエプル、ドニエステル、ドナウなどもそれに由来し、イングランドにもスコットランドにもドンという河がある。

翌二十四日の朝食の時、「テーブルをともにしていいか」と英語が聞こえ、フランス人がくる。実はポーランド生れで、一九五九年スポーツ選手としてフランスに遠征したまま亡命したのだという。ハンガリー事件直後の五六年メルボルン・オリンピックで、ソ連選手団とハンガリー選手団が水球試合中乱闘となり、ハンガリー選手全員が亡命したことを言うと、「よく覚えてるな。俺も同じようなもんだよ」と言う。スポーツ用品を売るビジネスマンで、「札幌・長野の冬季五輪の際に日本に行った。ウクライナもその仕事で時々くる。官僚的だし腐敗していていい国じゃないよ」と、スポーツマンらしい闊達さで話す。

ブロディに持参したのは、ウィーンで購入したポケット版『独露・露独辞典』(ウクライナ語辞典を探したが専門店にもなかった)、『ウクライナ発見』というドイツ語の旅行案内書、それに『ガリチア』という題の、かつてヨゼフ・ロートが辿った道を辿るという、ユダヤ人遺跡を探訪した旅行記である(表紙に黒い帽子をかぶり、髭を生やした昔のユダヤ教徒の写真が載っているのを見た国境警備官に、「お前はユダヤ人か?」と尋ねられた)。

ホテルの受付で列車時間を訊き、その段階で危うくクラクフと一時間時差があることに気付いた。運転手に見せるメモを書いてもらって出かけたが、なんと駅違い。慌てて長距離列車駅に駆けつけ、親切な青年などもいて、ぎりぎりに間に合った。乗るや否や、十歳くらいの少女がカンをもって物乞いに来る。ユーロのコインを入れてやると、今度は五歳くらいの男の子が二人、またコップをもってくる。後で人に話したら、ジプシーではないかということだった。

ブロディは人口二万人余りという小さな町で、かつては七〇パーセントがユダヤ人だったというが、現在はゼロである。街路は碁盤目状で、一番広い通りが駅からまっすぐ北上して町を貫いている。それを北上したが、店など全然なく、しばらくして市庁舎のあたりに着くと少しある。そこで町の地図を買おうとしたが、「そんなものはない」と言う。ちょうど独立記念日で、広場に大勢人がいたので、英語かドイツ語を話す人を求めたが、学校の先生らしい人を含めて誰もいない。

仕方なしに、案内書に従って、北端にあるというユダヤ人墓地を目指して歩いた。町を通り過ぎると道は左に曲り、しばらく行くとそれらしいところに着く。だが金網が張ってあって中に入れず、外から写真を撮って帰ろうかと諦めかけたが、よく見ると草を踏み分けた跡があり、それを辿っていくと、金網の終りのところに身体を横にして辛うじて入れるくらいの隙間がある。足跡はその中へと続いていていて、祖先の墓を訪れるユダヤ人がぽつぽついるらしい。

幾世代に亘って放置された荒涼たる光景で、倒れた墓石も少なくない。数は七・八百かと見たが、後で調べると三千もあるらしい。それでも何とかケルゼンの祖父の墓を探そうと進む。草の茎を踏んで、靴の裏を貫通したりして難渋したが、分ったことは、すべてがヘブライ語で書かれており、歯が立たないことであった。写真を数枚撮って町にもどる。市庁舎のすぐ裏に、滅茶苦茶に破壊されたシナゴーグがそのままになっている、ドイツやオーストリアだったら、そのことの由来を説明する看板が立っているはずだが、何もない。

古い城壁の写真を撮り、そこここを歩いているうちに、学校のそばに出た。案内書に作家ヨゼフ・ロートの出身校の記事があり、それかも知れない、写真を撮ろうかと思っているところへ、老夫婦が通りかかる。ページを示して、これがその学校かと英語で訊いた（どうせ通じないから日本語でもいい訳だが、相対的に普遍性のある言葉を使うのが礼儀のような気もする)。すると驚くべきことにドイツ語で返事が返ってきた。若き日ソ連軍の一員として東独に駐留したのだという。「それはここじゃない、向うだ。連れて行ってやろう」という次第で、やっとコミュニケーションなしの一日が終る。彼の案内でヨゼフ・ロート・ギュムナジウムを見たり、色々質問することができた。ソ連の反ユダヤ主義に続くウクライナ・ナショナリズムの中でも、このユダヤ人作家は一応「郷土の偉人」扱いされている。

帰りの列車まで時間があるので、駅前の店でビールを飲んでいると、青年たちに囲まれた。善意なのだが、言葉が通ぜずどうしようもない。「リヴィフに戻るならバスの方がいい。切符をキャンセルしてきてやる。僕も同じバスで戻るから」と言っているらしく、皆で駅の窓口に行くが、担当の中年女性が猛烈に怒って言い争いになる。「何はともあれバスに乗りなさい」ということで、切符代を損してバスで帰った。窓からは、右も左も、地平線の果てまで展望できる平原を延々と鑑賞できて、ロシアもこの国を手放して打撃だろうな、と思う。バスを降りると、さっきの青年がやってきて、タクシーの運転手に「この人はドニエステル・ホテルだから」と言ってくれた。

帰国後インターネットを参照すると、リヴィフや旧ソ連のユダヤ人団体、それに米国の団体まで加わって、ブロディ墓地の修復に乗り出しているらしい。ケルゼンの孫のアン夫人にメイルで伝えると、「ヘブライ語が出来る人がその墓地を訪れ、ケルゼンという姓の墓が幾つかあると言っている。しかしどれも我が家のではないようだ。修復によって判明するかも知れない」と喜んでくれた。

十六　リヴィフ

オーストリア＝ハンガリー帝国時代はレムベルクとよばれ、ロシア語ではルヴォフである。ウクライナ語ではリヴィフとよぶ。人口約七十万、クラクフと同規模の町である。二十五・六日に見物する。ポーランドではクラクフに日本語の観光用冊子があるほどで、日本人を大勢見かけたが、ウクライナでは東アジア人の顔をしたのは終始私一人である。

まずは中心部を歩き、博物館などを見た。歴史的展示があるが、東欧史やスラヴ史は知らないことばかりなのを痛感した。クラクフの展示と同様、「聖ゲオルギオスの龍退治」の絵が沢山ある。聖ゲオルギオスは三世紀の殉教者、龍を退治して王女を救ったという伝説から、キリスト教の敵を征服する英雄の象徴として尊敬され、モスクワ市の守護聖人ともなっているという。龍はキリスト教化に抵抗した諸勢力の象徴で、近代世俗国家（ホッブズのリヴァイアサン）、共産主義、ナチスとその系譜は続き、テロリストと戦うブッシュなども、現代の聖ゲオルギオスのつもりなのかも知れない。

ウィーンを小さくしたような町という印象もあり、「共産主義のもたらした荒廃」によって多少汚いが、全体としてはプラハ、ブダペスト、クラクフ、ブラティスラヴァなどと共通の歴史的雰囲気を漂わせている。野天の古本屋が沢山あり、『英ウ・ウ英辞典』を買う。広場に十軒もござを敷いた古書店が開かれており、ゾロアスター教の聖典『ゼンド・アヴェスタ』の独訳を記念に買うと、「ドイツ語の本を買った奴が出た」という訳で、あっちからもこっちからもドイツ語の本を売りに来た。ゲオルク・ノイマン『民事訴訟法コンメンタール』などもあったが、荷物になるのでみな断った。クラクフ駅の地下道にも、ござを敷いた古本屋が並んでおり、体制変革に適応した新著作者層の養成が追いつかないことの表われかと思ってみた。

マゾヒズムの名の主レオポルト・フォン・ザッヒャー＝マゾッホの育った家があるというので、そのあたりに行ってみるが、何の痕跡もない。近所の人に訊いても全然知らない。ちょうどその番地にクリニックがあったので、中に入って看護婦に尋ねると、「ちょっと待って」と英語のしゃべれる女性を連れてくる。趣旨を話したが結局彼女も知らなかった。マゾヒズムでは「郷土の偉人」になれないらしい。

『ウクライナ発見』に「古き良き時代の雰囲気を湛えたカフェ」の紹介があったので、そこに行って食事をしていると、突然女性から日本語で話しかけられた。札幌・旭川・稚内に住んだことがある、キエフに住んでいるが、夫と週末旅行に来たとのこと。「いただきます」と「ごちそうさま」を間違えたりして、ご愛嬌である。役人という夫君やその友人にも紹介され、「ユダヤ人問題に関心をもっている」というと、シナゴーグの場所を教えてくれた。

翌日そこへ行ってみたが、ユダヤ人は国際的だという通評に反して、全然英語もドイツ語も通じない。仕方がなしに、「イェポーニア」(日本)「ウティチェリ」(教師)「イストリア」(歴史)「エフローパ」(西洋)とロシア語の単語を並べて自己紹介した。中を見せてくれたが、一九二〇年代に建てられた旨ドイツ語の表示があった。

市場に行ったが賑やかなこと、百以上もの出店が並び、建物の中には肉や野菜の卸売場が並んでいる。ここでカバンを買ったが、なかなかいいもので、八百円くらいだった。雨が降り出したので、傘も買った。近くに『屋根の上のヴァイオリン弾き』の作者ショレム・アレイヘムの住んだ家があり、写真を撮っていると、通りがかりの人が「君そこに立て、撮ってやるから」とシャッターを押してくれた。

出発前には、治安を心配して「気をつけろ」と随分言われたが、そういう問題は何一つ体験しなかった（帰国後、中井和夫氏が何年か前この町で強盗に遭ったことを知った）。

十七　オペラ座

七月に切符を買っておいたので、九月三日（金）「ホフマン物語」、四日（土）「魔笛」、六日（月）「リゴレット」と続けさまにオペラ座に通う。早くから切符は売り切れていて、六階の天井桟敷まで満員である。入場料と座席数から概算して、一晩一千万円くらいの収入かなと思う。日本人も多く、毎年これに来ているという女性とも少し話した。

最初はフランス語、翌日はドイツ語、その翌々日はイタリア語で、もちろん歌手たちは重複しない。よくは分らないが、主演歌手たちの歌の技倆や演技力は大体一流で、声量にはやや不満が残る人もあった。それにしても、これだけのものを続けさまに上演して、多数の観客を満足させるのはたいしたことで、これでこそ世界中から人々がカネを落しにやって来るのだと感心した。「リゴレット」には日本人歌手も比較的重要な役で登場した。

終戦直後に「日本はこれから文化国家になるのだ」と言われたが、一流の絵画、一流の音楽、一流の演劇を、一流の建築の中で提供するこの様子を見ると、「文化国家」も口でいうほど簡単になれるものではないと痛感する。

十八　トルコへ

私は毎年「文学の中の法」というゼミを開講しており、二〇〇二年度は『イリアス』、二〇〇三年度は「ギリシャ悲劇」を読んだ。一九八一年にトルコ旅行をした時は、エフェソスやミレトスなど西海岸のギリシャ植民地をまわったが、トロヤに行っていなかったので、この機会に是非行きたい。また「前にイスタンブールを見たから、今度はアンカラに行ってみよう。トロヤに対するヒッタイトの影響ということが議論されているから、その遺跡にも行きたいな」と漠然と思っていた。ウィーンの繁華街に日本航空の事務所があり、切符や旅館をとって下さる。オーストリア人と結婚されたシュプライツァー千恵さんという素晴しい女性がいて、ウクライナに行くときもお世話になった。そこで彼女に相談して九月十日から一週間という日程を決めた。

空港でトルコ航空機に乗るや否や、アナウンスはトルコ語と英語で、ドイツ語とはお別れである。ルフト・ハンザでも英国航空でも、東京発は日本語アナウンスがずっとついており、東京便の発着にはヒースロウでもフランクフルトでも、日本語のアナウンスがあるのに。いつぞや、東京からフランクフルト乗り換えでウィーンに向ったとき、そのルフトハンザ便でも日本語アナウンスがあった。ドイツ語は虐待されているのか。ともあれトルコでの会話は、原則として英語である。

ハンガリー、ブルガリアの光景を窓から見ながら、やがてイスタンブール着。身軽で来たから、荷物受取所は素通り。三〇〇ドルを交換すると、約四億五千万リラの現金を渡された。最高通貨が二千万リラだから、二十枚もの札で懐が膨れる。

「日本の方ですか？　ホテルはどこですか？」と英語で訊いてくる人がいる。

「すぐタクシーでホテルに行きます」

「いやタクシーは高い。リムジンバスがすぐ来ますから、ここで待ってて下さい。明日はどうされますか？」

「トロヤに行くのですが」

「何時頃お発ちですか」

「できるだけ早くと思っています」

「それじゃあ、七時半にオトガルを発たれるのがいいでしょう。六時半にタクシーを迎えにやります」

この人は、私のような旅行者に親切なサーヴィスを与えるため、空港で配備した人員らしく、建物内に事務所があり、チップを出そうとしたが断られた。オトガルとは「自動車駅」というフランス語であることは、後に悟った。

ドルムシュとよばれるリムジンバスでは、韓国人グループと一緒になった。向こうから韓国車の小型トラックがすれ違ったので、「ほら、ヒュンダイの車が走っていますよ」と言うと、女性が「You are a Japanese. We are Koreans」と言った。「韓国車を見て喜ぶのは我々のことで、お前なんかには関係ないだろう」という趣旨かと思ったが、それほどとげのある言い方でもなかった。

ホテルはヨーロッパ側のタクシム広場のそばで、ホテルが密集しているところである。前にはマルモラというそこで最高のホテルに泊ったが、それは政府派遣だったからで、今回は中級ホテルである。広場のまわりをうろうろするが、信号機は殆んどなく、道路横断は自分の危険でしなければならない。しかし適当な頃に歩行者が歩き出すと車が停り、このシステムも存外機能している。

夕方寒くなってきた頃、毛布を敷いて二人の小さな子供を地面に寝かせ、衣服をかけている女性がいたので、ショックを受け、二千万リラを渡す。公定比率で千四百円くらいだから、非常識の額ともいえるが、このくらいの額があれば、少しは一家の状況が改善されるかもしれない。

夜地下鉄に乗ってレヴェントというところに行って見ると、大高級商店街で、入り口は空港と同じようにボディー・チェックがある。六月に訪れた台北の百二階ビルの中を思い出した。日本の電機会社なども店を出していて、着飾った女性たちが颯爽と歩いている。ここで『土英・英土辞典』を買った。

十九　チャナッカレ

九月十一日、朝六時半に受付に降りてみると、もうタクシーが来ている。走り出した方向が逆ではないかと心配したのだが、実はアジア側ではなく、ヨーロッパ側トルコを通って、フェリーで対岸に渡るコースである。言葉が通じないからダンマリなのだが、何となく善意が伝わってくるような雰囲気がある。オトガルに着くと、チャナッカレ行きの切符を買うところまでついてきてくれ、バスの担当者に私のことを面倒見るように頼んでくれる。これがトルコ流で、バスなどの乗り換えの際に、「この人はこれこれだから」と語り継いでくれるシステムになっている。だから降りる停車場が近づくと、運転手から合図があり、次の関係者にこちらの予定を伝えてくれる。

バスは大きく立派で、全部指定席。サーヴィス係は男女一人づつ、お茶を出したり、香水を配って歩いたりする。彼がやってくると皆「お頂戴」をして手に香水を注いでもらい、それを顔や手になすりつけるのである。長距離バスには途中で二十分ほどの中休みもある。隣席はマルマラ大学工学部の学生で、英語が少しできる。途中の町のことやら、トルコの現況やら色々話してくれ、有益だった。

午後一時チャナッカレで下りると、旅行業者らしい人がやってきて「ホテルはどこ？　あ、そう。それはあそこだ。見えるでしょう。トロヤ行きのタクシーが必要だったら、その店だから寄ってね」と愛想がいい。しかしホテルで、明日のために英語のできるタクシー運転手を世話してもらい、町の見物にでかける。考古学博物館が郊外にあるが、歩いても大丈夫だろうと出かける。随分遠い。中は森閑としていて、トロヤなどからの発掘物が展示されている。しばらくして小学校高学年くらいの少年が一人やってきて、参観している。利発なかわいい子で、声をかけ、彼も話したそうにしているが、何しろ言葉が通じない。

帰りはバス。バス停にいた人に「このバスでいいか」と尋ねると、英語で返事が返ってきた。地図を見せ「この公園に行きたい」というと、「実は私はそこに勤めている。ちょうどいい」と案内してくれる。そこに「武器博物館」があり、入ってみる。名は体を表わさず、ドイツ側で参戦したトルコに、一九一五年英仏連合艦隊が攻めてきたのを、ケマル・アタテュルク率いるトルコ軍が撃退した時の遺品等を集めたもの。「ガリポリの戦い」とよばれるこの戦争は、近代トルコ史上最大の戦史で、民族の誇りの結晶であるらしく、子供たちが引率されて来ている。あさってからが新学期だという。『地球を歩く』に推奨されているレストランがあり、そこで夕食をしようかと思ったが、ビールが出ないというのでやめた。やはりイスラム国家だけのことはある。

二十 トロヤ

九月十二日トロヤへ。運転手ムスタファ・ケナン氏は中年の紳士で、「いっそイスタンブールまでこの車で帰りませんか。バスよりずっと早いですよ。五百ドルでどうですか」という。六万円くらいは旅費の一部だと思いイエスという。やがて遠くにヒッサルリクの丘が見え、車は丘を登ったところで止まる。タクシーは表に待たせ、一時間半、狭い丘の上をゆっくり二周する。

「想像力の豊かな少年時代の夢が、かくも輝かしく実現されることはほとんどないであろう」

(村田数之亮訳『古代への情熱』(岩波文庫)七五頁)

最も幸せな人生とは、幼い頃夢見たことが、努力の末後年実現することであろう。架空物語と思われていたホメロスの世界の実在性を発掘によって示したシュリーマンは最も幸せな人物である。丘は九層に分れ、彼はプリアモス王の都市を第二層だと想定したが、現在ではそれは紀元前二千五百年頃の都市とされており、プリアモス王の首都が「六」か「七a」かをめぐって論争が続いているらしい。『イリアス』の記事について、歴史をある程度反映しているとする「歴史派」とそれを否定する「神話派」が対立しており、その一つの重要な論点は、丘が小さすぎて、とてもギリシャ連合軍と大戦争を行いうるようなものでない、というところにある。これに対し、一九八八年からトルコ政府の後援を得て発掘作業を行なったマンフレート・コルフマン（チュービンゲン大学教授）は、丘の南側に城壁で囲まれた「下町」(Unterstadt)があり、人口は一万人くらいであったという説を提唱し、「歴史派」を喜ばせた。これに同じ大学の古代史教授フランク・コルプが猛然と反対し、「二十一世紀のトロヤ戦争」とよばれている（映画「トロイ」では、トロヤのヘクトル皇太子が「我が五万の軍勢で迎え撃つ」と豪語するが、学界では軍隊でなく全人口一万でも多すぎると議論されている。ハリウッド映画のスケールの大きさには感心するが）。

息子のパリスと駆け落ちして来たヘレネは、厄介者で結局トロヤを滅ぼす原因になるのだが、舅のプリアモス王は彼女をかわいがる。二人は城砦の上からギリシャ軍を見下ろして、王が「あの背の高い武将は誰だね？」と尋ねると、彼女は「アガメムノン王でございます」と答え、「あの肩幅の広いのは？」と問われて「イタケーのオデュッセウスでございます」と答える。その場所かも知れない砦に立って、感慨を覚えない訳にはいかない。

『イリアス』に、アキレウスとヘクトルの決闘の際、ヘクトルは城壁を六度巡って逃げたとある。東の境界がはっきりしないから距離は分らないが、長距離走として適当な距離のように思われた。しかし南側に城壁で囲まれた「下町」があったとすれば、この話とは整合しない。その「下町」には小さな集落があり、モスクも見える。行ってみようかとも思ったが、専門家でもないのだしと、遠景から写真を撮るに留めた。日本人の大集団に会い、「一人旅ですか」と驚かれた。

運転手は「アッソスに行ってみないか」と言う。プラトンの死後、甥のスペウシッポスがアカデメイアの学頭となった後、アリストテレスはアテナイを離れて、哲学アマチュアのヘルミアス王の招きでこのアッソスに来て、三年間滞在した。山上にアテナ神殿があって、海を見下ろす景色は絶景である。その後二三の遺跡を巡って、チャナッカレに戻り、フェリーで対岸に渡って帰路に就いた。

ところで、ギリシャ遺跡にだけ関心をもつ旅行者は、トルコ人にとってどういう存在なのか。観光は外貨の重要な源泉だから、金銭的問題だけからすれば有難いのだろうが、面白くない面もあるのではないか。というのは、頼みもしないのに、ガリポリの戦いの戦場や博物館、トルコ人戦死者墓地、連合国軍戦死者墓地、記念碑などに連れていかれて、ゆっくりと鑑賞させられたからである。そこには大勢の善男善女が鑑賞や供養に訪れていて、愛国的聖地であることがわかる。アッソス等は割増料金を取られたが、ここの分は取られなかった。客をここに連れて来るのは政府の指導なのかも知れない。

二十一　ヒッタイト遺跡

十三日、列車でアンカラへ。内陸地を見たいので、飛行機を避けたのである。アジア側の駅にタクシーで行くが、思ったよりずっと時間がかかり、十時発の列車に乗り遅れる。駅員が「あれだ、飛び乗って、中で切符を買いなさい」と言ってくれれば間に合ったのだが、「あっちで切符を買え」とか言われているうちに発車してしまった。二時半までトルコ史の本など読み、時間をつぶす。

列車は、最初は湾に沿ってイスタンブール郊外の工業地帯を走り、イズミットからは森林の中を南下し、エスキシェヒールからは高原を東行する。禿山という訳ではないが、草だけ生えて樹木のない光景が延々と続き、人口も稀薄である。夜九時半アンカラに着く。隣席の青年は、大学一年の時ちょっとフランス語を習ったが、途中でやめてしまったという人物で、下手な同士で少し会話ができる。降りた後「右に行くのか左に行くのか」(Droit ou gauche?) と問うと、「左だ、一緒に来なさい」(Gauche. Avec moi.) といった調子で、タクシー運転手に、ホテルまでのことを頼んでくれる。

翌十四日はホテル受付の指導に従って、「オトガル」(自動車駅) まで地下鉄で行く。切符売り場の人に「ボアズカレに行きたい」というと、「それではヨスガット行きのバスだ」と、その方向に連れて行こうとするので、「いや先にフィルムを替えたい」というとわざわざべつの階まで連れて行ってくれる。バスに乗る前にチップを渡そうとするが受け取らない。運転手に私のことを話しておいてくれたので、運転手もヨスガットで旅行関係者にその趣旨を伝えてくれた。

バスは四時間のはずが五時間もかかる。臨席の男性は全然外国語ができず、英土辞典に印をつけて「職業は」と訊くと、「何とか」と答えるので、その発音を土英辞典を示して「これか?」と訊く、というようなコミュニケーションであった。軍人で休暇中だという。

ヨスガットからボアズカレの遺跡を見て、戻ってアンカラに戻るのだから、ヨスガットからアンカラに行く最終バスの時間に遅れると困る。それを辞書を引き引き説明するのだが、鈍い人でいくら言っても分らない。中休みで彼がいなくなった時、別の人に訊くと、大声で運転手に尋ねてくれ、七時だということであった。

タクシーでまずヤズルカヤに行くと、当然のことのように待ち構えていたガイドが来て説明を始める。確かに解説がなければ何のことか分らないから仕方がない。アンカラ大学考古学科出身だというが、英語が変な上にみやげ物を売りつけようとしたりして、余り印象がよくなかった。しかし岩に彫られた「とんがり帽子の神の行進」の彫像など、面白い。続いて丘の上の大神殿を見る。日本人の大集団がバスで去るところで、それとは別に日本人の若い女性二人連れが、日本語をよく話すガイドの説明を受けていた。別にまた日本人の二人連れもいたようで、トルコにとって日本人はドル箱である。

三千年以上前に、こういう人口稀薄な高原に首都を構え、騎馬部隊で小アジア半島を疾駆していた様子を思った。コルフマンのトロヤ発掘で、ヒッタイト系の文字の印章が発見され、トロヤに対する影響が問題にされているが、ホメロスの中にまるでヒッタイトが出てこないなど、まだ謎が多い。ホメロスの中で、トロヤは別名「イリオス」と呼ばれているが、それがヒッタイト碑文に出てくる「ヴィルーサ」であるというのが彼の説で、トロヤがヒッタイト系統の人種や言語であったとすると、印欧系の言葉を話していたことになり、ギリシャ人とある程度話しが通じたのはそのせいかも知れない。

二十二　英国憂国者

夕食で英国人と一緒になる。「今日」のことを「トゥダイ」などというからオーストラリア人かと思ったが、ニューカッスルの出身という。ネーティヴ・スピーカーの言葉は分りにくく、アメリカ英語は分りにくいというが、彼のイギリス英語も分りいいとはいえない。技師でシリヤ、中国、インドネシアなどで仕事をしたことがあるという。憂国の志士で、次のようなことをしゃべりまくった。

「自分の国の自動車が町を走ってないのは悲しいな。韓国車だって走ってるのに。ロールズロイスだってＢＭＷに身売りしちゃったし。大体社会保障にカネをかけ過ぎて、税金が高すぎるよ。俺たちみたいに若い頃から年金のためにカネを払い続けている者と、全然そうしなかった者とが、歳をとってみると、大して違わないんだもんな。ちゃんと社会保障で喰っていけるんだよ。大学の粗製濫造も問題だよ。『ゴルフ場マネジメント学士』だなんて馬鹿みたいだろう。そんな学科がいっぱい増えてるんだ。どうせこんな調子では、国は駄目になる一方さ。サッチャーさんに若返ってもう一度総理大臣をやってもらうしかないな」

二十三　考古学博物館

「アンカラに行くのならぜひカッパドキアに行きなさいよ」と皆に勧められたが、また片道五時間もバスに乗るのもしんどく、それ以上に私は景色より歴史が好きなので、翌十五日はアンカラのアナトリア文明博物館を訪れた。外国の都市は、余り乗り物に乗らずに歩くのが私の趣味で、写真を撮りながらぶらぶら歩いて行った。『地球を歩く』に「韓国庭園」という広大な庭園があることになっているが、大間違いで、実際は庭園でなく、ずっと狭い。朝鮮戦争の時に国連軍に参戦して戦死した七百七十人のトルコ人兵士の記念碑で、ハングルとトルコ語で顕彰の言葉が掲げられている。

地元民だけの賑やかな市場を通り抜けたところに博物館があり、ずっと英語の解説を読みながら観覧して、気がついたら午後六時になっていた。旧石器時代・新石器時代・青銅器時代と時代順に展示されているが、その後が「アッシリア時代」（一九五〇～一七五〇）「ヒッタイト時代」（一七五〇～一二〇〇）で、続いて「新ヒッタイト王朝」（一二〇〇～七〇〇）「フリギア王朝」（一二〇〇～七〇〇）「ウラルティア王朝」（八五〇～六〇〇）の鼎立時代となる。展示は大体このあたりまでだが、それからリュディア、メディア（ペルシャ）からアレクサンダーの支配、ペルガモン王朝、ローマ時代、東ローマ帝国、セルジュク・トルコ、モンゴル、オスマン・トルコと続く。私は、後にプロハツカ教授（後述）に、「日本でも歴史は古代史・中世史・近代史と分れ、それが更に細分されているが、どの時代の支配者も日本人です。それに対しトルコの時代区分は殆どが別々の外来支配者ですね」と言った。

地図を参照しながら遺跡発掘史を辿っていくと、トルコは全国が遺跡だらけの国という感を深くする。次々に色々な集団がやってきて、英語、フランス語、イタリア語、スペイン語などのガイドの解説がある。日本のお偉方らしい方が、案内の日本人を連れてお出ましになったが、眼にも止らぬスピードでお通り抜けになった。

二十四　インフレ

十六日夕方の飛行機でウィーンに戻ることになっており、半日余りをインフレ研究に当てようと考えた。一円が名目で一万四千リラ、一ドルが百五十万リラ、一ユーロが百八十万リラ。「トルコ人は世界一の金持ちだ、全員が百万長者だから」という。ウィーンに戻って、女性に百万リラ札を見せ、「百万長者と結婚したかったらトルコに行きなさいよ。友人もいるし、紹介しますよ」と言うと、「大変有難う。だけどどっちかといえば、ユーロの百万長者の方がいいわね」とお答えになる。

一九二三年ドイツのインフレは、貯金・年金・保険などをゼロにし、国家への信頼を破壊し、都市住民の怨嗟を招いて、ナチの遠因となった。労働者も、おとなしくしていれば給料の購買力は下降する訳だから、常に闘っていなければならず、労働争議は年中行事となる。トルコではどうなのか。シュテファン・ツヴァイクは、ドイツとオーストリアの国境近い町で、インフレの起った方の国に、国境を越えて買い物客が殺到すると回想しているが、実際トロヤの帰途、ケソンの町を通った時、運転手はギリシャ人が買い物に来ていると言っていた。

前日夜、駄目は承知でホテル受付に、「インフレについて話してくれる人はいないだろうか」と尋ねると、そこにいた紳士が、「それじゃ私が経済学の先生を知っているから、紹介しましょう。明日九時にここに来なさい」と言ってくれた。そこで翌朝九時、荷物をまとめて受付に行き、チェックアウトし、受付にインタヴューの件を尋ねるが、何も知らないという。「昨夜この受付にいた女性が事情を知っているから、彼女に連絡してみて欲しい」と言っておく。内心「やはりひどい国だな」と思いつつ、ロビーで一単語ずつ引きながらトルコの新聞を読んでいると、十時になって「タクシーを拾ってここに行きなさい」と、紙切れをくれる。市のずっと南のオルタ・ドグ（中東）大学の広大なキャンパスに連れて行かれるが、広すぎて、経済学部を探し出すのに随分時間がかかった。

まだ夏休みらしく、経済学部の建物は森閑としており、事務所らしいところで尋ねるが、「英語のできる人のところに行ってくれ」と一室に導かれる。そこには教授らしい人が二人いて、談話中。事情を話すと、「少なくとも私たちはその電話を受けていない。しかしちょっと待って」と言うやパソコンに向い、Inflation and Disinflation in Turkey という論文集をプリントアウトしてくれる。

「これが一番いい本だ。図書館でコピーをとったらいいだろう」と図書館の場所を教えてくれる。二人の専門はこの主題に近いらしく、「途上国インフレはこの国だけの問題じゃない。イスラエルも、ブラジルも、チリも同じ問題で悩んでいる。一九二三年のドイツのインフレは、フランスのルール占領で突然起り、シュトレーゼマンの貨幣改革ですぐに治まった。トルコのは全然違うんだよ。延々と続く慢性的インフレだからな。この本の著作者群は、米国留学者が多く、計量経済学の専門家もいて、よくできた本だ」など色々話してくれる。

だが図書館に行くと、「この大学の教員以外には本は貸せない」とまず言われ、それでもねばっていると、「ありゃりゃ、この本はここにないですよ」ということになる。それではアンカラ大学に行ってみようと、ドルムシュ（乗り合いバス）に乗って市内に行き、構内を図書館と書店を尋ねながら歩いていると、道を尋ねた三人目が若い英語の先生だった。実に親切で、色々調べてくれ、「この編者はこの大学の先生ですよ。連絡してみよう」と電話してくれる。すぐ話が通じ、「ちょっと今日は忙しいが、その本を上げよう。もっとも本そのものは絶版だが、全部入ったフロッピーを作るから」と仰って下さる。政経学部は地下鉄を五つくらい行った別キャンパスで、アメリカ帰りの颯爽たる中年の学者である。お名前はAykut Kibritcioaegluという難しいもので、覚えられない。

帰国後フロッピーを起そうとしたが、どうも旨くいかない。だがWEBCATを引くと、日本に三冊あり、何と我が日本大学の商学部にその一冊があるので、これを借り出してコピーした。

二十五　プロハツカ教授

もうすることもないので、少し早いが空港に向う。タクシーを拾い、「エアポート、プリーズ」というが通じない。しばらくして「オオ、アエロポルト」と言って走り出した。ARとかERとかのRを発音するのは、トルコ人共通の特徴で、ポーランド人もそうだ。

空港で残った現金をユーロかドルに換金しようとするが、銀行は「ない」と言って応じない。「仕方がない。千万とか百万とかの札を記念に持ち帰り、ウィーンや日本の友人たちにふんだんにばら撒くか」と諦めた。

ところで、うろうろした後で表示を見ると、どうも予定のウィーン行きの便が出ていない。窓口にいくと、上品そうな女性が「すみません。この便はキャンセルされました。ホテル代はこちらで負担しますから、一晩泊って下さい。ただもう一人泊って頂く方があるので、見えるまでお待ち頂けますか」と言う。このもう一人がウィーン大学東洋学研究所教授のシュテファン・プロハツカ教授であった。

もう三箇月もトルコにいたということで、猛烈な重い荷物を持ち、アラブ語が専門なのに、トルコ語も堪能である。カネの話しをしたら、「それじゃあ僕が行って上げましょう」と窓口に行き、談判して百ドル（約一億五千万リラ相当）を取ってきて下さる。リラの実勢は名目よりずっと低いので、一旦手にした外貨は手放したくないのである。

同教授とはホテルの夕食も一緒で、雑談に次ぐ雑談、フライトをキャンセルしてくれた航空会社に感謝したくなるほど楽しかった。中国や日本のことにも関心があり、日本語の中の中国語彙に関しても色々質問された。ホテルが数カ国の旗と一緒に日の丸を飾っているのを見て、「あれはライジング・サンを意味するのでしょう」と仰るので、「占領下ではアメリカ人たちはあれをミートボールとよんだんですよ」と言うと、多少複雑な顔をされた。

翌日午後いよいよウィーン向け出発、だが今度は政府要人が利用するので、イスタンブールに予定外に着陸するのだという。中国ではちょいちょいこういうことがあるが。武装したボディガードが十人くらい乗込んできて、ものものしい。ちょうどトルコのEU加盟問題が大詰めを迎え、EU要人たちが姦通罪を立法化するなら加盟に反対だと主張して、難しい段階を迎えていた。それにシュレーダー・ドイツ首相がブダペストから翌日ウィーンに着く予定だということもあって、それに関連することだろうと想像したが、翌日以後の新聞にこの「要人」に関する記事は全然出なかったと思う。

二十六　近藤先生

近藤常恭先生を何と紹介すべきか。かつて英語の先生で、東大の塚本明子教授や山東昭子参議院議員の恩師だそうである。

それから著作者でエッセイストだ。ベルリンに長く住まれ、東独による壁の築造に伴う多くの悲劇を目撃された。著書『ドイツの旅』（一九六九年）は、教養豊かな旅行案内書として広く読まれた。現在もウィーン在住日本人向けの小冊子にエッセイを連載されているが、ウィーンに移られてからも長く、この町の生き字引である。文学も音楽も映画も演劇も絵画も、みんなレパートリーだ。

先生は、晩年のレニ・リーフェンシュタール（一九〇二〜二〇〇三）の親友である。彼女は一九三六年ベルリン・オリンピックの記録映画など、映画制作の天才であったが、ナチにコミットして戦後疎外された。戦後写真家として活動し、晩年の彼女がアフリカ探検や潜水撮影などに挑戦していた時、よき理解者として協力された。その経緯はエッセイ集（未公刊）に描かれている。

他方先生は、事業家で実業家でもある。ウィーンで日本レストランを経営され、原料調達や仕入れのルートを工夫されて、現在数多くある同市の日本料理店で先生の努力の恩恵を受けていない者はない。現在はカールスプラッツの近所に「日本屋」という食品・雑貨店を営まれていて、千五百人といわれるウィーン在住日本人はもとより、旅行者たちからも感謝されている。マリアさんに店にあるカルピスや梅酒、招き猫をプレゼントしたが、令嬢が自宅まで届けて下さった。

現在七十三歳、夫人を亡くされ、大病をされて、かつての迫力（これは私の想像）はないかも知れないが、知的好奇心は依然旺盛で、まわりに内外の若い知識人が集まっている。

九月五日、泰子夫人十三回目の命日に、ウィーン中央墓地に供養に訪れられる。私は、墓参後にユダヤ人墓地に連れて行って下さるということで、お供させて頂いた。入り口で花と蝋燭を買い、水桶を借りる。ベートーヴェンやシューベルトの墓から遠くないところの立派な墓がある。墓地管理者が捧げてくれてある枯れた花を捨て、新しい花を供え、墓石に水を注ぎ、蝋燭を灯し、祈られる。令嬢も結婚し、こうして亡き妻を偲びつつ、一人暮らしを続けておられるのである。

同じ運命を担っている私は、感無量である。私はタブーの敵だから、妻の死後再婚ということを考えないではない。しかし、結婚には情熱と尊敬の念が必要で、妻に対して抱いたような情熱と尊敬を誰かを相手に回復することは絶望的である。旅行は本質的に孤独なものだから、忙しい日本よりも遥かに追憶の機会が多く、その点での「気分転換」には全くならなかった。そして黙々と妻を供養される先生のお姿を見ながら、十三年後の私（仮に生きているとするならば）のことに思いを馳せた。

10

欧米新聞拾い読み

オリンピックの朝

ヨーロッパの新聞はすごいものだ、としみじみ感じたのは、オリンピック競技開始の翌朝のことである。『ル・モンド』(LM8/16/04)を買って開いて見ると、「オリンピックの反動的本質」という見出しが目に入った。中身を読むと——、

スポーツはタブー中のタブーである。家庭・学校・教会などは批判的分析の対象となるが、スポーツは別だ。それは恒常的に我々の時間と空間を占領しているが、議論の対象には決してならない。メディアも政治も、右派も左派も、スポーツというと無批判になる。オリンピックは神話(mythe)であり、詐欺(imposture)である。人類の連帯とかときれいごとを言いながら、実際にはドーピング、政治介入、腐敗、メディア操作の世界ではないか。アテネ・オリンピックを見よ。至る所にスポンサーが見え隠れしているではないか。

しかしこれは今に始まったことではない。一九〇〇年のパリ、一九〇四年のセントルイス、何れも万国博と抱き合わせで、資本の利益と結びついていた。スポーツは非政治的だなどと唱えられるが、全く事実に反する。一九六八年、メキシコ・オリンピックの際、警官隊がデモ隊に発砲し、三百人が死亡した。七二年のミュンヘン・オリンピックではイスラエル選手団に対する襲撃事件が生じた。八〇年のモスクワ・オリンピックには、ソ連のアフガニスタン侵攻に反対する諸国がボイコットした。そして今アテネは、米国のイラク攻撃に反対するアルカイダの攻撃に備えて厳重警戒下にあるではないか。

英雄崇拝にナショナリズム、これは従来反動的イデオロギーとして非難されてきたものであ

るが、スポーツにおいてはそれが大手を振ってまかり通っている。既に一九七二年にモーリス・デュヴェルジェは、「オリンピックの物神崇拝」という論文を書き、「その本質は保守的なもので、社会内の対立を隠蔽し、既存の秩序を維持する手段の役割を果たす民衆の阿片」だと指摘している。『フランスにおけるスポーツのイデオロギー』の著者ミシェル・カイヤ教授も「スポーツは資本主義の出現とともに出現し、その体制の維持に奉仕してきた」と言っている。『オリンピックを廃止せよ』の著者アルベール・ジャカールは、「スポーツの競争主義は貨幣の論理（logique de l'argent）に屈服し、社会の『万人の万人に対する闘争』的性格を助長するものだ」と指摘している、と。

賛否はともかく、オリンピックの当日に、こんな論説を載せるのは偉い。日本の新聞に爪の垢でも飲ませてやりたい。

本務そっちのけ

ウィーンで何をしていたかと問われるならば、「新聞ばかり読んでいた」というのが一番正確な返答であろう。ホテルの前の新聞スタンドで毎朝三つ、四つと新聞を買う習慣ができてしまい、それに眼を通して切り抜き終ると昼過ぎになるので、本職の勉強の時間が殆んどなくなってしまったのである（夏休み中は国立図書館も大学図書館も四時で閉まるから、三十分かけて都心に行くと、もう大した仕事はできない）。

毎日必ず読んだのが『ヘラルド・トリビューン』（HT）と『南ドイツ新聞』（SZ）で、前者は日本でも（極東版を）購読している。その他では『ル・モンド』（LM）と『デイリー・テレグラフ』（DT）も屡々読んだ。『フランクフルター・アルゲマイネ』（FA）、『ル・フィガロ』（LF）、それにオーストリアの『ディー・プレッセ』（DP）、『デア・シュタンダルト』（DS）などは気が向くと買って読んだ。面白くて「勉強どころではなくなった」のである。

切り抜きは相当の分量に及び、帰国後の多忙の中では到底整理しきれないが、その断片を紹介したい。

I　歴史との対話

ドイツとポーランド

ドイツ大統領のポーランド訪問

従来ドイツ大統領が最初に訪問する外国はフランスと決まっており、これは戦後ドイツ外交の不文法ともいうべきものであった。ところが七月一日に就任したケーラー大統領は、最初の訪問地としてポーランドを選び、同十五日ワルシャワを訪れた（もっともその直後にフランスに行ったが）。これはポーランドで好意的に受け止められ、クヴァシュニエフスキー大統領は、これを「円熟した決断」として称揚した。

そもそもケーラーはポーランド生れである。彼の両親はルーマニア領ベッサラビアのドイツ系農民で、彼の生れる前年SS（ナチ親衛隊）によって東ポーランドに強制移住させられた。翌一九四三年二月、彼はそこで生れたが、その後の彼の幼年時代は、難民収容所生活の連続であった。一九四四年一家はライプチヒ近郊に逃れ、一九五三年東独から西独に移った。母親はその頃の体験が余りに痛切なので、思い出すのもいやだと言っている。

ケーラーはこの機会にポーランドの新聞に寄稿して、「追憶や悲しみは、ヨーロッパを新たに分裂させるために濫用されてはならない。それ故、賠償問題や相互の罪状・損失の列挙などは、もはやなすべきではないのだ」と書いた。クヴァスニエフスキー大統領に対しても、「ドイツは第二次大戦の教訓を学んだ。我々は歴史を書き換えない。領土要求は法的可能性がない。被害追放者団体『プロイセン信託』なるものによる補償要求はドイツにおいてまったく政治的意義を有していない」と強調した（SD7/16/04)。

ワルシャワ蜂起六十周年

ナチ・ドイツの東部戦線が崩壊し、ノルマンディー上陸によって西部戦線も破綻しかかっていた一九四四年夏、ポーランドの地下抵抗組織「祖国軍」は、ワルシャワで武装蜂起した。ロンドンの亡命政府が、ソ連の傀儡政権樹立を阻止するために、指示したものだという。ドイツ軍はこれを徹底的に殲滅し、二十万人を殺し、ワルシャワの中心街を壊滅させた。ウィスツラ河の対岸まで進撃していたソ連軍は、これを全く見殺しにし、西側の連合国も援護しなかった。ポーランドを全く従属させることを意図していたスターリンは、ナチに独立勢力を絶滅させようとしたのである。

戦後ソ連は、傀儡政権を樹立し、ポーランド民族主義を弾圧するとともに、ワルシャワ蜂起の記憶を抹殺しようとした。半世紀近くを経て、共産圏の崩壊とともに、蜂起を記念する行事が国家的行事として行なわれるようになり、今年は六十周年記念として盛大に行なわれた。

集会にはコリン・パウエル米国務長官など各国の高官も参加した。アファナシェフスキー・ロシア大使もそれに参加し、プーティン大統領の、ポーランドの抵抗運動は「ナチに対する共通の勝利」に貢献した、という書簡を伝えた。

それに対し、ポーランドの新聞 *Wyborcza* において、パヴェル・ヴロンスキーは「何の何に対する勝利だ？ 二十万人のポーランド人を殺した勝利か？ ワルシャワを瓦礫と化した勝利か？ 否、半世紀に亘ってソ連がポーランドを支配したことの勝利か？ ソ連は『祖国軍』の英雄たちを投獄し、処刑し、それに対する誹謗のプロパガンダを重ねたではないか」と論評した（LM8/1/04）。英国が何もしなかったことに対する謝罪を要求する声もある（*The Observer* 8/1/04）。

他方で、ソ連軍が一九四〇年春五万人のポーランド人を虐殺したカティン事件も、長くソ連権力により秘匿され、タブーとされてきた。クラクフ王城の前に記念碑が建っており、ロシアに対する責任追及運動も盛んである。ナチとスターリニズムの罪状を追及する機関の長レオン・キエレスは、モスクワでロシア当局と交渉し、同事件に関する一五六巻の資料を引き渡すことの同意を得た（HT8/7・8/04）。

ドイツでは、ワルシャワ蜂起とヒトラー暗殺未遂事件を同列に論じようとする者もある。一九四四年七月二十日、ヒトラー暗殺の試みが未遂に終り、約五千人の関与者が処刑された。その六十周年を祈念する行事において、シュレーダー首相は、「この日は近代ドイツ史における最も重要な日で、ポーランド蜂起記念日（八月一日）と並んで、自由と正義のために闘った犠牲者たちの輝かしき記念日である」と演説した（FA7/21/04）。英国の観方はだいぶ違い、チャーチルはその報道に接して「犬の喰い合い」（dog-eats-dog affair）と評した。暗殺を試みた人々も、これまでヒトラーとともに戦争やユダヤ人迫害を続けてきた連中だ、ということである（DT7/19/04）。

生存兵士アンドレイ・シトコフスキーの回想

ドイツ兵たちは私の家にやってきて、父の書庫の本に油を注いで火を放ち、家を焼き払った。母は強姦されも殺されもせず、ただ追い出されただけだったから幸運だった。ドイツ兵たちは、最初はポーランド人兵士を捕虜にすることなど全く考えず、ただその場で射殺した。六十三日間の絶望的な戦いの後、ドイツが我々に国際法上の戦時捕虜の待遇をすると保障した後に、我々は降伏した。

我々の抵抗軍の中で何らかの武器を持っている者は十人に一人だった。それも重火機ではなく、重火機は敵から奪ったものか、僅かな連合軍援助によるものだった。西側の連合軍は余りにも遠く、ワルシャワに近づきつつあったソ連軍は、かつてドイツと連合してポーランドに侵入し、カチンで幾万のポーランド兵士を冷然と殺戮した軍隊であった。

抵抗軍の指導者たちは、「何の見通しもないが、何かをしなければならない」という、ギリシャ悲劇同様のディレンマに立たされていた。撤退しようとしているドイツ軍に対する民衆の憎悪はすさまじく、暴発の危険を秘めていた。ここで何もしないことは、首都をソ連とその傀儡に無条件で明け渡すことを意味した。

スターリンは、イタリアに上陸していた連合国空軍のワルシャワ空港使用を拒否し、それによって援軍到来の可能性が消失した。五万人の祖国軍のうち一万八千人が戦死し、市民二十万人が死亡した。その多くは生きながらの焼死であった。市内はドイツ軍の掠奪に委ねられ、彼等は残った建物のすべてを爆破した。私は捕虜となり、軌道牛車でドイツの収容所に向った。

この八月一日、私は六十周年記念に生存戦士を招くという好意を得て、ワルシャワに戻った。戦場に戻るのは容易である。現在賑わっている市の真ん中だから。クラシンスキエゴ通り二十番地の建物の一階の窓にはレースのカーテンが掛けられ、花瓶に花が飾ってある。この部屋で、一九四四年九月二十九日、私の友人モルスキーが、戦車の砲弾に当って死んだ。もう一人の友人も重傷を負った。

過去もさることながら、気になるのは、ドイツ人の被追放者団体がポーランドに残した財産の補償を求め、ポーランド人の激しい怒りを買っていることである。今回に式典に参列したシュレーダー首相は、そういう動きを支持しないと明言した。しかしドイツには反対論があるし、政権は変るからだ(HT8/7・8/04)。

マンホール

ノーマン・デーヴィスは現在六十五歳、英国ウェールズに生れた。ワルシャワ蜂起の時は英国の幼児である。彼はオクスフォード大学で歴史学を学び、ロンドン大学で教鞭を執った。

四十年前、彼は初めて共産政権下のワルシャワを訪れた。ガイドが町の道路の真ん中のマンホール蓋のところに連れて行ってくれた。「蜂起が失敗に終った最後の時、生き残った幾千人かの祖国軍戦士たちが、このマンホールから地下水道の網の目の中に逃れたんですよ」という。この蓋が市民たちの聖像（icon）になっているのである。「瓦礫の町、ホロコースト、蜂起、聞いたことのない話ばかりでした。ポーランド史をやろうと思いました」とデーヴィスは言う。

彼には、一九二〇・二一年のソ連とポーランドの戦争を扱った『白鷲と赤旗』、ポーランド史の概説書『神の遊び場』、それに一三六三頁の大著『ヨーロッパ――一つの歴史』という著書があるが、最近七五二頁の『四十四年蜂起――ワルシャワのための戦い』という英語の本を出版し、そのポーランド語版刊行の関係でワルシャワを訪問している。

記者は彼に案内してもらった。「公園の樫の木並木のあたり、今サイクリストたちが行き来しているあのあたりにドイツ軍がいて、街から街を、それこそ消して行った。その時、ほら向こうの河岸では、ソ連兵が日向ぼっこをしてたんだな」。「民衆の蜂起が八月一日に始まると、ロンドンの亡命政府は、ソ連軍にワルシャワを占領されまいとして、祖国軍に蜂起を命令した。ルーズヴェルトやチャーチルが、蜂起者たちは味方だから助けてやってくれ、と言ったとしても、スターリンが何かしたかどうかは分らない。しかし彼等は何もしなかったんだ」。「この鵞鳥通りにユダヤ人の収容所があった。祖国軍はそれを解放し、縞の囚人服を着たユダヤ人たちが整列した時、恐らくは退役軍人だったと思われる囚人が『我等ユダヤ人部隊、これから参戦します』と叫んだんだ」。「ここの修道院で、祖国軍の兵士たちは修道女に手当てやら接待やらを受けていた。ところが修道女たちに退去命令が出た。何しろ最前線だからね。女子修道院長は、祖国軍の隊長にそのことの報告に行くと『若者たちは寂しがるだろうな』と言った。それで院長は修道女たちに、聖堂に集結して祈るように命じた。その直後に爆撃され、約千人の死者が出たんだ」。

その場面を見た訳ではもちろんないのに、その叙述には切れば血が出るような生々しさがあった、と記者は言う（HT7/31/04）。

シュレーダー演説

八月一日のワルシャワ蜂起六十周年記念に参列したシュレーダー首相は、大略次のように演説した（FA8/3/04）。

「本日、我々は、ポーランド祖国軍の犠牲心と誇りの前に集まった。ワルシャワ市民男女は六十三日の長きに亘って、ドイツの占領者たちに、死を恐れず英雄的に抵抗した。彼等はポーランドの自由と尊厳のために戦ったのだ。その愛国心は、ポーランド民族の偉大な歴史における耀かしい模範となっている。

本日我々は、ナチの犯罪行為に思いを致し、恥辱の念を以って頭《こうべ》を垂れる。彼等は蜂起の後、古きワルシャワの町を瓦礫とし、無数のポーランド人男女と子供を殺戮し、拉致した。ここはポーランドの誇り、ドイツの恥辱の場所であり、ここにおいて我々は和解と平和を希望する。

本日私は、ナチ・ドイツとは異なった、自由で民主的なドイツの首相として、希望を表明させて戴きたい。それは、ワルシャワの蜂起者たちのような、ナチの暴虐と戦ったすべての人々に感謝することである。この追憶は、何十年間に亘って、外部の勢力［ソ連］によって抑圧されてきたが、自由の英雄たちのことは、すべてのポーランド人の心の中で決して忘れられることはなかった。

他方ドイツにおいても、それへの理解、赦し、和解を求める試みは、長く力をもたなかった。ワルシャワで蜂起した人々は、一九四四年に孤立無援であったように、その追憶も長い間放置され、漸く一九八九年のポーランド解放によって、ワルシャワに記念碑が建立されることになったのである。歴史を書き換えることは誰にもできない。しかしポーランドとドイツが自由なヨーロッパに対等なパートナーとして参加することになった現在こそ、歴史の誤解・曲解が許されない時期なのだ。歴史歪曲の試みは、断固として拒否されねばならない。

第二次大戦中六百万以上のポーランド国民が生命を失い、戦中戦後に諸国の幾百万の人々（その中に二百万人のポーランド人がいる）が故郷を追われた。これらの苦悩の追憶は、我々を分裂させるものではなく、結合させるものでなければならない。共通の未来を確保するために、記憶は悪用でなく善用されねばならない。この教訓がヨーロッパ諸国民を結合させるのである。

我々ドイツ人は、誰が戦争を始め、誰がその最初の犠牲者であったかをよく知っている。それ故ドイツの側から回復要求などをする余地はない。そのようなことは歴史を顚倒させるものである。第二次大戦に関わる財産権問題は、もはや両国関係の主題ではない。ドイツ国内において、なお一部に唱えられている個別的要求なるものについて、連邦政府はもとより、ドイツの考慮に値するほどの政治勢力で、これを支持しているものはない。連邦政府はこの立場をあらゆる国際法廷においても主張するであろう。連邦政府はまた、ベルリンに『被追放糾弾センター』（Zentrum gegen Vertreibung）なる組織を設立する動きにも反対する。……

ドイツがポーランドに限りない苦痛をもたらした過去を思う時、この和解はまさしく奇跡である。

……両国は、両国民の幸福と、統一したヨーロッパの利益のために、自由と尊厳の内に生きようとする地球上のすべての人々への責任をもって、協力しなければならない。これこそがワルシャワ蜂起の英雄たちのその犠牲に対し表明しうる最大の敬意である。

ヨーロッパが共通の価値の下で平和な大陸となるためには、旧ドイツの清算が必要条件である。挫折したとはいえ、それに抵抗したワルシャワ蜂起の記念日にドイツ首相が参加することは、重要な意義がある」。

以上がシュレーダー演説の要旨であるが、なおこの問題はポーランドのみならず、中部・東部ヨーロッパに広く及ぶ問題である。ドイツ政府スポークスマンは、「被追放ドイツ人がかつてポーランドに有していた財産の補償請求を支持しない」というシュレーダー発言を補足して、「この点はチェコに在った財産についても同様である」と述べた（FA8/7・8/04）。

他方ポーランド人にも、現ウクライナから追放された人々の賠償要求があり、また一九四二年十月、ナチ・ドイツと協力していたリトアニア政府によりヴィルナ地域から強制退去させられた約千五百人のポーランド人の一部が団体を結成して、リトアニアの裁判所に賠償要求訴訟を提起しようとしている。問題の一つは、現在のリトアニア政府が、当時の政府の法的継承者であるか否かということで、もう一つは当時現地にあった財産の証明ができるか否かだという（FA8/7・8/04）。

独波和解

シュレーダーのワルシャワ訪問の前日、『南ドイツ新聞』は、「独波の奇跡」と題する、クルト・キスターの次のような論説を掲げた（SZ7/31/04）。

八月一日は、第一次大戦（一九一四年）の開戦記念日であるが、ポーランド国民にとっては、一九四四年の対独ワルシャワ蜂起の記念日である。それはドイツの敗戦が決定的となりつつあった時期に、地下の抵抗軍「祖国軍」（Armia Krajova）など幾万の軍隊が蜂起し、六十三日に亘って戦った後鎮圧され、十七万人が殺されたという事件である。

連合国も殆んどこれに支援を与えなかったし、ウィスツラ河の対岸まで進撃していたソ連軍は、「ポーランドの愛国勢力をドイツ軍に壊滅させせよ」というスターリンの指示に従って、これを見殺しにした。

第二次大戦中ドイツが近隣諸国に与えた被害の中でも、ポーランドほど徹底的なものはない。ユダヤ人は殆んど全滅させたし、ポーランドを地図から抹殺し、属国化しようとした。従ってドイツ敗戦後のポーランドにおいて激しい対独報復が生じたのは当然で、ソ連軍の進撃、組織的追放の過程で幾万のドイツ人が死亡し、幾百万人が全財産を失った。

しかし一九八五年五月八日の終戦記念日に、当時のヴァイツゼッカー大統領は、これらのドイツ人被害の原因は、「戦末にあるのではなく、開戦にある。即ちドイツ側にある」という歴史的演説をした。その後の独仏和解も注目すべきだが、現在ドイツとポーランドがＥＵという共通の屋根の下で平和共存し、信頼関係を築いているのは、まさに奇跡である。

この八月一日シュレーダー首相はワルシャワ蜂起六十周年記念行事に参加するためワルシャワを訪れる。一九七〇年、当時のブラント首相がワルシャワ・ゲットー蜂起（一九四三年）記念碑に跪坐

(Kniefall) した時は、両国が冷戦の敵対陣営に属していたこともあって、なお両国間の溝は深く、ドイツ国内においても、かつての抵抗運動家で亡命者であったブラントに対する誹謗的論評も行なわれた。それに比べると、現在の環境は随分異なっている。国内的にも、歴史解釈についての広範な合意が成立してきている（被追放者団体からは不満の声も聞こえるが）。

従来「ドイツの名を語ったナチの犯罪」、「ヒトラーのポーランド侵略」などと言って、ナチとドイツを別扱いする言辞が行なわれていた。しかし実際には、圧倒的多数のドイツ人が、いやいやながらではなく、積極的にナチを支持した。ポーランドを劫掠したのはナチではなく、ドイツ人であったのだ。この歴史認識は、旧世代には抵抗があるが、新世代には大体共有されてきた。

確かにドイツにも反ナチ抵抗運動は存在したが、七月二十日にシュレーダーが述べたように、「ばらばらな小集団」に限られていた。彼らはナチを清算しようとする戦後ドイツの自己定義に大いに貢献したが、主犯・共犯の大海の中の一滴で、フランスのレジスタンスやポーランドの「祖国軍」のような大衆的基盤をもった運動とは全く異なる。Kreisauer Kreis のような国外のドイツ人抵抗団体も、他国の対独抵抗運動と協力することはなかった。七・二〇ヒトラー暗殺計画参加者たちは、ヨーロッパを侵略したドイツ軍の徽章を付けていたではないか。

被追放者補償運動

ポーランドからの被追放者団体には、「被追放者連合」(Bund der Vertriebenen) と「プロイセン信託」(Preußishe Treuhand) という二つのものがある。前者はベルリンに、追放の違法性・不当性を訴える全国的センター（Zentrum gegen Vertreibungen）を設立することを唱えており、後者は失った不動産などについて補償を求めて訴訟を起している。

この訴訟はポーランド側の悪感情を惹起し、「それならドイツがポーランドに加えた損害全体の賠償要求を提起しよう」という議論もある。確かに一九五三年ポーランド政府は賠償要求の放棄を宣言したが、それはソ連の強要によるもので無効であり、また放棄の相手は当時の東独のみであるから、ドイツに対する請求権はあるというのである。しかしポーランド政府は、法的にはポツダム宣言が補償問題に一応の決着をつけていること、ドイツ東部の領土を獲得していることなどから、それには消極的である。

ポーランドのベルカ首相は、ドイツ政府が被追放者に対する補償を引き受けるという解決を提唱している（これはポーランドの各政党・新聞の一致した主張だという）が、これにはドイツ政府が消極的である。それというのも、ドイツ政府の見解によると、追放はあくまで違法であり、外国の違法行為に対する法的責任をとるのは筋違いである、という理由からである。

もっとも違法とはいえ、追放という事実は政治的に受忍する他ない、なぜならそれを問題にし始めると、ドイツの違法行為によってポーランドに与えた損害が、追放による損害より何倍も大きいからである（カチンスキー・ワルシャワ市長が二〇〇四年年初にワルシャワ蜂起によって加えられた損害額を試算してみたところ、三一五億ドルであった）。その意味では東部領土の割譲を（法的には無理だが）一種の賠償ととみなしている。

もっともポーランドには「オーデル・ナイセ以東は、本来ポーランド領で、賠償の代替物と解すべきでない」という、更に強硬な意見もある。また元東部ドイツは、ロシアに割譲した東部ポーランドの代償として正当に獲得したものだ、という議論もある。

ポツダム宣言には、ポーランドはソ連占領地区ドイツから損害賠償の一五%を取得できると定めているが、それは履行されないままに終っていて、問題が蒸し返される可能性もある（SZ8/2/04）。

以上のように『南ドイツ新聞』が終始「贖罪論」に立っているのに対し、『フランクフルター・アルゲマイネ』はだいぶ論調が違う。戦後ドイツの諸政権は、何れも「被追放者が自分たちを追放した国家に財産権回復要求をする権利は、国家間の条約によって影響を受けない」という立場をとり続けてきた。その政府の言葉を信じてきたからこそ、被追放者たちは財産権回復の要求を続けてきたのである。ところがシュレーダーのワルシャワ演説は、首相ともあろうものが、そういう法的状況を個人で変更できるかのように、請求者たちを道徳的に非難することによって、その権利を盗み取ろうとしている。しかし道徳的言辞や政治的配慮によって、法を変えることはできない。首相の態度は、公人として見苦しい（schäbig）と言わざるを得ない、と（FA8/3/04）。

光景の暗転

シュレーダーの訪問によって独波和解の雰囲気が成立し、新関係が発足しそうに見えたが、必ずしもそうはいかなかった。既にそれからほどない八月七日の『ヘラルド・トリビューン』（HT8/7・8/04）で、ロジャー・コーエンは次のように論じている。

両国が和解することができるならば、イスラエルとパレスティナ人も和解できるというほどのものだ。シュレーダー訪問に対するポーランド国民の反応は単純でなかった。彼に「ワルシャワ蜂起記念メダル」が授与された時、会場から口笛が起った。一九七〇年に訪れたブラント首相はワルシャワ・ゲットー記念碑の前に跪坐したが、彼は頭を下げただけで、チモシェヴィッツ外相は、「印象に残るような仕草に欠けていた」と評した。

もっともコーエンは、「しかし……」と続けて、未来志向を共有することで、両者の関係は良い方向に向うだろう、と結論している。

それから一ヶ月半後、『南ドイツ新聞』（SZ9/23/04）は、ウルバン記者の次のようなワルシャワ電を掲載している。

二週間前、ポーランド議会は「政府は対独賠償交渉に取り組むべきだ」という決議を殆んど満場一致で議決したが、これに対してドイツ社会民主党委員長のミュンテフェリングが「挑発」だと論評するなど、ドイツが示した激しい反応に知独派は当惑している。当地ではこの論評はシュレーダーの意見でもあると受け取られている。

八月一日のシュレーダー演説は概して好評であったが、「ドイツ政府は被追放者の国際裁判所における補償要求訴訟を受けて立つ（sich vor et. stellen）」と述べるに留まったことに不満を表明した。ドイツ政府がその補償を引き受けるのでなければ、訴訟は行なわれ、決定は裁判所次第ということになるからである。

更に彼が被追放問題のセンターを設置することに反対したことは、それを歴史を共有する討論の場にしようとしていた人々を侮辱することとなり、歴史変造の意図が潜んでいるのではないか、という疑念の対象となった。センターは私的団体だから、もともと阻止不可能を承知での発言だとする批判もある。パシュトゥシアク上院議長は、「正当な人口移動が行なわれたのみで、追放などは存在しなかった」と主張している。

諸新聞は対独関係において自制と対話を求めるレイテル駐独大使などの論者に対し、「買収されたベルリンの手先」として攻撃を加えた。ある雑誌はSS［ナチ親衛隊］の服装をしたエリカ・シュタインバッハ被追放者連合会長が四つん這いになったシュレーダーの上に馬乗りになった漫画を表紙に載せ、また別の雑誌は黒赤黄［ドイツ国旗］の着衣をまとい、醜い顔をしたシュレーダーの絵を表紙に載せた。同誌の内容は大したことはないが、随分売れたという。

シュレーダーが、両国がEUの共通の屋根の下にあることを讃美したことについても、ドイツはEUを通じてポーランドの安い労働力を支配し、全ヨーロッパを支配しようとしているのだ、という論評がある。

シュレーダーがこのように不評なのに対し、前任者コールは尊敬されている。彼はオーデル＝ナイセの国境画定条約を成立させ、被追放運動を抑えた。コールがカトリックであることも、共感の一理由だと指摘する者もある。

ある保守自由派の新聞は、問題の根源は、本当はドイツ人がポーランド人を軽視しているところにあるのではないか、と指摘している。フランク・エルベ前駐波大使は、ポーランドのジャーナリストたちについて「知的オナニー」をしていると言い、シュヴェッペ現大使は、公式の席で簡単なポーランド人の苗字の発音を間違えた。米国でさえもポーランド語のできる大使をよこしているのに、と言う。

ヘレロ族絶滅百周年

ドイツは一八七三年にアフリカと南太平洋で植民地経営に乗り出し、第一次大戦によってそれを失った。その間の一九〇四年ナミビアにおける現地民の叛乱に徹底的な殲滅作戦をもって臨み、ヘレロ族八万人中六万五千人、ナマ族四万人中二万人を殺戮した。

八月十四日、ナミビアのオカカララで行なわれたヘレロ族蜂起百周年記念式典に列席したハイデマリー・ヴィーツォレク＝ツォイル（Heidemarie Wieczorek-Zeul）開発援助相は、この事件について、「この殺戮はジェノサイドとよぶべきもので、我々ドイツ人はその歴史的・道義的責任を受け容れる」と演説した。ドイツ政府の高官がこのような発言をしたのは初めてである（HT8/16/04）。

「歴史的・道義的責任」とのみ言って法的責任に言及しなかったのは、損害賠償には応じないというドイツ政府の方針による。その代りドイツは一九九〇年の独立以来ナミビアに五億ユーロの開発援助を与えており、これはドイツがアフリカ諸国に与えた援助のうち（一人当りで）最高額である。また今回オカカララに、ドイツの出費による文化センターと蜂起指導者マハレロスの記念碑が建てられた。

ヘレロ族生存者子孫の代表リルアコは、「これ以上ドイツに賠償は求めないが、その代りベルリンとの対話を継続したい」と述べた。リルアコはこれまで米国ワシントンの裁判所に十億ドルにものぼる損害賠償訴訟を提起したが、敗訴している。賠償を求めないとした理由は、特定の部族だけが賠償を得ると、ナミビア国内で問題になるからだという（SZ8/16/04）。

ドイツの新聞はこのように伝えているが、英国の新聞は論調が異なる。『デイリー・テレグラフ』の「ナミビア人たちはドイツの謝罪を拒否した」という見出しの記事によれば、生き残ったヘレロ人たちは英領ベチュアナに逃れ、そこで現在の十二万の人口に回復した。ドイツ閣僚の演説に対しては、通訳の問題もあって会場は騒然となり、部族の旗を担いで「謝罪はどこだ」と叫んだ、という（DT8/16/04）。

なお、ドイツ植民地史に関連して、カール・ペータース（一八五六～一九一八）の伝記（英文）が公刊され、『南ドイツ新聞』（8/13/04）に紹介されている（Arne Perras, *Carl Peters and German Imperialism 1856-1918*, Oxford University Press）。一八七三年、植民地経営に消極的だったビスマルクをそれに引きずり込んだ「功績者」が何人かいるが、東アフリカ領有を強引に推進したのが彼である。彼はかつて国民的英雄のように讃美された。同書は彼の残虐ぶり、傲慢さ、黒人性奴隷を囲っていたこと、などを強調しているらしく、紹介されている限りでは、道徳主義的な作品であるように思われるが、それでも今の世の中でこのようなことを調べる人も少ないであろうから、重要文献である。

ナミビアの白人地主

当時ナミビアに渡ったドイツ人の子孫で、現在なお同国で農場を営んでいる者がある。現在隣国ジンバブエほど過激ではないが、同地でも白人地主の土地を買収し黒人に分配する政策が、一九九〇年の独立以来遂行されている。ヌジョマ大統領の後継者と見られているポハムバ首相も、秋の大統領選挙に向け、土地分配のキャンペインを行なっている。

ナミビアにはなお四千人の白人地主がいて、収益可能な土地の三分の二を所有している。もっとも肥沃な北部ナミビアのアンゴラ国境地帯は以前の黒人保留地で、黒人が耕作している。南に行くほど乾燥地帯で、白人はそこで（牛は飼えないので）羊と山羊を飼っている。政府が買収しようとしている二十四の農場の地主は大部分ドイツ人で、他に南ア人とフランス人が一人ずついる。フォン・ハーゼ氏（五六歳）は「祖父が一九一一年にヴェストファーレンから来た時は、全くの荒地でしたよ。祖先が労苦の限りを尽くして可耕地にしたんです」と言う。

既に近年三百五十万ヘクタールの土地が黒人に渡され、更に政府が買収した百三十の農地を土地なき黒人に渡そうとしている。しかし未経験だから最初は何も生産出来ない。「しばらくは色々教えて共存する他ないですね。実はポハムバ首相も土地をもっていて、難しさは分っているんですよ」と同氏は言う。

夫は電機技師、妻は教師という黒人夫婦が土地を買った。「自分の土地の上にこの足で立てるなんて天国のようだわ」と妻は言う。彼等は二十六頭の牛、七十二頭の山羊、二百頭ばかりの羊の様子を見に、毎週末やってくる。やがてここに井戸を掘り、貯水池を作り、家を建てて住み、野菜や果物も作りたいというのが彼等の夢である。「それには白人に教えてもらわなきゃ」と言う（SZ7/17・8/04）。

何だか変な話である。週末に様子を見に来るだけの不在地主に土地を渡して、誰が牧場を管理し、誰が働いているのだろう？　ポハムバ首相自身の場合も……。

ドレスデン爆撃六十周年

加害者としてのみならず、被害者としての過去も時に問題となる。ドレスデン空襲で幾万の市民が死亡し、市の中心部が壊滅したのは一九四五年二月十三日のことで、その六十周年を前にして、市民たちが記念行事の企画に入っている。市当局は「追憶の枠内」でなら協力すると言っているが、それはこれを機にして右翼勢力が騒ぎ、それに対抗して左翼デモも登場して、衝突事件などが起ることを危惧しているからである。特に先の選挙で極右勢力が進出したことから、神経質になっている。市長は記録文書館を設立し、歴史家による委員会を組織すると発表した（SZ9/24/04）。

II　英国帝国主義と現代

英国植民地の再評価

保守党系の新聞『デイリー・テレグラフ』は、英国植民地支配を再評価する記事や論説を頻りに掲載している。

七月十九日の投書欄には、祖父の代からインド統治に従事し、自らもインドに生れたという人物が投書して、「祖父も父もインド警察の高官で、現地語を話し、［同地では警察が裁判を担当したらしく］毎年六箇月馬車に乗って管区をめぐり、ヒンヅー教徒にもイスラム教徒にも公平な裁判を下した。村人たちは政府を「ma-bap」（父母）とよび、叛乱など全くなかった。生活は慎ましく、祖父はコレラで死んだが、祖母への寡婦年金もなかった。左翼教授たちは、もう少し我々の歴史に敬意を表すべきだ。英帝国が二百年続いたのは、被治者の合意があってこそのことである」と言っている。もう一人の人物も「英国統治の成功は、統治を現地人に委ねたからで、スペイン、ベルギー、フランスの帝国は解体したのに、英国は連邦になった」と指摘している（DT7/19/04）。

被支配者の側からの再評価もある。南アフリカのタボ・ムベキ（Thabo Mbeki）大統領は、白人支配の弊害の是正を政綱に掲げ、「黒人経済強化政策」を採用して、白人の経済支配を黒人に移そうとしている。また隣国ジンバブエのムガベ大統領の遂行している白人地主の土地の接収政策を非難せず、同国の陥っている困難の責任は英帝国主義にあると主張している。

ところがその弟モェレッツィ・ムベキ（Moeletsi Mbeki）氏（南ア国際問題研究所長、五十八歳）は、最近の講演と記者会見において、「アフリカは平均して植民地時代より貧しくなった。独立後の支配者たちが成長に力を注がず、側近にカネをばらまいてきたからである。植民地統治者たちは道路や都市建設に力を注ぎ、現在なお我々はそれに依存している。中国は過去二十年間に貧困から脱出したのに《ママ》、石油資源をもつナイジェリアは同時期に極貧国に転落した。七月発表された国連報告によれば、諸大陸のうちアフリカのみが生活水準を下降させた。南ア政府はジンバブエ政府の暴力・拷問・選挙干渉を非難すべきで、必要なら同国反政府勢力を支援すべきだ」と語った。また兄の政策は、技術的ノウハウをもたない黒人に白人の企業を無償で引き渡し、失敗していると批判した。

兄弟とも青年時代の大部分を欧米で過ごしており、モェレッツィ氏は米国のハーヴァードと英国のウォリック大学に学んだ。彼は兄との関係を尋ねられると、「我が政府は家族会社ではありませんから」と答えた（DT9/24/04）。

エルジン卿の大理石

オリンピックを機会に、ギリシャ政府は「エルジン卿の大理石」返還運動に拍車をかけている。一八〇六年、オスマン帝国の首都コンスタンチノープルに大使として派遣されていた英国のエルジン卿が、アテネ・パルテノン神殿の大理石をロンドンの大英博物館に移した。当時ギリシャは、対トルコ独立戦争の渦中にあり、英国に移した方が安全であったことも否定できないが、独裁政権を清算して以来過去三十年間、ギリシャ政府は一貫してその返還を要求している。

オリンピックまでの返還を目標としたギリシャ政府は、アテネの汚染した空気にそれを曝す訳にはいかないとして、神殿の丘の中腹に、それを収納する博物館を建てようと工事に取り掛かったが、そこからまた古代の文化財が出てきて、遅延している。博物館が完成したら、大理石はアテネに戻すべきだろう、と『ボストン・グローブ』紙は言っている（HT7/20/04）。

ジブラルタル支配三百周年記念

八月四日、ジブラルタルで英国占領三百周年の祝賀式典が盛大に行なわれ、当局の発表によると、三万人の人口のうち一万七千人が、赤白のジブラルタル旗で彩った服を着て、人の輪を作った。十八世紀初め、スペイン王位継承戦争のさなかに、英蘭連合軍が地中海の入り口ジブラルタルを占領した。

その事実は、一七一三年のユトレヒト条約によって合法化され、同地は以後英領となっている。しかしスペインはそれを「押しつけられた条約」で無効であるとし、その領有権を主張している。

この式典の前日、スペインのモラチノス外相は、「二十一世紀に至って、なお大陸に植民地主義の痕跡が残り、しかもそれがEUの一国の領土を他のEU加盟国が支配しているとは奇妙なことだ」と語った。それに対しジブラルタルのカルアナ首相は、「我々がいかに祝賀するかについてスペインのお説教を受ける必要はない。彼等の口出しする事項ではないのだ」と反論した。マドリッドの英国大使館関係者は「いずれにせよ、住民の賛成がなければ現状の変更はないだろう」と述べた。二〇〇二年十一月に行なわれた国民投票では、人口の九九％がスペインの主権参加に反対した（HT8/5/04）。

投書欄（HT8/11/04）には、「同地割譲の合法性や住民の支持ということを別としても、スペイン自身アフリカ北岸に植民地をもっており、他人を非難する資格はない」という、住所氏名からみてベルギー人と思われる読者の投書が掲載された。

Ⅲ　フランス帝国復権の野望？

南仏上陸六十周年記念

ナチ・ドイツが支配するヨーロッパ大陸への上陸作戦としては、六月六日のDデイばかりが有名だが、それから二箇月ばかり後の一九四四年八月十五日、南仏プロヴァンスへの上陸作戦が敢行され、連合軍はトゥーロンからカンヌへと地中海岸を行軍した。この（北仏との）両面作戦にはチャーチルが最後まで反対したが、米国の意向が支配した。ドゥ・ゴールも、ノルマンディー作戦に仏軍が殆んど参加しなかった名誉回復もあって、この作戦に熱心であった。連合国の軍勢は三十万（『ル・モンド』によれば四十五万）、半分が仏軍であった。

この作戦を顕彰することは、ノルマンディーの方が米国に恩を着せられるだけだという点からも重要で、シラク大統領は、空母「シャルル・ドゥ・ゴール」に乗り込み、作戦に参加した十六（式典に参加したのは十五箇国）のアフリカ諸国の代表を招いて、盛大な式典を行なう。というのは、「フランス軍」といっても、上陸軍ではアルジェリア、モロッコ、セネガル、マダガスカルなど、旧植民地の軍隊が相当部分を占めていたからである。旧植民地の首長を集めて、帝国フランスの国威発揚の場にしようという意図が見え見えである（HT8/12/04）。

アルザスのネオナチ

一八七〇・一年の普仏戦争の結果としてドイツに割譲されたアルザスにおいて、フランス語教室が閉鎖される最後の日の授業を感激的に描いたアルフォンス・ドーデ『最後の授業』は、日本でも教科書に掲載され有名であるが、ドイツ系の祖先をもち、ドイツ語に近い言葉を話し、ルター派プロテスタントが圧倒的に多い同地住民がそれほど一致して親仏的であったかは疑問である。

現在同地でネオナチによるユダヤ人墓地、イスラム教徒墓地の汚損が続いており、墓標にスワスチカの他「ＨＶＥ」という標語も書きなぐられている。ＨＶＥとはエルザス愛国同盟（Heimat-treue Vereinigung Elsaß）というナチ時代の組織の略称で、エルザスはアルザスのドイツ名、「愛国」の

「国」（Heimat）はもちろんドイツである（LM8/11/04）。

こういうことが起る原因として、戦後同地が腫れ物に触るように扱われ、「非ナチ化」が行なわれなかったためだと言われている。この地はナチ・ドイツに併合される以前から親ナチ活動が盛んで、ナチ時代には多くの住民がナチ党員となった。

アルザス特別待遇の端的な表われがオラドゥール虐殺の事後処理である。一九四四年六月十日、即ちノルマンディー上陸から四日目に、レジスタンスの根拠地と見られたオラドゥールがナチ軍の襲撃を受け、女性・子供を含む数百人が殺害された。ドイツ軍の中に十四名のアルザス人がいたが、そのうち十三人は志願兵であった。一九五三年の裁判において、彼等は「意に反して参加した」と主張した。有罪と判決されたが、フランス政府はアルザスで反仏感情が高まるのを恐れて、翌日彼等に恩赦を与えた。現在でも、ネオナチの集会に対し、地域住民は容認的態度をとっているという（HT6/12/04、8/13/04）。

Ⅳ　イスラエル点描

シャロン対シラク

七月十八日、イスラエルのシャロン首相は、六〇～七〇万人といわれるフランス在住の全ユダヤ人に対し、「フランスでは反ユダヤ主義が急激に高まっており、可能な限り早くイスラエルに移住して欲しい。これは私が世界全体のユダヤ人に呼びかけてきたところだが、フランスのユダヤ人は『ぜひ直ちに』そうしなければならないのだ」と声明した。これはフランス内務省が、「昨年一年で反ユダヤ的行為が一二五件、脅迫が四六三件あったのに対し、今年は前半のみで各々一三五件・三七五件あった」と報告したことをうけてのことである。当局は、その大部分がイスラム教徒青年によるものだとしている。

これに対しシラクは、フランス全体を反ユダヤ国家とするような発言をするシャロンがフランスに来ることは歓迎しない、と強く反発した。シャロンは二十八日、二百人のフランスからの移住者を受け容れた式典の際、「私の発言はシラク氏やフランスを批判したものではない。同大統領と政府の反ユダヤ主義に反対する努力には敬意をもっている」と鉾を収めた（LF7/29/04）。フランス政府もこれに応じた（HT7/30/04）。

シャロンはかねてより、イスラエルの安全と将来を保障するためには、大量のユダヤ人移民の受け入れが不可欠だと主張してきた（DT7/19/04）。また終末に際して世界中のユダヤ人がエルサレムに「戻る」とは、ユダヤ教の信仰箇条である。それは aliya とよばれて憎悪や恐怖による移住と区別され、イスラエルが居住地をしゃにむに拡大しようとすることの背景には、それらの人々の受け入れのためには土地がいくらあっても足りないという思想が（少なくとも宗教性の強いグループには）あるのではないか。

しかしフランスのユダヤ人の大部分は、このような終末論的宗教とは無縁の精神生活を送っている。フランス・ユダヤ人連合の名誉総裁テオ・クラインは、「我々の問題に介入する権利は彼にない」と言い、大ラビのジョセフ・シトルックも「我々は『フランスのユダヤ人』ではなく、『ユダヤ教を信ずるフランス国民』なのだ。それは他の宗教の信者と同じで、フランス精神の一部をなしているのだ」と語った（SZ7/20/04）。まさしく、二十世紀前半にシオニズムと対立した同化主義の思想である。

実際諸国からイスラエルへの移住者は、昨年が二万四四三七名で、同国を去る人口に比べてずっと少ない。『ハーレッツ』紙のアンケートによれば、同国民の三分の一は外国に住みたいと考えているという（DP7/21/04）。

イスラエルへの移民総数は、二〇〇〇年には六万人だったのが、二〇〇四年前半は九千人、九十年代には旧ソ連から多くの人々が移住したが、それも減った。フランス在住ユダヤ人に対するイスラエルの牽引力は小さく、昨年の移民は二千人余である。シャロンもフランス人口の一割がイスラム教徒となった現在、反ユダヤ主義行為が増えるであろうことを認識し、だからこそイスラエルに来いと言っているのだと述べた（LF7/29/04）。

フランスにおける反ユダヤ主義の担い手は主としてイスラム教徒であるが、同じイスラム教徒でもドイツではトルコ人、英国もパキスタン人などが多いのに対し、フランスのイスラム教徒は、イスラエルとの対立関係にある北アフリカ人が多く、またフランス・ユダヤ人の半分は同じ北アフリカよりの移住者だということなども、フランスのユダヤ人問題を深刻にしているとの指摘もある（SZ7/20/04）。

イスラエルの経済危機

今のイスラエルに、移民を引き取る経済的余裕があるのかという問題もある。

九月二十一日、労働組合の全国組織Histadroutの呼びかけでゼネストが行なわれ、国内が完全に麻痺した。公務員四十万人のストライキにより、テラヴィヴのベングリオン空港は一機も発着せず、鉄道もバスも止り、港湾・郵便も活動を停止し、銀行の大部分も閉店した。病院などの医療機関も大きな影響を受けた。政府はこのストライキが国民経済に二億五千万ユーロの損失を加えたと算定している。

ゼネストは二〇〇三年四月より三度目で、地方自治体の財政破綻というイスラエル社会の困難を明るみに出した。給与遅配が続いており、六ヶ月も未払いのところもある。政府は差当って遅配分半額の支払いを提案したが、労組側は全額支払いを要求してこれを拒否した。背景には持続的経済危機があり、二〇〇三年には国家予算の歳出が四％削減された（LM9/23/04）。

『南ドイツ新聞』（SZ9/25・6/04）は、公務員たちの困窮を具体的に伝えている。ある国立幼稚園の炊事係（四十五歳）の給与は月額六〇〇ユーロ（約八万円）、彼女は離婚して、二十歳の息子と十四歳の娘（学生）がいる。六月から給与が遅配で、預金も使い果たしてしまった。縫い物内職と両親の送金で辛うじて暮らしている。

北イスラエルのアラブ人の町サハニン（人口二万五千人）の市長は「ともかくどこからもカネが入ってこないから、給料の払いようがない。道に歩道がなく、目抜き通りでさえも穴が開いている。一教室に四十人も生徒がいて、フットボール場には芝生も更衣室もない。それでもチームは大会で優勝したんだよ。この町には企業もなく、税収もない。そんな状態で私は前任者から市長の地位を引き継いだが、政府もアラブ人の町にはカネをまわさないんだよ」と言う。「アラブ系自治体連合」のスポークスマンも、「アラブ系自治体の赤字は五億ユーロ（約五百七十億円）に達している。ユダヤ人の自治体に対して差別されているね」と言っている。

イスラエルではラビ（ユダヤ教聖職者）が婚姻、埋葬、コシャーミート（礼法に則って製造された肉）の監視などを公務として行なっているが、彼等の給与遅配も続いており、その額は七千万ドルに及んでいる。「冷蔵庫は空ですよ」と涙ながらに語るラビもいる。全国七千人のラビが二十一日のストに参加した。その結果埋葬も停止、肉不足、（交通ストのせいもあって）結婚式の取りやめが相次いだ。

大都市では乞食たちがゴミ箱から食べ物を探しており、最近の政府調査では四十五万世帯が最低生活以下である。パレスチナ解放運動との闘争に幾億ドルが注ぎ込まれる反面で、中産階級の生活が危機に瀕しており、二ヶ月に一回は Histadrut 指導の大ストライキがある。二十一日のストでは先に『ル・モンド』が列挙したものの他、電話局・水道局・裁判所も参加した。公務員労組 Histadrut 委員長アミール・ペレツ氏は、「イスラエルは第三世界ですよ。公務員を飢えさせてるんですから」と語った。

東方イスラエル人

イスラエルでは、イラン、イラク、北アフリカなどから移住して来た東方ユダヤ教徒が人口の三分の一を占め、「ミズラヒム」とよばれている。彼等はアラブ語を話し、アラブの音楽を楽しみ、故国の食物を好み、アラブ世界に対する関心と愛情を保ち続けている。またバビロン捕囚にまで遡る古い歴史をもち、古いユダヤ教の習俗を伝えている。

だが彼等はイスラエルにおいては二級市民である。ここでは西洋から来たユダヤ人が一級市民で、政治家の殆んどはヨーロッパ的来歴の持ち主である。東方の習俗や文化はすべて軽蔑の対象で、アラブ語しかしゃべれない老婆などは、外出も困難だ。

移民政策は人種主義的で、ヨーロッパからの移民は歓迎するが、東方からのは歓迎されない。旧ソ連などからの移民は、後から来てもミズラヒムたちに傲慢な態度で臨む。政府の移民政策について、彼等は東方から来た者が多数者になることを防ごうとする目的をもっているのではないかと感じている。

ヨーロッパ的背景の持ち主たちは、自分たちは人種主義の被害者だから、人種主義者になるはずがないと信じ込んでいるが、東方人は「臭い」とか「我々より劣等だ」とか放言して憚らない。かつて東方からの移住者にはDDTが振りかけられた。政府やエリートはもっぱら西に関心を向け、隣国のシリアやレバノンやヨルダンで起っていることには、戦略の対象としてシンクタンクなどが研究している他は、全く無視されている。

子供たちも学校で差別され、学芸会ではサダム・フセインの役ばかりやらされる。家で教えられたイラクの歌などは、歌ってはならない。こういう状態なので、子供たちは劣等感をもち、「良きイスラエル人」であることを示すために無理をする者もでてくる、という（SZ8/7/04）。

V　オーストリアと過去

「歴史認識」

『ディー・プレッセ』は、オーストリア人のナチ時代認識に関する調査について、次のような論評を掲げている。

「語らず、刺激せず、政治化せず」、オーストリアは戦後ずっとこの三無主義で通してきた。しかし最近のある調査によると、この傾向も変化しつつあるようだ。十五歳以上の四千人のオーストリア人を対象とした調査によると、「ナチはいいこともした」と答えた者が、一九八七年には四七％であったが、今年は三一％である。「ナチがオーストリアにもたらしたものは全面的に、あるいは大部分悪であった」と答えた者は、一九八七年には四六％であったが、今年は六七％である。「いつでも留保なしに民主主義を支持する」と答えた者が九〇％、「民主的価値が脅威に立たされたときは闘わねばならない」と答えた者は八八％、一九五五年には半分ちょっとであった。現代史に強い興味をもっていると答えた者は、一九八七年には三八％であったが、今回は三分の二を越えている。

こういう傾向をもたらしたことに功績があるのは、第一はドイツ、第二は教師である。ドイツは、じぶんたちがなしたことのひどさから逃れようがなく、オーストリア人が驚くような罪の告白をしてきた。その刺激が我々にも及んでいる。教師は歴史や民主主義を教える過程で、かつてタブーであったナチについても触れ、それが学生に認識を与えている。しかしポエニ戦争の説明に与える時間が第二次大戦の三倍だというようなことはある。

残念なのは、ナチ認識の必要に気づくのが遅すぎたことで、ナチ時代を見聞し体験した人たちは、墓場にその知見を持っていってしまっている（DP8/6/04）。

一見無難な国のように見えるオーストリアも、ナチとの合邦以前から激しい反ユダヤ主義の国であった。一九三八年には「過去のドイツの五年分を併せたものよりひどい」といわれるユダヤ人迫害を行なった。抵抗運動も皆無ではなかったが、基本的には挙国一致のナチ協力国家であった。一九八七年に「ナチはいいこともした」と答えた者が四七％あったという数字は、ナチへの攻撃がドイツに集中している間、それを傍観しながら、黙々と親ナチ感情を温存してきた状況を窺わせる。

オーストリアとノーベル賞

七月十日、ウィーン到着早々買った新聞が『ディー・プレッセ』特別号であった。オーストリアの文化的伝統の偉大さを回顧し、「ノーベル賞受賞者」十九名を二面に亘って紹介している。ただ数え方には相当水増しがあり、特に戦後の五人のうちカール・フォン・フリッシュ（一九七三年・医）はドイツで活躍、経済学者のハイエクは一九三二年から英国で著述した。ワルター・コーン（一九九八年・化）は十五歳で「合邦」に遭って亡命、以後英国・米国・カナダで仕事をし、エリック・カンデル（二〇〇〇年・医）も合邦後十歳で米国に亡命、そこで研究した。戦後オーストリアで研究した受賞者は、鳥の研究者のローレンツ（一九七三年・医）ただ一人である。リベラル左派のこの新聞は、「何ともったいないことをしたのだ」というニュアンスで書いているが。

「オーストリアでノーベル賞が取れなくなったのは、ユダヤ人を殺したり追い出したりした罰だ」とは、亡命者などから指摘されているところで、反ユダヤ主義の心情を密かに抱懐しつづけている保守派は悔しかったに相違ない。「いつかユダヤ人がいなくても、賞を取って見返してやりたい」と思っていたところ、今年「最悪の人選」で、戦後二人目の受賞者が出た。

女流作家エルフリーデ・イェリネックの父はハンガリー系ユダヤ人、元共産党員のフェミニスト、保守派に対する痛烈な批判者で、性に関するマゾヒズム的叙述は、カトリック的性倫理の毛を逆撫でするものである（因みに、国法学者ゲオルク・イェリネックの綴りは **Jellinek**、彼女の綴りは **Jelinek** である。ゲオルクはウィーンのラビの子で、ユダヤ人であったためウィーン大学教授になれず、ドイツに移った）。

この原稿を送ろうかと思っていた朝、新聞に「毒のペン」で自国を仮借なく批判したイェリネックの受賞はオーストリア人を喜ばせていない、というリチャード・バーンスタインの論評が掲載された。「オーストリア人にとって、芸術とは美しい音楽、美しい絵画、美しい劇場体験」で、それを攪乱する彼女は「憎まれている」と（**HT11/12/04**）。

大統領夫人

オーストリアのトマス・クレスティル大統領が在職中死去したのは、私がウィーンの到着する四日前の七月六日のことであった。その未亡人のマルゴット・クレスティル＝レフラー女史（五十歳）が、EU代表に転出する直前のフェラーロ外相によって、チェコ大使に任命された。

これは大変なことなのだ。まずクレスティル大統領とシュッセル首相の対立があり、首相は大統領を実質的権限のない名目的地位であると主張するのに対し、外交官出身の大統領は、国家の実質的代表者だと自称した（フェラーロ外相は首相派である）。そこから二重外交が始まり、同じ外国に両者が別々に交渉に赴くというような事態が頻発して、国際的な笑いものになった。

ところで大統領の再婚相手であるマルゴット夫人は、外務官僚であるとともに、結婚以前から大統領の半ば公然たる愛人であった。そこで外務省の機密が、首相・外相に伝わる前に彼女から大統領に伝えられ、大統領の有する情報やそれに伴う政策が外務当局と屢々齟齬を来たした。公式での席などで、大統領夫人が外相より上席に坐るというようなこともあり、外相と大統領夫人という二人の女性の間に激しい憎しみ合いが生じ、公式の席で怒鳴り合うようなことさえあったという。

この外相が、クレスティル女史を重要ポストに任命したのであるから、度量が大きいと感心する人もある。「しかし単刀直入で強烈な性格の彼女に、極めて微妙な対チェコ関係を任せて大丈夫かな」と心配する向きもあるという（SZ9/20/04）。

Ⅵ　アメリカ

「米欧分裂」

「九・一一」以後世界史の構造が変り、米欧が分裂したという論調が、一面においては危惧の念の表明として、他面においては「ヨーロッパの自己主張」として、頻りに紙面に登場する。マティアス・リュプ（Matthias Rüb）の論文「第四次世界大戦」はその代表的なものであろう。その要旨（DP9/18/04）…。

一九八九年十一月九日ベルリンの壁が崩壊し、二〇〇一年九月十一日ワールド・トレード・センターが破壊された。「一一・九」により長年のヨーロッパ分裂が平和的に終焉し、やがて中欧・東欧の諸国もNATOやEUに加盟して、「多様の中の統一」が実現する契機となった。こうして世界の基本対立が解消し、「歴史の終り」さえ語られたのである。確かにその後、旧ユーゴにおいて大量殺戮・集団放逐が行なわれ、これを抑え込むには米軍に率いられたNATO軍の軍事介入が必要で、血腥い二十世紀は、やはり血腥く終った。しかしヨーロッパの民心は、平和と合意によるヨーロッパ秩序の再建を祝って新世紀を迎えた。

ところがその同じ時期、米国はかつての主敵の消失にも拘らず軍拡を続けてきた。現在その軍事費支出は世界の半分を占め、新兵器開発投資額はヨーロッパの五倍に達している。約五十万人の米軍兵士が海外に駐屯し、二〇〇四／〇五年の会計年度における軍事予算は四一六〇億ドル、一日のイラク戦費が十二億三千万ドルで、これは十二億五千万ドルの年間国連予算とほぼ同額である。しかも国連予算は近年横這いである。EU諸国の軍事支出は国民所得の二％で、米国は四％である。米国がいよいよ軍事大国化しているのに対し、ヨーロッパは（NATO事務総長ジョージ・ロバートソンの言葉を借りれば）「軍事的ピグミー」となっている。二つの世界大戦と冷戦に勝利した米国は、今や世界史上前例のない hard power となったのだ。

ところが、米国の論者たちは、この一九九〇年代を「失われた十年」と看做している。ハーヴァード大学教授でリベラル左派の政治学者ジョセフ・ナイ（Joseph Nye）は、この時期我々は「不注意」になっていたと言い、穏健保守派の外交史家ミード（Walter Russell Mead）は、ベルリンの壁崩壊から

「九・一一」までの時期を「失われた時代」とよんでいる。

ヨーロッパ人が至福の時代として回想するこの時代が、なぜそのように解釈されるのか？　それはヨーロッパに付き合い過ぎて、歴史発展の速度を緩めてしまったからであるという。新保守主義の論客ロバート・ケーガンによれば、ヨーロッパ人たちは、冷戦の終結を「戦略の休日」として受け取った。米国は二十一世紀には軍事力使用の機会が減少するだろうというヨーロッパ人の「休日気分」に引きずられたのだ、という。

「九・一一」とともに、西欧との協調は劇的終末を迎えた。確かにその二日後の二〇〇一年九月十三日に『ル・モンド』は「我々はすべてアメリカ人だ」という見出しを掲げ、ヨーロッパは米国と一時協調したが、イラク戦争をめぐる対立によって亀裂は修復不能なものとなった。全ヨーロッパに前例のない反米気分が広まっている。

「九・一一によって世界は別のものとなった」、米国は戦時となり、（二つの世界大戦と冷戦に続く）「第四次世界大戦」に突入したと言われる。他方「ヨーロッパは戦時ではない」とＥＵ外交代表ソラーナ（Javier Solana）は言う。ヨーロッパ人の大部分もそう感じており、世界の安定を脅かしているものは米国の「ヒステリカルな過剰反応」であると考えている。ヨーロッパ人は「一一・九」（ベルリンの壁崩壊）以来平和となったと感じているのに対し、米国人は「九・一一」以来戦争となったと感じているのである。

二十一世紀に至って、米国とヨーロッパは、相対立する軍事的・地政学的パラダイムに従って行動することとなった。米国は独断専行する力を信じ、ヨーロッパは追随を快しとしない自尊心をもっている。ヨーロッパで嫌われ者のブッシュは我が道を行くだろう。ヨーロッパはそれに従わないだろう、と。

一九九二年に、「冷戦の終結によって歴史は終り、もはや世界史の重大な問題は存在しなくなった」と説いたフランシス・フクヤマの名が、新著『国家建設』（及びその独訳）の公刊とともに、再び脚光を浴びている。『ディー・プレッセ』紙は、リュプの『第四次世界大戦』と同日の紙面で、同書についてのアントン・ペリンカの次のような論評を掲載している（DP9/18/04）。

フクヤマは、soft power のみで秩序が維持できると信ずるヨーロッパのナイーヴさに対するケーガンの批判に追随し、ＥＵの統合は積極的原理なしに、反米感情の共有によってなされており、世界政治に対し、トランプにおける傍観者の賢こげな口出し、当事者の失敗を「ざまを見ろ」と嘲笑するだけの存在となっていると批判している。もっとも彼は、soft power の重要性を無視するものではなく、返す刀で、米国はイラクで戦争には勝っても、第二次大戦後の独日におけるような新国家建設には成功しないだろう、即ち hard power のみでは国家建設は不可能だろう、と米国政府のイラク政策を批判している。

フクヤマは更に、『ヘラルド・トリビューン』にも「ヨーロッパのイスラム化」に対する警告者として登場する。即ち、ジョン・ヴィノカーは、その論説の中で、九月初めにフクヤマがドイツで行なった講演とその後の私的談話に言及している（HT9/21/04）。

サミュエル・ハンチントンは近著『我々は何者か』において、「米国においてヒスパニックスは、従来の移民と異なり同化を拒否する傾向をもっている。それに対し我々は安易な寛容をもって臨まず、

『アングロ・プロテスタント』の伝統を固守すべきだ」と言ったが、フクヤマはヒスパニックスのキリスト教的伝統などから、その適応性についてそれほど危惧するには当らない、と言う。しかし、ヨーロッパのイスラム問題はもっと緊急であるというハンチントンの指摘にはフクヤマも同調し、「人種主義」とか「ファシズム」とかと攻撃されかねない危険な領域に立ち入る。

ハンチントンは、「多文化主義（multi-culturalism）はヨーロッパ文明に敵対する反西洋主義イデオロギーである」、「イスラム教徒たちはヨーロッパへの統合に強く抵抗しており、二十五年後には二つのヨーロッパが成立するだろう」と言っており、中東問題専門家バーナード・ルイス（プリンストン大学名誉教授）はヨーロッパ人の晩婚・少子化、イスラム教徒の多産と移民によって、二十一世紀末にはイスラム教徒が人口の過半数を占め、ヨーロッパはイスラム世界の一部となるだろう、と予言している。

ルイスは更に、ヨーロッパ人がイスラム教徒に対する警戒心を欠いているのは、米国に対する嫉妬心を彼等と共有しているからで、ヨーロッパは「嫉妬の共同体」だと言っている。またフランスやオランダが自国のイスラム指導者たちを忠良な国民に教育しようとしている試みを「幻想」であるとし、現にフランスに三百もの反仏・反西欧のイスラム教徒の「島」ができていると指摘している。トルコをEUに加盟させることでイスラム世界への模範ともなり、架橋ともなるという議論を（オスマン帝国がアラブの抑圧者として記憶されていることからしても）ナイーヴだと批判している。

こうした議論に言及した後、フクヤマは、「ヨーロッパ人はpolitical correctnessの呪縛から離れて現実に何が起っているかを直視すべきだ」と語った。

ここで言及されているオランダにおいて、十一月二日テオ・ヴァン・ゴッホが反イスラム的映画を製作したことへの復讐として、イスラム教徒に暗殺され、オランダは俄かに寛容の伝統を修正しようとしている。「米欧対立」の一つの試練である。

「システム対個人」

このような米欧対立は、突如生じたものではなく、「過去の世代に」おいて積み重ねられた政治哲学の相違に関わっている。

死後四半世紀も経って、アメリカでは「忘れられた」どころか、記憶もされなかったように思われるハンス・ケルゼンの名が、新聞に登場した（HT7/17/04）。執筆者は、フランスで弁護士をしているロナルド・ソコルという人物で、アメリカのロー・スクールで講壇に立ったこともある。

彼は、「人は不満があると不正だと叫ぶが、満足しているときは何にも言わない」、「このことの故に、哲学者ハンス・ケルゼンは、正義とは社会的幸福で、希望が変われば時と場合によって正義も変ると言ったのだ」と言う。

しかしソコルの言おうとするのは、ケルゼン流相対主義とはやや重点がずれており、またこの小文の最初の部分が与える印象とも多少異なっている。そればかりか「正義」という言葉の使い方も最初の部分とずれがあるように思われる。

ともあれ彼は大略次のように言う。

法思想における基本的対立は、「システム主義」対「個人主義」の対立である。前者は、例えば、「この人物がテロリストであることには充分な確信はもてないが、彼をここで釈放するのは社会にとって余りに危険だから、釈放できない」というふうに考える。それに対し後者は、「テロリストであることのちゃんとした証拠がないのに、拘束し続けることなど、正義の見地から許されることではない」と言う。つまり前者は万事を秩序・システムにとっての適否から判断するのに対し、後者は個人の立場から判断するのである。女性の妊娠中絶権をめぐる論議、グァンタナモに拘禁されているテロリスト容疑者の問題、亡命権の問題など、多くの現実問題もこれに関わっている。

この対立の古典的事例として、弁護士が書類提出期限に遅れた場合がある。それによって個人が権利を失うのは不当ではないか？　特に遅延が不可抗力であった場合には。しかし遅延してもいいということになれば、システムは成り立たないであろう。アメリカ史において、黒人の権利を否認し続けたのも、この「システム派」の論理であった。「システムがその変化の負担に堪え得ない」というのである。それに対し「個人派」は、「そんな理由で個人の権利を奪うのでは、正義もへったくれもないではないか」と主張した。貧しくて弁護士に依頼できない者に公的援助を与える制度の是非をめぐる論議も、この対立の事例である。

ウォーレン長官の下の米国最高裁は、個人派の黄金時代ともいうべき時代であった。ブラック、ダグラス、ブレナン、更にはゴールドバーグ、フォータス、マーシャル、ブラックマンなどの裁判官が加わって、貧しい者にも弁護士による弁護を保障し、白人と黒人の隔離教育を廃止し、任意でない自白を厳禁するなどの判決が重ねられた。ところがバーガー、レーンクィスト、スカリア、トマス等の裁判官の任命によって、振り子は逆方向に振れ始めた。今や「システム派」の全盛時代である。

他方ヨーロッパでは、ストラスブールのヨーロッパ人権裁判所は、過去四十年、個人の権利擁護を強調する判決を積み重ねてきていて、米国ウォーレン法廷時代の思想が支配している。しかも余りメディアの注目を惹かないままに。

米国の法律家が、ストラスブールの判例を参考にして自国の法廷に臨むと、まずは敗訴の危険が大きいだろう。ウォーレン法廷の亡霊がストラスブールで生きているのだ。

この論説は、恐らくはニクソン時代頃から始まったアメリカ保守主義の潮流の中で法的訓練を受けた法律家が、ヨーロッパで受けたショックの報告として読むことができよう。ヨーロッパの政治思想では「全体主義」とよばれたものが、「システム主義」と言い換えられて、個人主義の国と思われてきた米国の変質を推進している。そして、近代法学の自明の前提と思われたものが、「システムの優位」という標語の下で変遷している。これは古い教科書で米国法を学んだ者には、かなり衝撃的な事実である、と。

米国のシンクタンク

二〇〇二年一月の演説において、ブッシュ大統領は、イラク、イラン、北朝鮮の三国を「悪の枢軸(axis of evils)」とよんだが、この言葉は演説のゴーストライターであるデーヴィッド・フラム（David

Frum）の筆から生れたものである。彼はあるシンクタンク〔AEI＝American Enterprise Institute〕の出身だ。「先制戦争」（preemptive wars）「思いやりの保守主義」（compassionate conservatism）などという言葉も、同様の知識人集団にその発祥がある。そういう集団がワシントンには百以上もあり、近年頓に影響力を増大させており、大統領選挙が近づくにつれ、その存在がいよいよ目立つものとなっている。

ブルッキングズ研究所は、クリントン政権で国務次官だったストローブ・トールボット（Strobe Talbott）に率いられ、ケリー候補に政策案を提供し、その立案者たちは、政権成立後の担当ポスト就任を狙っている。レール・ブレイナード（Lael Brainard）とピーター・オーシャッグ（Peter Orszag）はケリーの唱えるべき新経済政策を立案している。スーザン・ライス（Susan Rice）も同研究所の出身で、ケリーの最も重要な「耳元囁き人」である。彼女は、政権交替後は、ブッシュ政権のコンドリーザ・ライス（Condoleeza Rice）の後任として、国防顧問になるという話もある。

ドイツでは新たに首相となった人物は、閣僚を国会議員から選ぶのに対し、米国大統領はそれを助言者団の中から選び、高級官僚にも多数それらの人材を登用する。ブッシュが再選されれば現在の助言者たちが継続するだけだが、ケリーが当選すれば野心家たちが張り切るのも当然である。もっともブルッキングズ研究所がもっぱらケリーのために働いているかというと、そうでもなく、少なくとも私的にはブッシュ陣営と関わっている者もいるという。「何しろ所員たちは独立心が強く、自分のために研究しているのだから」とか。

ヘリテッジ基金の方は全然違う。それは年三百億ドルの予算をもった保守革命の騎士たちの集団で、その設立者の一人ポール・ウェイリッチ（Paul Weyrich）は、「我々は現状維持派ではなく、わが国の権力構造を打破しようとする過激革新派なのだ」と言っている。「小さな国家、税の低減、予算は国防へ」というレーガン大統領の政策の半分はこの機関が立案した。確かに同基金の思想はケリーよりブッシュに近いが、個々の政策よりイデオロギーに重点を置く思想集団である。二百人の所員のうち十四人がマスコミ担当者で、昨年は大新聞だけでも平均毎週四十回同基金に言及した。米国のニューズ・チャンネルとして最も視聴率の高い「フォックス・ニューズ」の解説者には、同基金の所員が常連である。

同基金では、「労働政策」、「健康問題」から「国際組織」に至る三十の領域について、所員たちが分業で研究に当っているが、他のシンクタンクも大体同様だという。しかしその思想を強烈に売り込もうとするところが同基金の比類のないところで、「国有鉄道は即時廃止すべし」、「なぜ議会はフェミニストの婚姻制度批判を無視すべきか」というような刺激的題のペーパーが毎日内外に配られる。イラクと「九・一一」との間に余り関係がなさそうだということになった後にも、「サダム・フセインとアルカイダの関係」というようなペーパーが出る。

議会で法案の議決が近づくと、その法案の背景を短く要約した基金のパンフレットが各議員の手元に届けられる。自分たちの主張を政府や議会に反映させる遣り方の巧みさには舌を巻く他ない。またそれが政治家たちが、独立した研究者の着実な研究を参照することを、妨害していることも疑いない（SZ8/7・8/04）。

エリツィン大統領死す？

一九九八年八月、クリントン大統領がモスクワに会談に向う三日前に、ＣＩＡがロシア大統領エリツィンの死亡という報道を持ち込んできた。彼の日頃の健康状態や生活習慣などに徴してみてもありそうなことである。ロシア政府が沈黙しているのも、後継者争いが進行中だと考えれば不思議でない。

米政府内のその後の協議は大変だった。早急に対応措置をとるべきだという者、間違っていたら大変だから静観すべきだとする者など色々あり、結局大統領会談事前調整のためにモスクワ滞在中のトルボット国務次官に、用事を作って二十四時間以内の面会を申し入れさせることにした。その後も何一つ新たな手がかりがなく、時が過ぎた。そして翌日、エリツィンは矍鑠としてトルボットに挨拶し、騒ぎは終った。二日後クリントンはモスクワに旅立った。

重大問題について、不完全な情報しかもたない時、政策担当者はどうすればいいか。その答えは、「他人に立証責任を転嫁せよ」ということである。勝手にエリツィンが死んだとして会談をキャンセルするのは愚の骨頂で、ロシア側がキャンセルしても、なお彼が生きているかのように振舞っていればよい。やがては死んだならその証拠は相手が出すだろう。

ブッシュ政権は、サダム・フセインが大量破壊兵器をもっているかいないか不明なうちに戦争をしかけ、こちらが立証責任を負ってしまったが、これは失敗であった。サダムの方にもっていないという立証責任を負わせて、立証しないということで攻撃した方が賢明であった、と当時旧ソ連外交の責任者であったスティーヴン・セスタノヴィッチは言っている（7/22/04）。

米国医療の一面

ムン氏はトゥアリスト・ヴィザで滞在中の韓国人。サッカーで頭を打ち、激しい頭痛を訴え、ニューヨークの病院急患室に運ばれたが、言葉が通じず、三日放置された。妻は他の二つの病院をまわって、韓国語で窮状を訴えたが通じなかった。七十二時間経ったところで退院させられ、それから一ヶ月、あちこちの病院を訪れたが要領を得ず、ムン氏は死んだ。

要領を得なかったというのは、莫大な費用のこと、保険のことなどについて、言葉の関係もあってよく飲み込めなかったからである。「Medicaid（困窮者への公的医療補助）を申請したら」という助言もあったが、ひどく屈辱的なことのように思われて、拒否した。

病院関係者は「medicaid などについても随分親切に説明し、再診の約束もしたのに、すっぽかして来なかった」と言っているが、医療制度の専門家たちは、「これは制度の欠陥で、保険に未加入の外国人によくあるケースだ」と言う。

ニューヨークでは、不法移民を除いても、保険未加入者が二七％いる。ムン氏の妻と韓国から駆けつけた姉妹との話によると、ムン氏は韓国の大工であったが、米国で暮らしを立て、子供もこの国で教育しようと十ヶ月前単身入国し、最初ボストンの親類の家に滞在した後、韓国人の多く住むニューヨークのクィーンズ区に移って仕事を開始した。六ヶ月後に、妻と十代の二人の娘、一人の息子を呼び寄せた。妻の話――、

彼は、ここは子供の教育にいい場所だと機嫌がよく、元気で、健康で、毎日サッカーをしていました。六月六日の早朝六時半に試合に出て、九時頃に頭痛がすると言って帰って来ました。

ボールで頭を強く打ったためのようでした。夜になっても頭痛はやまず、私は救急車を呼び、A病院の急患室に運ばれました。CATスキャンを受け、通訳に「脳中に血の固まりがある、専門のB病院に移りなさい」と言われました。そこで再びCATスキャンを受け「七十二時間待ちなさい」というのです。七十二時間経った九日、「退院です。タイレノル（風邪薬）を飲みなさい。十日後にまた来なさい」とだけ言われました。退院の間際に「保険に入ってますか？」と尋ねられたので、「いいえ」と答えました。通訳がいることはいたけれども、韓国語はひどくへたでした。

頭痛は相変らずひどく、夫妻は十八日にB病院を訪れたが、こんどは一般患者扱いで、医師の診断を受けるためには九十五ドルを払えと言われたので払ったところ、「今日はテストはできない。二十一日に来なさい」と言われた。そこで英語のできる隣人とともに同日訪れると、「検査を受けるためには五五二ドルが必要で、少なくともその半額は事前に払う必要がある」と言う。それを払って検査が行なわれ、数日後に結果を聞きに病院を訪れると、「医師の診断を受けるために九五ドル、それに以前の入院費の四五〇〇ドルを払う必要がある」と言われた。その金はなく、以後医師は会ってくれなかった。

病院当局は、「当方は何も間違ったことはしていない。二十一日の検査の結果に新しいことはなかった。金が払えないから診療を拒否することはない。三十日にまたくるように言ったが、来なかった。言葉が充分通じなかったせいかも知れない」と言っている。しかしムン夫人はそんなことは聞いていないと言う。

夫人は、その間Medicaidの打診があったが、「断りましたよ。それは極貧者のもので、そんなものを貰ったら子供の将来に傷がつくし、滞在ヴィザ（green card）取得にも妨げになるだろうから」と語った。

七月六日、夫妻は医療費を自分で稼ぐことを決意、ムン氏は頭痛をかかえながら食堂で働くことにした。その食堂で倒れ、救急車でまたA病院に運ばれ、検査の結果出血が認められ、C病院に移され、手術を受けた後死亡した。その医師は、「なぜもっと早く連れてこなかったのか？」と尋ねたという。

アメリカのアラブ人

ハシム・ラザ氏（三十八歳）は、一九八四年にレーガンに投票して以来、ずっと共和党に投票してきた。同党の掲げる自己責任の原則、税の軽減、他国への不干渉の政策に賛成だったからである。しかし今度の選挙では、ケリーに投票しようかと思っている。「九・一一事件以後、イスラム教徒が不当に攻撃対象とされ、有罪を推定されている。共和党は、極右の宗教的過激派のたまり場になっており、私は疎外感を味わっている」と言う。

これまで政治に無関心であったイスラム教徒たちも、「九・一一」以後、多くのイスラム教徒が逮捕されているのを見て危機感を感じ、政治に参加するようになった。民主党大会五千人の代議員のうち四十人ほどがイスラム教徒である。

二〇〇〇年の大統領選挙のときは、多くのイスラム教徒はブッシュに投票した。アル・ゴアーは、副大統領候補としてユダヤ人リーバーマンを推し、イスラエル寄りの政策をとることが予想されたからである。その選挙ではイスラム教徒の票は四六％がブッシュ、三八％がゴアー、一四％がネーダーに投じられた。しかし今年七月の調査によると、ブッシュ支持は二五％で、そのイスラエル・パレスティナ政策を支持する者は九％しかいない。接戦の州では、イスラム票の差がものをいうかも知れない。

空港で執拗な検査を受け、飛行機に間に合わない、といった体験をするイスラム教徒も増えている。「自由・慈悲・正義などはキリスト教とイスラム教に共通する価値である。しかしこんなことが続いたら、これがキリスト教の国といえるだろうか？」と被害者は言う。

確かにケリーがイスラム教徒にとって良い候補だという訳ではない。彼はブッシュ政権のイスラエル政策を基本的に支持し、イラク侵入も容認している。しかし「アッシュクロフト、ラムズフェルド、チェニーなどという人々が、イスラム教徒に対して聞く耳を持たないのに対して、ケリーの方は最低限行動以前に我々に耳を傾けるのではなかろうか」と言う（HT7/31/04）。

火消しの英雄たち

米国西部で大きな山火事が続いているが、これが先住民（いわゆるインディアン）たちに経済的利益を与えている。山火事シーズンは夏、キャンパーたちが火の不始末をしでかす季節に始まる。これに対処するため合衆国議会は五億ドルの予算を計上している。先住民たちは、人口の一％を占めるに過ぎないが、山火事の消防に占める割合は非常に高い。当局者によると、一九五〇年代より、「全国どこでも彼らが森林火災消防活動のバックボーン」である。

先住民は極貧階層に属し、失業率も四〇%くらいで、森林消防者の収入が他のすべての収入を上まわるところもある。これでインディアン保護区の経済もだいぶ良くなり、子供を大学にやることさえできるようになったという。

仕事はきつく、六十度の高温の中で働かなければならないこともある。それでもカネには代えられない。「こういうことをいうと何だけど、火事で財産を作るんだ。これが財産作りの、きついけれども、良く、正しい道なんだ」と彼らはいう(DT7/24/04)。

Ⅶ　日本関係記事あれこれ

「要塞日本」

二〇〇三年十二月、ドイツ官憲は、フランス人リオネル・デュモンをアルカイダの要人であるとの容疑で逮捕した。彼は二〇〇二年七月より新潟に潜伏していた、と報じられると、日本人たちは驚愕した。二〇〇四年六月には、国会は入国手続を厳格化する立法を成立させ、ヴィザなしの者が発見されると、以前の十倍、三百万円の罰金を支払わなければならない。

それと同時に、警察当局は、「怪しい」外国人の取り締まりにとりかかった。統計によると、日本で外国人が日本人以上に犯罪を犯すということはないのだが、外国人は微罪を理由に拘束される。当局はインターネットで、国民に不法入国の疑いのある外国人を見つけたら届け出るように呼びかけており、既に二万二千のEメイルが届いているという。

こうしたところで、イラン人ガディール・エスマエイリ氏（三十四歳）の事件が起った。警察官が彼に身分証明書の提示を求め、「イラン人か、フン、麻薬取引やってるんだろ」、「お前はテロリストだろう。車に爆弾があるだろう」と言った。それから腕を背中にねじり上げ、自動車に押し付けて、後首に空手チョップを食らわせ、拳骨で顔を殴った。それで左の眼はほとんど盲目となった、と彼は言い、記者に診断書を見せた。

聖アルバン教会のロバート・サッカー牧師は、彼と数年来の知人で、「彼は物静かで、礼儀正しい人です。警官を挑発したなどということは考えられません」と言っている。彼は一旦釈放されたが、警官の暴行に対する抗議に行くと、再び拘束され、公務執行妨害罪の容疑で二ヶ月間投獄された。現在サッカー牧師らが多額の保釈金を払って、自由の身となっている。記者の取材に対して、当局は裁判係属中だとして論評を拒否した。

権力が率先して「外国人は危険だ」という漠然たる偏見を振りまいているこの状況も問題だが、当局はそれが問題だということを全然感じておらず、それがまた問題だ、と、外国人の権利擁護者たちは言う（SZ7/22/04）。

知日派の死

リヅデール卿（Sir Julian Ridsdale）は七月二十七日八十九歳で死去した。彼は三十八年間下院議員を務めたが、議会で日本語がしゃべれる唯一の人物であった。

彼は第二次大戦前、陸軍将校時代に School of Oriental Studies に派遣され、「日本語賞」を受賞した。

東京大使館の駐在武官となり、一九四〇年にスパイの疑いをもたれて帰国。一九五四年以降、下院議員として日英の関係回復と通商の発展に尽力し、ロンドンの「ジャパン・ソサイエティー」会長、「英日議員交流協会」会長を務めた。対日関係については、外務省からも両党からも、常に助言が求められた。

日本びいきの行き過ぎと見られる行為もないではない。昭和天皇の死に際して、非好意的英国輿論に対し、「日本人を困惑させ、傷つけるものである」と批判した。旧日本軍捕虜が謝罪を求めているのに対しても、「既に一九五四年に吉田首相が謝罪している」と指摘した。また「日本人にとって天皇が批判されることは、米国人にとって星条旗が批判されるようなものだ」と述べ、「英日の王室は常に良好な関係にあった。マウントバッテン卿のビルマに関する突飛な見解を除けば」とも言った（DT7/23/04）。

日本軍捕虜の死

訃報といえば、レオナード・バーチャル（Leonard Birchall）提督（1915-2004）の死亡記事も日本関係である。まずカナダ、続いて英本国の海軍軍人であった彼は、日本の南アジア進撃に対応してセイロンに派遣され、一九四二年四月、到着して二日後に実戦に参加した。flying boat で日本艦隊の接近を発見し、基地に暗号を送った直後に撃墜され、捕虜となった。この暗号によって基地では迎撃体制がとられ、損害は大きかったが、結局日本軍は撤退した。その功績によってバーチャルは「セイロンの救い主」とよばれた。

彼は駆逐艦「磯風」に収容され、日本艦隊発見を通報したか否かを問い詰められ、暴行を受けたが、回答を拒否し通した。南雲（忠一）中将指揮する旗艦「赤城」に移されて、横浜に着き、同地の収容所に収容された。食事は貧弱であった。五ヶ月後に横浜に近い山地に新設された収容所に移されたが、そこには香港から移された二五〇人の英国人とフィリピンで捕虜となった七十五人の米国人がいた。

彼等は以前からの虐待で心理的にすさんでおり、統制がとれなかったが、バーチャルは厳しい規律を定めて統制を樹立した。しかし重傷を負っている米国人捕虜に労働させようとした看守を殴ったことから、ひどく殴られ、独房に入れられた。

一九四四年初め、別の収容所に移され、ドックの労役を課された。病人を働かせようとしたので、彼はその男に労働拒否を命じた。病人は棒や銃身で殴られたが、あくまで拒否し続け、遂に労働義務を免れた。彼［文面からは何れか不明だが、恐らくはバーチャル］は「懲治場」に送られ、意識を失うまで殴られ、数日間食事も水も与えられなかった。

一九四五年六月、彼は二百人の捕虜とともに富士山麓の収容所に移された。二人の捕虜が栄養失調で死亡した時、彼は「盗み組」（stealing team）を組織し、近くの畑から野菜を盗んで、捕虜たちに最低限のヴィタミンを補給した。八月二十七日、米軍によって解放された。

彼は捕虜生活中秘かに克明な日記をつけ、捕虜の死や虐待などを記録し、二十二冊にもなっていた。そのうちの八冊はマニラに持参し、他の十四冊は、埋めてある場所の地図を書いて発掘してもらった。その後カナダに戻り、身の危険を顧みず、捕虜たちのために献身したとして英帝国勲章（ＯＢＥ）を受けた。戦争裁判には検察側に協力し、その日記は証拠として用いられた。

一九九四年、スリランカ（旧セイロン）の選挙監視員として派遣された彼は、病院の貧弱さに驚き、私費で八トンの衣料品を送った。また同地に葬られている戦友の墓地参拝団を組織し、「彼は今になってもまだ部下の面倒を見ている」と感嘆された。カナダ・オンタリオ州キングストンで死亡。享年八十九歳（DT9/18/04）。

Ⅷ　社会面より

社会面的記事も面白い。目についたもののいくつかを拾ってみよう。

「ランキズム」

「人種差別主義」（racism）、「性差別主義」（sexism）、「年齢差別主義」（ageism）など諸々の「主義」が眼のかたきにされる中で、ロバート・フラー（Robert Fuller）コロンビア大学教授がまた新たな眼のかたきの主義を見出した。その名を「ランク差別主義」（rankism）という。

我々が初対面の人に「ご職業は?」、「ご出身校は?」、「旦那様は何をなさっているの?」などと訊ねるのは、その人のランクを嗅ぎ出そうとしているのである。雇用主や医師や代議士やサッカーコーチや教授が傲慢で押しつけがましい態度をとるのも、ランクの故である。

彼はランクをもつ者（somebody）対もたない者（nobody）の対立として社会をとらえ、「万国の nobodies よ、団結せよ」と宣言する。この主張を講義やインターネットのホームページで展開した後、昨（二〇〇三）年*Somebodies and Nobodies*という本にまとめて出版し、現在三万三千部売れている［これはもちろん「When everybody is somebody, nobody is anybody」（みんながひとかどの人物だということは、誰も大した奴じゃないということさ）という言い草をもとにしている］。

彼が一番眼のかたきにするのは、（彼の職業である大学教授の）テニュアーというランクである［米国の大学教授には、生涯その地位が保障される「テニュアー付き」とそうでない者との区別がある］。この本の紹介者ジュリー・サラモン女史は言外に、「テニュアー付きでない教授だってランクなのに」という皮肉を込めているのかもしれない（Le Monde挟み込みのNew York Times紹介版（7/18/04）より）。

「幻の名画」の出現

「私は今『子連れのジプシー女』という絵にとりかかっています」とギュスターヴ・クールベがパトロンへの手紙に書いたのが十八世紀半ばのことであるが、その絵はどこにも見つからず、とりかからないままだったのか、未完成だったのだろう、ということになっていた。それというのも、彼の作品がパリ博覧会展示に採用されなかったことへの抗議として、自作展を組織しようと決意したのが一八五五年で、そのために、特に大作「アトリエ」の製作に忙しくて、ジプシー女を描く計画にとりかかれなかったと考えられたからである。

ところが大違い、彼はその絵を完成し、彼の居住地で、スイス国境近い町オルナンにおける近隣の人物に、展覧会が終るまで預かってもらっていたのであった。それがそのままになって、二年前までほこりをかぶっていた。預かった人物の子孫は、地元の画商に「これはクールベの絵じゃないかと思うんだけど、どうしたらいいでしょう」と相談した。

それからが大騒ぎ、画商はパリの画商に相談、パリの画商は直ちに米国在住のクールベ専門家サラ・フォンス女史に写真を送り、「まさしくそれだ」と認定した。パリやロンドンや米国の画商や美術館が動きだしたが、何しろ百五十年間放置されていたものであるから、絵の具は乾ききっているし、ゆっくり時間をかけた、最善の専門家の手による復元が必要である。

今や絵画復元専門家デヴィド・チェスターマンの手により、元ルフェーブル美術館館長マーティン・サマーズの協力を得て、復元計画がまとまり、フランス最大の美術競売会であるパリ古物ビエンナーレに千二百万ドルで出品する次第となった。ビエンナーレの会場が、あの「アトリエ」の展示されているルーヴル美術館の隣だというのも、皮肉なことだ。

家族連れで、大きな荷物を背負ったジプシー女が、子の手を引いて、逃げるように道を急いでいるこの作品は、「ジプシー家族」という題を与えられ、今や公衆の眼前に登場しようとしている（DT7/19/04）。

愛書家の夢

マンチェスター近郊に住むアン・ハンフリーさんの遠い親類で、未知の人物が、子孫もなく、遺言もせずに死亡した。その遺産処理に当った公証人などの努力によって、アンさんが相続権者であることが突き止められ、その財産を相続することになった。その財産というのが、フォリオ（二つ折り）版のシェークスピア全集（一六二三年）である。

この版はシェークスピアの死後七年目に六百部刷られたもので、現在約半数が残存しており、そのうちの八十二部はワシントンのフォルジャー図書館が収蔵している。アンさんの相続したものは、これまで全く知られていなかったもの千五百万円で、『嵐』の一部が八十ページほど欠けている。ブルームズベリ競売会社は、八万ポンド（約千五百万円）相当と鑑定している。最近発見された同じ版本は、四百十万ポンド（八億円近く）で売れたという。

慎ましい願望

「それにつけてもカネの欲しさよ」という気持は国によって違うはずもなく、最近の英国の調査によると、英国民の半分は少なくとも一日一回「カネがあったら」と思うのだそうだ。しかし「どのくらいの収入が欲しいか？」と尋ねられると、願望する金額の平均が年収三万七千ポンド（約七百万円）という。実際の平均収入は二万五千ポンド（約四百八十万円）だというから、五十％ほど収入が増えれば満足だということでということで、存外慎ましい。調査関係者は、「皆現実的で、百万長者になろうなどという放恣な夢は抱かないようだ」と言っている（DT9/17/04）。

新聞の危機

フランスの二大新聞『ル・モンド』、『ル・フィガロ』の両紙が同時に争議に巻き込まれていると、『ヘラルド・トリビューン』（HT9/22/04）と『南ドイツ新聞』（SZ9/23/04）が報じている。一方は経営不振、他方は経営者の編集介入によるものである。

リベラル左派の新聞『ル・モンド』は、二〇〇四年六月の有料発行部数三十九万、フランスで最も権威ある新聞として、フランス語圏を中心に世界的に読者を持っている。しかしインターネットの影響など、世界的な新聞社経営困難の潮流に逆らえず、二〇〇一年に千四百万ユーロ、〇二年に千六百万ユーロ、〇三年には二千三百万ユーロの赤字を計上した。二〇〇〇年以降広告収入が四〇％減ったという。組合側は、今年度の欠損を二千万ユーロと算定している。

経営側はこの九月に三つの労働組合に対し、人員整理案を提示したが、その内容は、七百四十四人の従業員（三百数十人が記者）のうち九十人（記者三十五人）を年末までに整理したいというものである。これによって八百万ユーロ以上の人件費を節約できるとしている。既に夏には印刷関係などの関連部局についで同様の提案をし、三百五十人中九十人の整理で、諸組合の同意を得ている。

それに対し組合側は、二百人が集会を開き、たった一票の反対があっただけで、経営者側の「前提と論理」を批判する決議を採択した。組合の一つＳＮＪ（Syndicat National des Journalistes）［全国ジャーナリスト組合］によると、こうなった責任はもっぱら無謀な経営にある。地下鉄駅に自動販売機を設置して百万部以上も売ろうとしたこと、広告収入が減少している時期に高級紙を用いて土曜附録を刊行したこと、本紙に附随してＤＶＤを売ろうとしたことなど、皆失敗した。こうした失敗の責任は経営者が個人として償うべきだ、という。また組合側は、経営状態を審査する中立的な専門家による独立機関の設置を要求している。昼間に発行するのではなく、他紙と同様朝発行すべきだというようなこともある。ある年配の記者は、「四年前の交渉で、週三十五時間労働とか、記者に対する十一週間の有給休暇とか、気前のいい約束をし過ぎて、今そのつけを払ってるんだよ」と語った。

もう一つのリベラル左派の新聞『リベラシオン』も赤字に悩んでいるが、それに対し保守系でシラク大統領に近い『ル・フィガロ』（発行部数三十七万）は黒字である。しかし問題は別のところにある。

今年（二〇〇四年）年初に航空機・軍事産業の大物セルジュ・ダッソー（Serge Dassault）氏（七十九歳）が、同社及び関連会社を十五億ユーロといわれる額で買収した。フランス随一の新聞・出版経営者になるというのがかねてからの夢であったという。

「マスコミは面白いところだ。これからそこに健全な物の観方を持ち込んでやろう」と語った彼は、記者たちに電話などで指図をし始め、既に少なくとも二つの重要な干渉を行なった。

その第一は、ダッソー社の台湾へのジェット機売却に関する汚職容疑について、その鍵を握っていると見られた台湾の実業家アンドリュー・ワン氏に同紙記者がインタヴューをしようとしたところ、社主に差し止められ、『ル・ポワン』誌に先を越された事件で、第二はこの事件に関する報道でダッソー社の名前が印刷の過程で消された事件である。介入に際してダッソー氏は「わが国の商工業上の利益に危険な、益より害をもたらす報道」の抑制の必要を説いたという。

九月二十一日、編集の独立を要求する抗議声明案に対する記者たちの無記名投票が行なわれ、九三％が賛成した。

殺人鬼の愛人

エリツィン退陣の頃、「ロシアの権力者は禿とふさふさの交替だ」という仮説が好んで語られた。レーニンは禿、スターリンはふさふさ、フルシチョフは禿、ブレジネフはふさふさ、ゴルバチョフは禿、エリツィンはふさふさ、さて次は？」というのだが、第一候補と見られたプリマコフ前首相がふさふさなので変だなあと思っていたら、忽然と救世主プーチンが現れた、というよくできた話である（「救世主」とはここではこの重要な仮説の救い主という意味である）。

この仮説は更に精緻化され、アレクサンドル二世は禿、ニコライ二世はふさふさ、またスターリンの後はマレンコフは額が広く、ブルガーニンはふさふさ、ブレジネフの後もアンドロポフが禿、チェルネンコがふさふさと完成度を高めた。

だが多少腑に落ちないのは、マレンコフは額が広いとはいえ、禿とは到底いえず、スターリンの後継者候補の中では、側頭部と後頭部に多少毛が残っているのみのベリアの方にずっと「正統性」があることである。

ベリアが粛清されたのは私の高校時代のことで、大見出しとともに、冷血の貴公子といった容貌の写真が夕刊の一面を飾っていたのを思い出す。ところが忘れもしないそれと同じ写真が、美女の写真と並んで『デイリー・テレグラフ』（DT7/22/04）に載っている。秘密警察の長として、スターリンの大量殺人を執行したこの人物の最後の愛人ニーナ・アレクセイエヴァさん（八十七歳）をモスクワのアパートに訪ねたインタヴュー記事である。彼女は今でも色気があり、ちゃんとお化粧して口紅をつけて出てきた。写真からでは六十台くらいに見える。

「私は大勢の男を失恋させたのよ。あなたもこの私でなく写真の方を見てね」

「ベリアは私に首ったけで、女房同然に扱い、スターリンに紹介すると言っていた。彼が死んだら私をファーストレディーにするつもりだったのね」

彼女は、若い頃共産党員としてクーラク（富農）狩りに参加してこの体制に嫌気がさし、結婚して二人の子供があったが、やがて離婚。そのあと合唱隊に入り、海軍将校と再婚していた。ラジオ関係の仕事をしていた時、向かい側のビルの窓越しにベリアに見初められ、リムジンで使者がやってきた。その当日からベッド入りした。

ベリアが何十人の女を手籠めにしては殺していることは知られており、建物の下に死体が埋めてあるといわれていた。殺されるかと思ったが、「私にはとてもやさしく、趣味などを尋ねて、フランス香水など高価な贈物をくれたの。君に会えると僕は幸福だ、とかいって。でも私は好きになれず、早くこの関係が終ればいいと思っていたわ。それに怖かったの。ある時手洗いでヘアピンを落とした。腰をかがめて拾った時、この壁の向こうに女たちの骨があるんだなと感じたりして」。

情事はいつも昼間で、毎週、時には週に何回も迎えが来た。夫が待っていようとお構いなしだった。夜は、ボス・スターリンの仕事時間、即ちベリアの仕事時間だからだ。

一九五三年スターリンが死ぬと、間もなくベリアは逮捕された。

「それなりに悲しかったわ。彼は本当に私を愛してくれたし、私は何にもお返しをしてなかったから。それにこんな重要人物に惚れられたのが嬉しくなかったというと嘘になるわね」

つまり、「禿—ふさふさ交替法則」が正しく働いていれば、彼女がファーストレディーになったであろう、ということである。それが国民や人類に幸せであったか否かは別として。

ところで、そのベリアの名が、ほどなく『ル・モンド』（LM9/4/04）に現れた。

チェチェン・ゲリラによる北オセチアの学校襲撃事件の解説記事において、一九四三年十二月から四四年七月までに、スターリンはコーカサス諸民族二百万人をカザフスタンとキルギスタンの間のステップ地域に強制移動させたが、その際飢餓、疾病、虐待によって半数が死亡した。その移送の指揮に当ったのがベリアであった。十年以上経ったフルシチョフ時代に、その中で「刑期が終った」と認定された者は帰国を許されたが、依然残留している者もある、という。

定年退職制

英国では、定年退職制は時代遅れで、勤労者は自分で引退の時期を選ぶべきだと多くの人々が考えている、という調査が出ている（DT7/26/04）。千人余りの人々への調査を基礎としたもので、十人のうちの六人は、六十五歳になったというだけの理由で、使用者が被用者のクビを切れる制度には反対である。

米国では一九八六年に強制定年制が違法化され、「働く能力と意欲のある者を働かせることは、本人のためでもあり、社会のためでもある」という意見が紹介されている。政府も、ＥＵとの関係などもあって、これに何とか対応せざるを得なくなっているが、実業界は消極的で、少なくとも上限は六十五歳にすべきだとしており、労組の方も、引退を遅らせ、無理に働かせる口実になるのではないかと警戒的であるという。

定年制廃止論は、「まだまだ自分はやれる」という意識がしばしば自己欺瞞であること、要職においてはその意識は組織に害毒を流す危険があることを考慮に入れた制度設計と結び付けなければならない。

EUの言語問題

『南ドイツ新聞』（SZ7/25/04）の投書欄より——、

スペインには「カタロニア語をスペインの第二公用語に」という運動があるそうだが、こういう主張を一々認めていたらきりがない。一体EUで各加盟国の国民的誇りなるものを満足させるために、本会議や委員会で、各々の言語への応分の配慮と称して、何十万ユーロを費やす必要があるのか。

私は、ストラスブールやブリュッセルのEU機関の使用言語を英語だけにすることを提案する。その方が遥かに効率的で、また通訳や翻訳の報酬も節約になる。制定された法や規則の正文は英語とし、翻訳は各国に任せればいい。フランス語もドイツ語も、公式言語でなくするのだ。

これにはもちろん「各言語には各々の文化的背景があり、英語だけを公用語にすれば、さなきだに強いヨーロッパへの英米文化の影響がもっと強くなる」という反論があるだろう。それは一応もっともな議論だが、決定的なものではない。現に経済界はずっと以前から英語だけが公用語になっているではないか。「世界村」（global village）は英語の共有によって成り立っている。

実際には、ブリュッセルでもストラスブールでも、英語なしにはことは何も運ばないし、加盟国が増えれば増えるほど逆に英語への依存度は高まるのが現実である。例えばハンガリー語からリトアニア語へ、またその逆への通訳ができる人間など簡単に見つかるものではない。結局は英語を媒介として通訳せざるを得ないであろう。こうしたことは、全言語間の組み合わせについて生ずるのである。

女王陛下の葬儀次第

七月二十七日朝九時四十五分のこと、泥棒が駐車場で車に押し入り、スーツケースを盗んだ。その車はスチュアート・ニール王室報道官のもので、驚くなかれ、その中にエリザベス女王の葬儀の際の次第を書いた書類が入っていたのである。［記事の書き方がルースで、状況がもう一つはっきりしないが、］その書類の存在が警察に知られ、警察筋からそのことがリークされたのではないかと思われる。犯人はまだ逮捕されていない。

ニール氏の正式職名は、王室副報道官（Assistant Press Secretary to the Queen）で、王室関係の葬儀その他の儀式をとりしきるのがその職務である。彼はスーツケースが盗まれたことは認めたが、「治安上の理由」から、その中身については論評を拒否している。日本で言えば宮内庁に当る王室当局は、「陛下はご健康そのものだ」と主張しているというが、だからそんなものはあるはずがないという趣旨かどうかは、紙面からは分らない。

今は引退している元王室高官は、「『ロンドン・ブリッジ』というのがそのコード・ネームで、担当者が陛下のご意見を伺いながら随時改訂される。二年前に亡くなった陛下の母君の場合、コード・ネームは『テイ・ブリッジ』で、亡くなる二十二年前から用意されていた。陛下は多少気を悪くされたかも知れないが、おかしくも感じられたのではないか」と記者に語った。別の人物（やはり元高官?）は、「二〇〇二年の皇太后のご逝去以来、女王の葬儀の準備が開始されており、そんなものがあっても不思議でない」と言っている（DT7/27/04）。

エリザベス女王といえば、その夫君フィリップ公（八十三歳）が、サチャ・ハミルトン（現在五十八歳）という女性との間で「情熱的な友情」（passionate friendship）をもった、と近刊の本に書かれているという。彼女は「それは密接（very close）なものでしたが、観念（ideas）の世界に留まり、完全な関係（full relationship）ではありませんでした。つまり一緒にベッドに入ったことはなかったのです」と語っている。彼女はその関係が始まったという一九六六年にある公爵と結婚しており、彼女の父親は女王の最も親しい友人の一人であったという（HT9/7/04）。

巷間に伝えられた「女王の不幸な結婚生活」の内容を垣間見ることができる。過去の夫の情事から、未来の死まで、色々書かれて女王様も大変である。最近の新聞（Japan Times（11/2/04）（以下ＪＴ）が伝えるＡＦＰ電）では、女王は夫君とドイツを訪問する。哲学者ライプニッツの仕えたハノーヴァー公が、一七一六年ジョージ一世として英国王になって以来、ドイツと英国王室の血縁関係は深いが、二つの世界大戦で絶縁に近い状態になっていた。

エイズ死者の墓地問題

南ア・ウムガジ市の墓地では、次々にエイズ患者が死ぬために、五年前にスペースがなくなった。ダーバン市では、余りに次々に死体が持ち込まれるので、既存の墓を暴いてその上に新たな死体を埋めており、これを「リサイクリング」とよんでいる。墓堀人のガサ氏は「そりゃ墓から骨を取り出すのは気持ちのいい仕事じゃありませんよ。だけど他にどうしようもない」と語っている。

ダーバン市の市営墓地五十三のうち、五十一は既に満杯で、他の二つも遠からずそうなる。市の担当者N氏は「五年前には週末の葬儀は毎週百二十くらいでしたが、今は六百です。このままでも毎年十二ヘクタールの新しい土地が必要で、この調子だと全ダーバン、否全国がやがて墓場になってしまうでしょう」と語った。同市はこの七月に墓地問題の委員会を開いたが、調査してみると、ケープタウン、ブレームフォンテイン、プレトリア、ポート・エリザベスなど他の諸都市も同様の状態である。「この調子」でいくかどうか、統計を見ると悲観的になる。南ア人の約八人に一人はHIV-positive（陽性）で、南ア第三の都市ダーバン（人口三百五十万）において、二年前の調査によると、産婦人科に来る妊婦の三五％がエイズに感染している。火葬にするという案もあるが、同市人口の七割を占めるズールー族の信仰に反する。市でもズールー族への啓蒙活動を行なっていて、過去五年間で火葬率が倍になった——が、二％になったに過ぎない。

リサイクルもうまくいかない。土葬者が骨になるのに十年かかるが、とてもそれを待ちきれないし、前に埋葬された者の遺族が法的手段をとって抵抗することもある。新しく埋められる方の遺族も、リサイクルの墓をいやがり、極貧家庭以外は同意しない（前述の二つの残った墓地の土地を買うと一画二五〇ドルかかるが、リサイクルだと約五〇ドルですむ）。遺族たちは「死者は他人と一緒にいるのはいやなはずだ」と言い、夢に現れた死者に苦情を言われた者もある。

新たな墓地を開発することも考えられるが、百エーカーで百二十五万ドルかかる。市にその予算はなく、それを作っても三年半で満杯になる。結局火葬に行き着かざるを得ないだろうというのが市当局の観方である。これまでの葬儀のやり方だと平均一万五千ランド（約千七百五十ドル）かかり、これは平均収入一年分だが、一年に三つも葬式を出す家庭も珍しくない。火葬にすれば三七五ランド

（約六〇ドル）ですむ。

こう説明したN氏は、私的な話を始めた。「毎週末が葬式で、八週間ノンストップで葬式だったこともあります。同じ日に二つかち合って、家族で分担していくこともありますよ」。

墓地を歩いて見ると慄然とする。墓標といっても、小さなプレートに名前と生卒年を紙に書いて貼り、プラスティックの袋で覆っただけのものが大部分で、年齢を見ていくと、三十一、二十、三十八、三十九、三十六、二十九、三十五、三十一……とある。

叔父の墓参に来た二十二歳の青年に訊くと、「叔父はスポーツマンで、クロスカントリーやマラソンが得意でした。病気で死にました」と言う。病気の種類は訊くまでもない。二十八歳で死んだのだ。

動物権利運動とテロリズム

オクスフォード大学の医学実験所（白血病やアルツハイマー病などを研究）を管理している会社が、動物権利擁護運動の過激派の妨害に堪えられず、撤退することとなった。既に今年初めには、ケンブリッジ大学の類人猿研究所の設立も、「テロリストの攻撃」から防衛するにはコストがかかりすぎるという理由で同様に中止された。

オクスフォードの実験所は、一千八百万ポンドをかけて設立するはずのもので、類人猿も扱うが、九八％はネズミなど齧歯類である。大学側は、少数分子（small band of people）のこのような行為に屈服していたら、幾百万の人々の生命・健康を危うくし、薬物開発において英国は遅れをとることになると、政府の介入を要請している（DT7/20/04）。

「海老解放戦線」(Lobster Liberation Front) というものもあり、そのホームページは「いかなる動物も人間の貪欲の犠牲にされてはならない。まして生きたまま煮るなど到底許されない。我々はあらゆる場所、あらゆる時、海洋生物を解放するために、壺を破壊し、舟を沈めるであろう」と宣言している。五月には、漁師ジョナサン・ランダーの保存していた五十壺の海老が逃がされ、六月には三十匹の海老と三匹の蟹が海に放流されたとして、警察が捜査に乗り出している。更には海老釣り舟のアンテナ柱を切り倒し、エンジンをだめにし、ケーブルも切断した。ランダー氏は、「我が家は二百年以上前からこの仕事で暮らしを立ててきた。死活問題ですよ」と言っている (DT7/30/04)。

活動家の訓練キャンプを訪れた記者の探訪記事もある。みんな中産階級らしい礼儀正しさで、茶をすすりながら話合いを進めているが、その内容はすごい。まず理論編として、諸々の批判への反撃のための理論武装が話し合われ、続いて実践編で、監視カメラの発見、格闘や逮捕の際にとるべき態度などの講習と訓練が行なわれる。動物実験施設の焼き討ちや科学者の襲撃なども当然のことのように論じられる。「電話は使うな、ハイテク機器も使うな、自分の車に乗るな、旧友を信用するな」など心がけも説かれる。ヨガや太極拳のクラスもある。

逮捕されることは名誉で、逮捕歴のある者は畏敬の念をもって見られている。ある女性に「攻撃される相手方は生活が破壊されて可哀そうじゃないのですか?」と尋ねてみたら、「不思議なことを言う人だと怪訝な顔で私をじっと見て、『だって彼らは悪者 (evil) だから』と答えた」(DT9/6/04)。

盲者が盲者を導く？

盲導犬の視力がひどく低いことがある、という研究成果が英国の学会で発表された。少なくとも十頭に一頭はひどい近視で、人間だったら歩くのに厚い眼鏡が必要である。例えばラブラドル犬の一五％は近視で、歳をとるとどんどん視力は低下する。それでも一応役割を果たしているのは、耳と鼻を利かせてのことだという。

もっとも犬の視力テストは非常に難しい。壁に吠えている犬の絵を示して、反応するかどうかを見るのだが、そのためには眼の動きを記録するコンピューターが必要である。絵の線をだんだん細くしていって、遂に反応しなくなったところを視力の限界とする。この遣り方は、人間の赤ん坊の視力テストにも利用できる。

英国には約五千頭の盲導犬がおり、それを親として毎年千二百頭の仔犬が生まれる。その中から、頭の良さと性格の良さをテストして、合格したものを採用する。一応視力テストもしてはいるが、この研究から見て不充分だということが分ったら、テスト方法を再検討し、「引退」処分なども考えなければならないだろう、と盲導犬協会の関係者は語っている（DT7/22/04）。

「ジプシー」の滞在権

かつて私（＝長尾）がギリシャをバス旅行していた時、「ジプシー」の集落に出会ったことがある。何台かトラックが停っていて、テントがあり、女の子たちが石蹴りのような遊びをしていた。多少臭かった。しばらくするとそこを移って、またテントを張って滞在するということで、法律の教師として、彼らの滞在の法的権利はどうなっているのだろう、という疑問が起ったが、そのうちにバスは通り過ぎ、関心も遺跡めぐりに移って、そのままになっていた。今回英国の新聞でその問題が登場して、関心が甦った。

そもそも現在「ジプシー」という言葉は差別用語で禁句なのだろうか。見出しでは 'Gypsies' とカギ付きで書かれ、本文では travellers（旅人）と書かれているが、微妙そうな感じである。

昨（二〇〇三）年八月、ウィルツ地方のある土地に五十六人の集団が現れて三エーカーの土地を買い、法律上必要な許可なしに、溝を掘ったり、電線を引くためにブルドーザーで土地を掘ったりした。地元住民たちは、これによって地価が四〇％も下がったとして、立ち退き訴訟を起し、今年の八月二日に裁判所の決定が出た。

それによると、「彼等の行為は明確な土地計画法違反で、それを排除する公的利益が存在するが、『旅人たち』は健康問題や教育問題をかかえていて、直ちに立ち退きを命ずることは直接的な困難と苦痛をもたらすので、公的利益もそれに譲るべきである」として、少なくとも公的調査が終るまでは滞在を許可する、という。原告側は、「これは土地計画法を無視した危険な先例で、愚かな判決だ」と語った。ジプシー側は論評を拒否している（DT8/3/04）。

『ヘラルド・トリビューン』はジプシーという言葉をカギなしで使っているが、記事の内容は、ジプシー殺戮の歴史をもつ大陸での反省を反映している。やはり今年の八月二日、ハンガリーで、第二次大戦中ナチに殺された数万のジプシーの追悼集会が開かれた。人々は蠟燭をもってあつまり、祈りの言葉を唱えた。地方団体の要人たちも参加して、人種差別を改めることを呼びかけた。

ブダペストには、「ジプシー・ホロコースト」を祈念する会堂の建設が計画されており、メドギッシ首相も蠟燭を捧げる予定である（HT8/3/04）。

帰国して留守中の新聞を整理していると、英国のジプシーが近年俄かに迫害の対象となり、八月二日の判決を下した裁判官は、タブロイド紙の攻撃など、非難の嵐に曝されたという記事を見出した（JT8/14/04）。

「女王」の死

かつてアルバニアは王国であった。ところが一九三九年四月七日、ムッソリーニのイタリア軍が侵入し、国王ゾグ一世は亡命を余儀なくされた。ムッソリーニはイタリア国王エマヌエル三世をアルバニア王に即位させた。しかしゾグ王は亡命地で正統性を主張し続け、祖国が共産政権になってもその態度を続けた。

一九六一年にゾグ王死亡、一人息子のレカがパリで即位した。レカは一九三九年四月五日、イタリア軍侵入の二日前にチラナに生れた「運命の子」である。しかしアルバニア共産政権の要求によって国外退去を命じられ、パリを去って放浪生活が始まる。

彼がオーストラリアのシドニーに立ち寄った時、夕食会でスーザンとめぐり合った。彼女も英国王家の遠い親類で、やがて二人は南西フランスのビアリッツで挙式し、彼女は「王妃」となる。エリザベス女王を含む王侯から祝電などを受けた。新婚生活はスペインで送るが、彼が武器庫を所有していることが発覚し、また退去を命じられる。アフリカのガボンに行くが、アルバニア当局の待ち伏せがあり、ローデシア（現ジンバブエ）を経て南アにしばらく滞在する。この間「レカ王」は、イラン国王、遠縁に当たるリチャード・ニクソン、そしてＣＩＡから援助を受けていたという。彼女は、スミスとかジョーンズとかと仮名を使って、庶民と同じ生活をし、子育てに専心。夫は陰謀等で留守がちとなる。

そうしている内に共産圏が総崩れになり、王位復帰の望みが出てきた。夫妻はアルバニアに帰国し、一九九七年王政復古の是非を問う国民投票が行なわれたが、三分の一の支持しか得られず、失敗。しかし王党派の政党を率いて国会に議席を得た。

スーザン「女王」は、今年七月十八日、チラナにて死す。享年六十三歳。郊外の王室墓地に葬られた（DT7/22/04）。

「女性よ、台所に戻れ！」

ストラスブールの欧州議会の実質審議の劈頭に、しかも「女性の権利委員会」の席上で、英国「独立党」選出議員ゴドフリー・ブルームが「女性よ 台所に戻れ」と唱えて物議をかもしている。「多少とも頭を働かせる小企業主で、子育て期の女性を雇おうとする者などいない。これはきれいごとの建前（political correctness）に反するかも知れないが、生活上の事実だ」、「私は夫が家に帰ったら、テーブルの上に夕食を整えて待っているヨークシャーの主婦たちの代表者である」と言う。

労働党選出の欧州議会議員グレニス・キノック女史は、「独立党ってネアンデルタール党じゃないの。これまで獲得してきた女性の権利を大昔に戻そうなんて、呆れてものがいえないわ」と論評した。

しかし同委員会副議長ジリアン・エヴァンズ女史は、「彼の真意は、従業員十人以下の小企業では、女性の雇用を保障するEUの法律が守れないこともあるってことを、わざと人を喰った言い方で指摘しただけよ」と、思いがけず同情的な観方をしている。

女優のモーリーン・リップマン女史も、「ヨークシャーの女といったって、どこの女とも同じで、夫のしないようなことをするのが仕事よ。それを彼は、茶化して言ったのね」と言う。

独立党員たちは、ヨーロッパ議会議長にスペイン極左派のホセプ・ボレルが選出されることに抗議して投票用紙を破り捨てた。同党代表者は、「我々はEU法が英国に施行されることを妨害するために何でもする。我々が立法妨害に成功するたびに、英国の実業家たちは屋根に登って歓呼するだろう」と言っている。同党には、ポーランドのカトリック右派政党とか、オランダのルター派とか、欧州議会内に結構あれこれ同志がいるようだ。

ブルーム氏は「問題発言をすればするほど、書いてくれる新聞の行数が増える」と嘯いている。奥さんは健康アドヴァイザーで、馬の背の片側に腰掛けて狩りに行くのが趣味だとか。口では糟糠の妻を讃えながら、ご自身は型破りの女性がお好みのようだ（DT7/21/04）。

子育て後の復職

ブリティッシュ・エアウェイズ（BA）のスチュワーデスたち十四名が、「育児後に復職した際地位を下げられたのは性差別である」として、会社に対し、七月二十一日雇傭裁判所（Employment

Tribunal）に、総計数十万ポンドの損害賠償訴訟を提起した。

記事だけでは充分事情が分らないのだが、育児後の再就職について、ＢＡは一九七九年より、「それ以前の地位に拘らず、年功序列の最下層から再出発させる」という契約を結んで雇傭することとした。しかし一九八三年にこの慣行は廃止された。ところが一部のスチュワーデスたちは、一九九六年まで昇進申請を待たされた。二十八年間底辺に据え置かれた者もある。

苦情を申し立てても誠意ある回答がなく、ある時四人で幹部に面会したところ、「あんたたちの話を聞いていると、女房の苦情を聞かされているような気がするよ」と侮辱的発言をした。

彼女らは、「私たちはこの仕事が好きで、会社に尽くしてきました。本当は訴訟などしたくないけど、他に手段がないからしようがないの」、「若い人たちが後から来て上に上がっていくのを見るのは屈辱よ」、「問題はカネじゃない、正義よ」と口々に訴える（DT7/22/04）。

ある妻殺し

株投資で全財産を失い、それを妻に隠していた男が、ついに露見してそれを非難され、二十五年間連れ添った妻を、十五回も頭を鈍器で殴って殺した、という記事が、穏和そうな中年女性の写真とともに、『デイリー・テレグラフ』（DT9/3/04）に出ている。

モリス・ピアソン（五十六歳）はコンピューター・コンサルタント、妻アイリーナ（五十歳）は教師。大学生の息子と高校生の娘がいる。検察官ミス・ジェーン・ミラー（英国では今なおミスとミセスをこのように区別するものらしい）によれば、ピアソンは五年前、八万ポンドの臨時収入を得てから、インターネットによる株式投資にのめりこみ、幾百万ポンドの損失を蒙った。ローンとクレディット・カードで糊塗していたが、この九月二日、妻が口座から八百ポンドを引き出そうとして、事実が明らかになった。妻の電話があってから、保険会社の担当者が三十分後にコールバックしたときには、電話は鳴らなかった。

殺害の夫はアリバイ作りのために外出し、カメラを買い、戻って事実を「発見し」、警察に電話した。警察が狂言を見破るのに時間はかからなかった。子供たちが香港旅行から、両親の銀婚式（結婚二十五周年記念）を祝おうとしていた矢先のことであった。

奴隷制の経済学

英国が奴隷制を廃止したのは一八〇七年で、一八三三年には植民地でも禁止された。これにはクェーカーやメソディストなど、プロテスタント諸派を中心とする廃止運動の大きな影響があった。この英国の廃止決定が米国にも影響した。——と、これは公知の歴史的事実であるが、ヴィルフリート・ニッペルは、奴隷制廃止が純粋の人道的動機のみに動かされたものでもないことを指摘する。

米国南部の奴隷制擁護論者たちは、その根拠として、ノアが息子のハムとその後裔を呪った（黒人はハムの子孫である）という理由を挙げ、また古代キリスト教も後の教会も奴隷制に反対していない、と主張した。これに対し北部のキリスト教徒たちが様々な神学的反論を加えたのであるが、反対論として存外重要だったのは、「奴隷制は経済的に非効率だ」というスコットランド経済学者たちの主張であった。

デヴィッド・ヒュームは、「古代諸国民の人口」を論じた一七五二年の論文において、「奴隷を支配するには物理力が必要で、自由人を支配するよりコストがかかり過ぎる」と指摘している。アダム・スミスは、『国富論』（一七七六年）において、「自由人の労働は奴隷労働より常に安くつく」と述べている。奴隷は技術革新や労働体制の改善への動機をもたない、そんなことをすれば、怠けているとして主人に罰されるだろう、というのがその一つの理由である。この議論は、奴隷制論議において頻繁に引用された（SZ7/23/04）。

あとがき

最近私が作った言葉に「俗善」がある。「俗悪」な価値判断には拒否反応を示す学者たちも、「俗善」に奉仕することをもって、学問的努力に代える誘惑には抗し難い。特に哲学に「法」という修飾語が付くと、「実践哲学」とかいうもっともらしい名で、「俗善」を追求したくなるものらしい。「俗善」に殆ど眼を奪われなかった僅かな法思想家がケルゼンである。私もケルゼンについて色々理論的疑問をもっている。しかし価値判断に左右されないのが哲学であるとすれば、哲学と名のつく学問を職業とした私が、晩年に取り組むべき思想家となると、ケルゼンということになる。

私が『ケルゼンの周辺』（木鐸社）という小文集をまとめたのは、一九八〇年のことであった。ケルゼン研究をそれ以後しばらく中断した後、近年また「ケルゼンの周辺」をうろつきまわる（herum-spazieren）ことを再開した（一九九九年に刊行した小文集『ケルゼン研究Ⅰ』は、ケルゼンに関する旧稿を集めた、再出発の助走である）。

昨年（二〇〇四年）夏には、勤務先日本大学より財政上の恩恵を受けて、ウィーンを中心に、チェコ、スロヴァキア、ポーランド、西ウクライナ（旧ガリチア）と、旧オーストリア＝ハンガリー帝国を文字通りうろつきまわった。本書はケルゼンに多少関係のありそうな「読み物集」で、後半は旅行記である。後ろに行くほど雑文的になっており、普通の読者は後ろから順番に読んで下さることを期待している（理論的問題については、別に『ケルゼン研究Ⅲ』の刊行を志している。健康管理の悪い「男やもめ」暮らしの中での仕事予定であるから、完遂できるかどうか、心もとないが）。

初期ケルゼンの「周辺」、即ち彼を取り巻いた環境は、末期オーストリア＝ハンガリー帝国である。いったい国家は、単一民族国家が原則なのか、多民族・多文化国家が原則なのか。現在この点の考え方の大きな変遷期にある。民族国家の典型のようにいわれてきたフランスにマグレブ（北アフリカ）出身イスラム教徒の大群がおり、ドイツにはトルコ人がいる。ロンドンなどは、旧植民地出身者の人種の坩堝で、米国やロシアはいうまでもない。イラクで宗教的・民族的分裂のもたらしている悲劇は、日々報じられている。日本についても、これを「単一民族」と見るのは「神話」であると、小熊英二氏が断じている。

こうなると、異常なように言われたオーストリア＝ハンガリー帝国の方が、国家の原則的な在り方なのかもしれない。左記のケルゼンの冗談めいた言葉は有名で、「シンポジウム」でバルドゥスも言及している（三頁）。

人種・言語・宗教・歴史を異にする多様極まる諸集団によって構成されているオーストリアを見ると、国家の統一性を国民の間の何らかの社会心理的・社会生物学的一体性によって基礎づけようとするのは、明らかに擬制である。「国民の間には法以外に何の統一性もない」というのが私の国家論であるが、この理論は特殊オーストリア的理論と言い得るかもしれない

(Métall, p. 42)。

しかし、当時「特殊オーストリア的」と思われたものが、現在はむしろ国家の普通の在り方だとも言い得る。マーク・トゥエインの「**オーストリア議会見聞記**」は、インターネットでたまたま遭遇したものであるが、多民族国家オーストリア＝ハンガリー帝国の状況を生き生きと描き出しており、「ケルゼン問題」の背景理解としても参考になる。「**総理大臣の決闘**」は、それへの註付け作業の副産物で、ウィーン国立図書館で **Neue Freie Presse** 紙の関係記事（一八九七年九月下旬）をコピーしたものから、あっちを取り、こっちを取って、訳出したものである。決闘の行なわれた軍馬学校は現在の**Liechtensteinmuseum**（馬の博物館）で、長女と一緒に見学した。バデーニが担ぎ込まれた内務省宮殿は、現在最高裁判所・行政裁判所の建物で、行政裁判所長官ヤブロナー教授に中を案内して戴いた。

「**二〇〇四年夏——ヨーロッパ**」は、同年七—九月の滞在記・旅行記である。ウィーンの魅力については、語り尽されていて、筆力劣る私の文章が付け加えることはない。

旧ソ連式官僚国家の弊害をそのまま承継しているウクライナを瞥見したのは有益で、私の帰国後、不正選挙に怒った民衆がユシュチェンコ政権を誕生させたのは周知の通り。大学時代の同級生柳沢伯夫君（衆議院議員）が日本代表として就任の式典に列席したが、屋外で延々と儀式が続き、「寒かったのなんの」とクラス会で震え上がるような顔をした。北国では寒さに対する感覚が我々とは全然違い、気候温暖な静岡出身の彼では無理もない。

トルコ旅行は二度目で、今回はトロヤとヒッタイト遺跡が主目標であった。しかし旅行とは、思いがけない副産物を拾いに行くようなもので、アンカラで出会った「英国憂国者」(二三五頁)が、「英国では年金よりも生活保護費の方が高い。まじめに年金を払ってきた我々がバカを見ている」と怒っていたが、帰国して聞いてみたら、日本でも全く同じことが起こっているという。年金問題という身近な問題について「一つ賢くなった」。

旅行の副産物といえば、毎日数紙の新聞を読んだことで(「**欧米新聞拾い読み**」)、特に「歴史認識」問題に関する記事を集約的に切り抜いた。ポーランド史をめぐる苛酷極まる歴史は、同国南部を一瞥し、独仏の新聞記事を拾い読みしただけの私にも、胸に迫るものがあり、かつて小原雅俊氏にお付き合い戴いていた頃に、もっと内在的関心をもつべきだったと後悔している。日本を取り巻く国際環境の深刻さから見ても、他人ごとではない。

旅行記に関する部分が先になってしまったが、一九九七年一月にテラヴィヴで開かれた「**ケルゼン＝シュミット・シンポジウム**」の紹介を試みたのが、私のケルゼン周辺徘徊再開の発端である。当時は主催者が「イスラエルが敵味方というシュミット・パラダイムから、ケルゼン的法治パラダイムに移行しつつある」と発言するほど(二頁)、緊張緩和の雰囲気の中にあった。その直後からその雰囲気が崩壊に向ったのである。ともあれ、私はケルゼン研究者として、報告の多くに疑問をもち、その点を附記した。

「**軍官僚ケルゼン**」は、「ゴリゴリの」共産主義者による、第一次大戦中のケルゼンの軍務に対する徹底的な批判である。これを（雑誌論文の段階で）読んで下さった柴田寿子教授は「等身大のケルゼン」が分って面白い、というような感想を洩らされた。彼はともかくオーストリア＝ハンガリー帝国の解体を防ごうとして必死の努力をしたので、それが正当化されるか否かは、民族国家と多民族国家の比較という先の主題に立ち返る。旧ソ連や旧ユーゴから諸民族が独立したのも一つの方向であり、EUの統合もまた一つの方向である。EUが現在当面している問題には、同帝国が当面していた問題と共通点が少なくない（「**愛国者ケルゼン**」は、帝国の分解を避止しようとした彼の志向が明確に表われた小文である）。

「**国際法から国際政治へ**」は、クリストフ・フライによるモーゲンソー伝の紹介で、アメリカ・リアリズム国際政治学の代表者が、亡命前ヴェーバー、ケルゼン、シュミットなどの強い影響下にあったことが明らかされている。「ネオコン」の思想的パトロンといわれるレオ・シュトラウスに対するハイデガーやシュミットの影響などとあいまって、ワイマール期ドイツ精神界と戦後米国保守主義の太いパイプの存在は、思想史上の重要な鉱脈である。なお原資料に遡った本格的研究は、宮田豊氏によって推進されていると仄聞する。

「**民主主義と保守主義の間？**」は、ケルゼンとその妻の甥ピーター・ドラッカーとの間の冷い関係を、シュタール観の対立を通じて描き出そうとしたものである。ウェッブサイト http://www.peterdrucker.at/en/bio/bio_01.html において、ドラッカーは「私は叔父の超合理主義（ultra-rationality）に堪えられなかった」と言っている。これも、戦後アメリカ経営学のスターのヨーロッパ的背景という、同様の鉱脈の一分枝であろう(『日本経済新聞』「私の履歴書」(二〇〇五年二月)がドラッカー自伝を連載した。ご覧になった方も多いと思う)。

「**ケルゼン伝補遺**」は、彼の祖父や父母に関する乏しい情報を補う資料で、彼の祖先の姓がケルゼンなのかリットマンなのか、という疑問がここから生じて、私がブロディのユダヤ人墓地を訪問する一動機となったものであるが、墓碑銘がすべてヘブライ語なので、探索に失敗した。全く西洋合理主義の代表者のように見える思想家たちも、二三代遡ると、「屋根の上のヴァイオリン弾き」に描かれたようなユダヤ人集落の住人であったことは興味深い(ケルゼンの終生の友であった経済学者ミーゼスは、リヴィフの出身である)。

オーストリア=ハンガリー帝国時代の地名表記は、ドイツ語で「クラカウ」と記し、旅行記の方はポーランド語で「クラクフ」と記す、というような不統一があり、また人名索引におけるスラヴ系の表記が英語式ありドイツ語式あり、不統一があったりするが、原典の不統一に筆者の知識不足が加わって、どうしようもない。ご宥恕を賜りたい。

本書の成立に当ってお世話になった方々は多いが、特にケルゼン伝についての貴重な資料と情報を与えて下さったロバート・ワルター教授、ゲルハルト・オーバーコフラー教授、アン・フェーダー=リー博士、クラウス・ツェレニー博士に感謝しなければならない。また今回も、私の我儘に忍耐を重ねられた村岡侖衛氏に感謝の言葉もない。高澤弘明氏には『植原悦二郎集』に続いて、本書においても校正でお世話になった。

最後に私事に亘って恐縮ですが、長尾克子『革命幻想の解体過程』、『日本工作機械史論』及び長尾龍一編『探求の生涯――長尾克子（一九三八―二〇〇三）の軌跡』（何れも日本工業新聞社刊。この三冊は出版社に合計一千万円（プラス消費税）を支払って刊行したものですが、出版一年後に一片の通知とともに残部を廃棄処分にされ、現在絶版です）に関心をお持ち下さる方は、fwkw9514@law.nihon-u.ac.jp にお申し込み下されば、余部が存在する限り、無料でお送りします。

二〇〇五年四月二十七日

長尾　龍一

〔初出一覧〕

ケルゼン＝シュミット・シンポジウム	『日本法学』六五巻三号　一九九九年
軍官僚ケルゼン	『政経研究』三七巻一号　二〇〇〇年
愛国者ケルゼン	初　出
国際法から国際政治へ	『日本法学』六七巻三号　二〇〇一年
民主主義と保守主義の間	『政経研究』三九巻二号　二〇〇二年
ケルゼン伝補遺	初　出
オーストリア議会見聞記	『政経研究』三七巻二号　二〇〇〇年

総理大臣の決闘　初出

二〇〇四年夏——ヨーロッパ　初出

欧米新聞拾い読み　初出

あとがき

人名索引

Abrahamowitz, Dawid Ritter von (1839-1926) 143-150,165,172,175
Adenauer, Konrad (1876-1967) 19
Afanasyevsky, Nikolay ………… 248
Aleichem, Sholem (1859-1916) 225
Alexander II (1918-1981) ……… 303
Alexandros (356-323 B.C.) …… 236
Alexeieva, Nina (1917?-) ……… 303
Allen (né Konigsberg), Woody (1935-) ……………………… 204
Amenhotep III (Iknaton) (?-1353) ……………………………… 202
Andropov, Yuri (1914-1984) …… 303
Anschütz, Gerhard (1867-1948) 13
Arendt, Hannah (1906-1975) …… 2
Aristoteles (384-322 B.C,) …… 232
Arz, Arthur (1857-1935) …… 47,66
Ashcroft, John (1942-) ………… 292
Austerlitz, Friedrich (1862-1931) ……………………………… 40, 64
Badeni, Kasimir Felix Graf von (1846-1909) … 140,165,168,174, 179,185-192
Badeni, Stanislaus ………… 190,322
Badura-Skoda, Paul (1927-) …… 205
Baldus, Manfred (1935-) … 3,5,321
Barabbas …………………… 69-70
Bauer, Otto (1881-1938) …… 34,61
Baumgarten, Arthur (1884-1966) ……………………………… 77,78,92
Beck, Max Wladimir von (1854-1943) ………………………… 178
Beethoven, Ludwig van (1770-1827) …………………… 198,242
Belka, Marek (1952-) ………… 257
Benedikt, Heinrich (1886-1981) ……………………………… 35,37,62
Beneš, Eduard (1884-1948) … 37, 64,195
Berdiaev, Nikolai (1874-1948) … 205
Bering, Dietz (1935-) ………… 83
Beriya, Lavrentiy Pavlovich (1899-1953) …………………… 303-305
Berkeley, George (1685-1753) … 7
Bernatzik, Eduard (1854-1919) 37, 42,62
Bernstein, Richard (1944-) …… 277
Birchall, Leonard (1915-2004) ……………………………… 295-297
Bismarck, Otto von (1815-1898) 83, 84,101,113,262
Black, Hugo LaFayette (1886 - 1971) ………………………… 284
Blackmun, Harry Andrew (1908-1999) ………………………… 284
Bloom, Godfrey (1954-) … 315-316
Blum, Hugo (1866-1888) ……… 86
Blum, Léon (1872-1950) ……… 100
Borchard, Edwin (1884-1951) … 77
Borrell, Josep (1947-) ……… 316
Boulanger, Georges (1837-1891) ……………………………… 192

Brainard, Lael, …………………… 286
Brandt, Willy (1913-1992) … 255, 256,259
Brennan, William Joseph, JR. (1906-1997) …………………… 284
Brezhnev, Leonid Ilyich (1906-82) ……………………………… 302-303
Broda, Christian (1916-1987) … 39, 59,64
Broda, Engelbert (1910-1983) … 64
Broda, Ernst …………………… 64
Brueghel, Pieter (elder) (1525-1569) …………………………… 206
Brueghel, Pieter (younger) (1564-1638) …………………………… 206
Bruns, Viktor (1844-1943) …… 77
Buber, Martin (1878-1965) ……… 9
Bulganin, Nikolai Aleksandrovich (1895-1975) …………………… 303
Buresch, Karl (1878-1936) …… 63
Burger, Warren Earl (1907-95) 285
Bush, George Walker (1946-) 281, 285-287,291-292
Caillat, Michel …………………… 245
Calvin, Jean (1509-1564) ……… 18
Carnap, Rudolf (1891-1970) …… 204
Caruana, Peter (1956-) ………… 267
Chaliapin, Fyodor Ivanovich (1873-1938) …………………………… 205
Chamberlain, Neville (1869-1940) ……………………………………… 64
Chaplin, Charles (1889-1977) 51,204
Cheney, Richard Bruce (1941-) 292
Chernenko, Constantin Ustinovich (1911-1985) …………………… 303
Chesterman, David …………… 299
Chirac, Jacques (1932-) … 268,270
Churchill, Winston (1874-1965) 249, 267
Cicero, Marcus Tullius (106-43 B.C.) ……………………………………… 98
Cimoszewicz, Włodzimierz (1950-) ……………………………………… 259
Clemençeau, Georges Eugene Benjamin (1841-1929) ……… 45
Clinton, William Jefferson (1946-) ……………………………… 286,288
Cohen, Hermann (1842-1918) … 5,6, 58,69
Cohen, Roger …………… 258-26
Condorcet, Jean-Antoine-Nicolas de Caritat, Marquis de (1743-1794) 12
Conrad von Hötzendorf, Franz (1852-1925) …………… 45,65,66
Cornwell, John (1940-) ………… 24
Courbet, Gustave (1819-1877) ……………………………… 298-299
Czernin, Ottokar (1872-1932) 44,65
Dali, Salvador (1904-1989) 206,207
Dante Alighieri (1265-1321) 16,50, 66,116
Dassault, Serge (1925-) ……… 302
Daudet, Alphonse (1840-1897) 268
Davies, Norman (1939-) … 250-252
De Gaulle, Charles (1890-1970) 268
Depew, Chauncy Mitchell (1834-1928) …………………… 152,176
Descartes, René (1596-1650) … 121
Diner, Dan (1946-) ……………… 2
Disraeli, Benjamin (1804-1881) 99

Dolfuß, Engelbert 1892-1934) … 61, 202,208
Dostoyevsky, Fyodor (1821-1881) ……… 205
Douglas, William Orville (1898-1980) ……… 284
Douzinas, Costas (1951-) ……… 23
Dreier, Horst (1954-) ……… 13
Dreyfus, Alfred (1859-1935) … 182
Drucker, Adolf …… 67,115,116,196, 324-325
Drucker, Karoline (née Bondy) … 67
Drucker, Peter (1909-) … 52,53,67, 111-125,196
Dumont, Lionel ……… 293
Duverger, Maurice (1917-) …… 245
Ebner, Ferdinand (1882-1931) …… 9
Elbe, Frank (1941-) ……… 260
Elgin (Thomas Bruce, the Seventh Earl of Elgin) (1766-1841) … 266
Elizabeth II (1926-) … 307-308,314
Elizabeth, the Queen Mother (1900-2002) ……… 307
Engels, Friedrich (1820-1895) … 59
Englard, Izhak (1933-) ……… 22
Evans, Jillian (1959-) ……… 316
Ewald (Friedländer), Oskar (1881-1940) ……… 5,58,68,69
Falkenhayn, Julius Graf von (1840-1921) ……… 169-171,174,175,178
Faunce, Sarah (1929-) ……… 299
Feder (née Kelsen), Maria (1915-1994) ……… 17,53,67,118,124
Feder-Lee, Anne ……… 17, 67,118,195,222,325
Feigl, Herbert (1902-1988) …… 204
Fejervary, Geza (1833-1914) … 192
Ferraro-Waldner, Benita (1948-) ……… 277-278
Fischer, Jacques ……… 192
Floquet, Charles Thomas (1828-1896) ……… 192
Fortas, Abe (1910-82) ……… 284
Frank, Philipp (1884-1966) …… 204
Frank, Simon (Semen Liudvigovich) (1877-1950) ……… 205
Frank, Wilhelm (1916-1999) 115,124
Franz Ferdinand (1863-1914) 65,206
Franz Joseph I (1830-1916) …… 186
Frei, Christoph (1960-) 75-109,324
Freud, Sigmund (1856-1939) 10,11, 58,69,93,201
Friedrich Wilhelm IV (1795-1861) ……… 123
Frisch, Karl von (1886-1982) … 276
Frum, David (1960-) ……… 285-286
Fuchs, Viktor Freiherr von (1840-1921) ……… 172,178
Fukuyama, Francis (1952-) 281-282
Fuller, Robert W. ……… 297
Füssl, Wilhelm (1955-) ……… 123
Gans, Eduard (1798-1839) …… 113
Gautsch von Frankenthurn, Paul Freiherr von (1851-1918) … 179
George I (1660-1727) ……… 308
Gessmann, Albert (1852-1920) … 164, 165,178
Gierke, Otto Friedrich von (1841-1921) ……… 100
Gleispach ……… 191

Glücksmann, Heinrich (1863-1947) …… 115,124
Gödel, Kurt (1906-1978) …… 204
Gogh, Theo van (1957-2004) … 283
Goldberg, Arthur Joseph (1908-1990) …… 284
Goluchowski Agenor (1849-1921) …… 189
Gorbachev, Mikhail (1931-) …… 302
Gore, Al (1948-) …… 291-292
Goya y Lucientes, Francisco José de (1746-1828) …… 206
Graefrath, Bernhard (1928-) … 66
Gregorig, Josef (1846-1909) 157-159, 163,165,167,176,186
Gross, Raphael (1966-) …… 15,18
Guggenheim, Paul (1899-1977) 78, 107
Gulick, Charles Adams (1896-1984) …… 34,62
Hagen, Johann Josef (1943-) … 60
Hahn, Hans (1880-1934) …… 204
Hamilton, Alexander (1757-1804) 99
Hamilton, Sacha (née Phillips) (1946-) …… 307
Hartmann, Nikolai (1882-1949) 108
Hayek, Friedrich August von (1899-1992) …… 276
Hebbel, Friedrich (1813-1863) 178
Hegel, Georg Wilhelm Friedrich (1770-1831) …… 101,102,105, 120,121,125
Heidegger, Martin (1889-1976) 23
Heisenberg, Werner (1901-1976) 6
Heller, Hermann (1891-1933) 4,16
Hergsell, Gustav …… 191
Hermias of Assos …… 232
Herzl, Theodor (1860-1904) … 182
Hinckeldey, Carl Ludwig Friedrich von (1805 - 1856) …… 192
Hindenburg, Paul von (1847-1934) …… 45,120,121,122
Hitler, Adolf (1889-1945) … 19,24,28, 59,64,248-249,256
Holansky …… 162
Holoubek, Michael (1962-) …… 183
Hobbes, Thomas (1588-1679) 10, 11, 22,28,106,223
Hold von Ferneck, Alexander (1875-1955) …… 36,62
Holofernes …… 163,178
Homeros …… 226,230-231
Horthy, Miklós (1867-1957) … 181
Hume, David (1711-1776) … 6,58, 70,319
Hump, Buffalo (?-1870) …… 175
Hundertwasser, Friedensreich (né Friedrich Strowasser) (1928-2000) …… 206,207
Huntington, Samuel Phillips (1927-) …… 281-282
Hussarek von Heinlein, Max (1865-1935) …… 37,45,46,63
Hussein, Saddam (1937-) …… 274, 287,288
Innitzer, Theodor (1875-1955) 23
Iro, Karl (1861-1934) …… 157,158, 164,167,176
Jabloner, Clemens (1948-) 4,9-11, 69,196,322

Jacquard, Albert（1929- ）……… 245
James, William（1842-1910）…… 104
Jefferson, Thomas（1743-1826） 11
Jelinek, Elfriede（1946-）……… 277
Jellinek, Georg（1851-1911）… 7,277
Jesus …………………………… 116
Joachim Franz Humbert, Prinz von Preußen（1890-1920）……… 82
John Paul II（1920-2005）… 214,219
Johnson, Bernard ……………… 80
Judith ……………………… 163,178
Jung, Edgar Julius（1894-1934）… 87
Kaczyński, Lech（1949-）……… 257
Kagan, Robert（1958-）………… 280
Kandel, Eric（1929- ）…………… 276
Kandinsky, Wassily（1866-1944） 202
Kann, Robert Adolf（1906-1981） 175
Kant, Immanuel（1724-1804） 5,6,7,58,81,102,103,123,197
Karl Franz Josef bon Habsburg-Lothringen（1887-1922） 32,33,35,37,44,54,61,66,68
Kaufmann, Erich（1880-1972）… 100-106,109,125
Kelsen, Adolf（1850-1907） 128-130
Kelsen（née Lowy）, Auguste（1860-1950）………………… 129
Kelsen, Ernst（1883-1936）… 53,67,118,119
Kelsen, Margarete（née Bondy）（1890-1973）………………… 67
Kelsen, Osias …………… 129,130
Kelsen, Paul Fritz（1897-1975）67,119
Kemal Atatürk, Mustafa（1881-1938）………………………… 230
Kerry, John Forbes（1943-） 286-287,291-292
Khrushchev, Nikita（1894-1971） 302
Kibritcioglu Aykut …………… 239
Kieres, Leon（1948-）………… 248
Kinnock, Glenys（1944-）……… 315
Kissinger, Henry Alfred（1923-） 109
Kister, Kurt（1957-）……… 254-255
Klabouch, Jiri（1927-）…… 127-131
Klein, Claude …………………… 11
Klein, Théo（1920-）…………… 270
Kleidel, Walter ……………… 30,60
Klestil, Thomas（1932-1904）… 277
Klestil-Loeffler, Margot … 277-278
Kletzenbauer, Gregor（1855-1923）……………………… 160,163,177
Klimt, Gustav（1862-1918）…… 206
Knight（né Kühnel）, Max（1909-1993）………………………… 123
小原雅俊………………………… 323
Kohl, Helmut（1930-）………… 260
Köhler, Horst（1943-）…… 246-247
Kohn, Walter（1923-）………… 276
Kokoschka, Oskar（1886-1980） 206
Kolb, Frank（1945-）…………… 231
近藤常恭………… 205,241-242,219
Kopernikus, Nikolaus（1473-1543）……………………………… 214
Korfmann, Manfred（1942-） 231,234
Kraft, Julius（1889-1960）……… 21
Kraft, Victor（1880-1975）……… 204
Kraft-Fuchs, Margrit（1902-1994） 21
Kramař, Karel（1860-1937）… 37,38,63,64,153
Kronawetter, Ferdinand（1838-

1930) ……………… 147,148,176
Kwasniewski, Aleksander (1954-) ………………………………… 246
Laband, Paul (1838-1918)……… 12
Lachmayer, Konrad …………… 183
Lammasch, Heinrich (1853-1920) 36, 38,46,62,63
Lang, Ignaz ……………… 150,151
Lange, Christian Lous (1869-1938) ……………………………… 37,62
Lask, Emil (1875-1915) …… 56,68
Lassalle, Ferdinand (1825-1864) 40
Laun, Rudolf (1882-1975)…… 36, 62, 65,70
Leben, Charles …………………… 8
Lecher, Ernst (1856-1926) 175,182
Lecher, Otto (1861-1939)… 142-156, 175
Lecher, Zacharias Konrad (1829-1905) ………………………… 175
Lederer, Emil ………………… 22
Leibniz, Gottfried Wilhelm (1646 - 1716) ………………………… 308
Leka I (1939-) ………………… 314
Lemisch …………………… 186,190
Lenin, Vladimir Ilich (1870-1924) 59, 302
Lewis, Bernard (1916-) ……… 282
Lieberman, Joseph (1942-) …… 291
Lipman, Maureen (1946-) …… 316
Lincoln, Abraham (1809-1865) … 84
Littman, Abraham (→ Kelsen, Adolf) ……………………………… 130
Littman, Osias (→ Kelsen, Osias) 130
Loewy, Aron …………………… 131
Lorenz, Konrad (1903-1989) … 276
Löwith, Karl (1897-1973)……… 98
Lueger, Karl (1844-1910) 158-160,162, 164,165,175-7,178,182
Luther, Martin (1483-1546) … 113, 114,116,123
Macchiavelli, Niccolò (1469-1527) 99
Mach, Ernst (1838-1916) …… 7,70
Mahler, Gustav (1860-1911) … 204
Malenkov, Georgi (1902-1988) 303
Manteuffel, Edwin (1809-1885) 192
Marshall, Thurgood (1908-1993) 284
Marx, Karl Heinrich (1818-1983) ……………………… 59,92,93,215
Masaryk, Thomas Garrigue (1850-1937) ……………… 37,63,64,195
Mascarò, Xavier (1965-) …… 206
Maßl, Wolfgang ………………… 60
Masur, Gerhard (1901-1975) 122,123
Maximilian Eugen Ludwig Friedrich Philipp Ignatius Joseph Maria von Hapsburf-Lothringen (1895-1952) ……………… 36,62
May, Arthur James (1899-1968) 61
Mayreder ……………………… 160
Mbeki, Moeletsi (1945-) ……… 265
Mbeki, Thabo (1942-) ………… 265
McVeigh, Shaun (1947-) ……… 23
Mead, Walter Russell (1952-) … 279
Medgyessy, Peter (1942-) …… 314
Meinecke, Friedrich (1862-1954) 79
Meinl, Julius (1869-1954) 35,36,37,62
Mengele, Josef (1911-1979) …… 216
Menzel, Adolf (1857-1938) 37,42,63
Métall, Rudolf Aladár (1903-1975)

3,10,16,20,21,30,38,39,43,52,54,55,60,65,104,114,123,128,129,195,210
Michelangelo, Buonarroti（1475-1564）…… 207
Milosz, Czeslaw（1911-2004）… 219
Mises, Ludwig von（1881-1973） 325
Mises, Richard von（1883-1953） 204
水野博子…… 208
Moeller van den Bruck, Arthur（1876-1925）…… 87
Moratinos, Miguel Angel（1951-） 267
Morgan, Forrest（1852-） 135,136,174
Morgenthau, Hans Joachim（1904-1980）…… 75-109,324
Morgenthau（née, Thormann）, Irma（ -1980）…… 76,78,80
Moses …… 202
Mosse, Albert（1846-1925）…… 216
Mosse, Martha（1884-1977）…… 216
Mountbatten, Louis（1900-1979） 295
Mozart, Wolfgang Amadeus（1756-1891）…… 198,204,207,225
Mugabe, Robert Gabriel（1924-） 265
Müller Friedrich（1873-1955）… 128
Muñoz, Lucio（1929-1998）…… 206
Müntefering, Franz（1940-）…… 259
Muralt, Alexander von（1903-1990）…… 68
Musil, Robert（1880-1942）…… 196
Mussolini, Benitò（1883-1945）… 87
Myers, Robert John（1924-）…… 79
Nader, Ralph（1934-）…… 292
南雲忠一（1887-1944）…… 296
中井和夫…… 225
Nawiasky, Hans（1880-1961） 77,83,92
Neil, Stuart …… 307
Neumann, Georg …… 223-224
Neumayer, Karl（1869-1940）… 77,83,92
Neurath, Otto（1882-1945）…… 204
Niethammer, Friedrich Immanuel（1766-1848）…… 122,123
Nietzsche, Friedrich（1844-1900） 23,77,79,81,91,92
Nikolai II（1868-1918）…… 303
Nippel, Wilfried（1950-）…… 318
Nipperdey, Hans Carl（1895-1968） 20
Nixon, Richard Milhous（1969-1974）…… 285,315
Noll, Alfred（1960-）…… 60
Nujoma, Sam（1929-）…… 263
Nye, Joseph（1937-）…… 279
Oberkofler, Gerhard（1941-） 29-69,114,115,123,325
Oestreicher（née Kelsen）, Anna 17,123
Offenbach, Jacques（1819-1880） 225
小熊英二…… 321
Oncken, Hermann（1869-1945） 76,83
大津留厚…… 201,208
Orszag, Peter（1968- ）…… 286
Pahlevi, Muhammad Reza Shah（1919-1980）…… 315
Pascal, Blaise（1623-1662）…… 108
Pastusiak, Longin（1935-）…… 260
Pattai, Robert（1846-1920） 161,162,177
Paulson, Stanley L.（1941-）…… 6
Pauly, Walter …… 7
Pelinka, Anton（1941-）…… 281-282

Peretz, Amir (1952-) ………… 273
Perras, Arne …………………… 262
Pessler …………………… 146,147
Peters, Karl (1856-1918) ……… 262
Pilatus, Pontius (?-39?) 16,58,70,116
Pius XII (Eugenio Pacelli) (1876-1958) …………………… 24,202
Platon (429-347B.C) …… 16,58,232
Pohamba, Hifikepunye (1935-) 263-264
Poltzer-Hoditz, Arthur (1870-1945) ……………………………… 35,36,62
Powell, Colin (1937-) ………… 248
Preuß, Hugo (1860-1925) ……… 20
Primakov, Yevgeny Maksimovich (1929-) ……………………… 303
Prince Philip, Duke of Edinburgh (1922-) ……………………… 307
Prochazka, Julius (1863-1916) 161,162,177
Prochazka, Stefan ……………… 240
Putin, Vladimir (1952-) ………… 303
Queen Susan of Albania (1941-2004) …………………… 314-315
Rabofsky, Alfred (1919-1944) … 59
Rabofsky, Eduard (1911-1994) 29-69,114,115,123
Ranke, Leopold von (1795-1886) 101
Raszwetaeva, Maria … 204-206,241
Reagan, Ronald Wilson (1911-2004) ………………………… 287
Redlich, Joseph (1869-1936) 37,62,63
Rehnquist, William Hubbs (1924-) ……………………………… 285
Reiter, Janusz (1952-) ………… 260
Renner, Karl (1870-1850) … 40,46,61,64
Resch …………………… 186,187
Rice, Condoleezza (1954-) …… 286
Rice, Susan E. ………………… 286
Richelieu, Armand Jean du Plessis, Cardinal, Duc de (1585-1642) 84,99,143,175
Richter, Elise (1865-1943) …… 199
Ridsdale, Julian (1915-2004) 294-295
Riefenstahl, Leni (1902-2003) … 241
Riruako, Kauma ……………… 261
Robertson, George (1946-) …… 279
Rochow-Plessow, Hans von (1824 - 1891) ………………………… 192
Rosenzweig, Franz (1886-1929) … 9
Rosé, Alma (1906-1944) ……… 216
Ross, Alf (1899-1978) …………… 6
Roth, Joseph (1894-1939) … 220-222
Rothenbücher, Karl (1880-1932) 76,83
Rousseau, Jean-Jacques (1712-1778) ………………………… 13
Rüb, Matthias (1962-) …… 278-281
Rumsfeld, Donald Henry (1932-) 292
Rüthers, Bernd (1930-) ……… 18
Sacher-Masoch, Leopold von (1836-1895) ………………………… 224
Saint George (-303?) ………… 223
Salamon, Julie ………………… 298
Sander, Fritz (1889-1939) … 31,60
山東昭子………………………… 241
Scalia, Antonin (1936-) ………… 285
Schager, Albin (1877-1941) … 32,36,42,61
Scheicher, Joseph (1842-1924) 161,

177
Scheler, Max (1874-1928) …… 103
Schelling, Friedrich Wilhelm Joseph von(1775-1854) ………… 121,123
Schiele, Egon (1890-1918) …… 206
Schleicher, Kur von (1882-1934) 27
Schlick, Moritz (1882-1936) …… 199
Schliemann, Heinrich (1822-1890) ………………………………… 230
Schmitt, Carl (1888-1985) 1-28,77,79,81,95-100,105,106,122,323,324
Schönberg, Arnold (1874-1951) 199
Schönerer, Georg von (1842-1921) …… 162,163,165,167,168,177,178
Schopenhauer, Arthur (1877-1960) ………………………… 7,9,104
Schrammel, Anton (1852-1917) 157
Schröder, Gerhard (1944-) … 248,252-260
Schrödinger, Erwin (1887-1961) 199
Schubert, Franz (1797-1928) 199,242
Schücking, Walter (1875-1935) 84
Schüschnigg, Kurt von (1897-1977) ………………………… 202,208
Schüssel, Wolfgang (1945-) …… 277
Schwarzwald (née Nußbaum), Eugenie(1872-1940) ………… 196
Schweppe, Reinhard …………… 260
Schwind, Ernst (1865-1932) … 49,65
Schwind, Fritz (1913-) ………… 65
Seidler, Ernst (1862-1931) … 45,66
Seipel, Ignaz (1876-1932) ……… 204
Sestanovich, Stephen (1950-) … 288
Shakespeare, William (1564-1616) ………………………… 299-300
Sharon, Ariel (1928-) …… 269-270
柴田寿子………………………… 324
Sinzheimer, Hugo (1875-1945) 77,92,107,122
Sitkovsky, Andrei ………… 249-250
Sitruck, Joseph ………………… 270
Smend, Rudolf (1882-1975) 77,79,83,84,91,92,105,109
Smith, Adam (1723-1790) …… 319
Sokol, Ronald …………………… 283
Soloviev, Vladimir Sergeyevich (1853-1900) ………………… 205
Sperl, Hans (1861-1959) …… 37,63
Speusippos (408?-339 B.C.) …… 232
Spinoza, Baruch (1732-1777) … 89
Spreitzer, Chie ………………… 226
Stahl, Friedrich Julius (1802-1861) ………… 112,113,116,119-123,324
Stalin, Joseph (1879-1953) 210,211,247,255,302-305
Stammler, Rudolf (1856-1938) … 101,103
Stapel, Wilhelm (1882-1954) … 16
Steinbach, Erika (1943-) ……… 260
Stier-Somlo, Fritz (1873-1832) … 19
Stöger-Steiner, Rudolph (1861-1921) ………… 31-35,47,54,55,61
Stolleis, Michael (1941-) ……… 21
Strauss, Johann (1825-1899) 148,207
Strauss, Leo (1899-1973) 88,89,324
Streicher, Julius (1885-1946) … 97
Stresemann, Gustav (1878-1929) 238
Strobach, Josef (1852-1905) … 161,163,177
Strong, David Fales (1899-) …… 68

Strupp, Karl (1886-1940) …… 77,92
Sylvester Julius (1854-1944) … 186, 187,190
Taaffe, Eduard Graf von (1833-1895) ………………………… 178
Talbott, Strobe (1946-) … 286,288
田中克彦………………………… 213
Taylor, Alan John Percivale (1906-1990) …………………… 174,181
Thacker, Robert ……………… 294
Thatcher, Margaret (1925-) …… 235
Thomas, Clarence (1948-) …… 285
Thomas Aquinas (1225-1274) … 16
Thompson, Kenneth Winfred (1921-) …………………… 79,89
Thoukydides (460?-395 B.C.) … 99
Tiersch, Friedrich (1784-1860) 122
Tiziano, Vecellio (1488?-1577) 206
Traun-Trauneck, Max von (?-1938) …………………… 52,67,117,196
Treitschke, Heinrich Gotthard von (1834-1896) ………………… 113
Triepel, Heinrich (1868-1946) … 76, 83,92
Troper, Michel (1938-) ………… 14
Tschaikovsky, Piotr Ilyitch (1840-1893) ………………………… 205
塚本明子………………………… 241
Twain, Mark (1835-1910) … 133-183, 322
Tweed, William Marcy (1823-1878) ………………………… 150,176
Twesten, Karl (1820-1879) …… 192
Uexküll …………………… 186-9
Unger, Leopold (1922-) ……… 210
Ullmann, Viktor (1898-1944) … 216
Urban, Thomas (1954-) ………… 259
Verdi, Giuseppe Fortunino Francesco (1813 - 1901) ………………… 225
Verdroß, Alfred (1890-1980) 30,60
Verdroß Edler von Droßberg, Ignaz (1851-1931) ……………… 30,60
Victor Emmanuel III (1869-1947) ………………………………… 314
Vielohlawek, Hermann (1861-1918) ………… 161,162,163,177
Vinocur, John …………………… 281
Virchow, Rudolf (1821-1902) … 192
von Hase, Raimar (1948?-) …… 263
Walter, Robert (1931-) …… 114,194, 197,325
Warren, Earl (1907-1995) 284-285
Warrington, Ronnie (1947-) …… 23
Warschauer, Malwin (1871-1955) 86
Washington, George (1732-1799) 84
Weber, Max (1864-1920) …… 76,79, 83-84,91-92,104,324
Wehberg, Hans (1885-1962) … 84
Weininger, Otto (1880-1903) 16,68
Weiskirchner, Richard (1861-1926) ……………………………… 31,60
Weizsäcker, Richard von (1920-) 255
Welsersheimb ……… 186,187,191
Weyr, Frantisek (Franz) (1879-1951) ……………… 131,195,209
Weyrich, Paul (1942-) ………… 287
Wiegand, Christian …………… 123
Wieczorek-Zeul, Heidemarie (1942-) ………………………………… 261
Wilhelm II (1859-1941) … 45,68,82

Wilson, Woodrow (1856-1924) 44, 46,50,96
Wohlmeyer ……………… 160,162
Wolf, Karl Hermann (1862-1941) 145-154,175,176,163,164,168,171, 175,185-192
Wronski, Pawel ………………… 248
柳沢伯夫……………………… 322
Yushchenko, Viktor (1954-) …… 212
Yanukovich, Viktor (1950) …… 212
Yeltsin, Boris (1931-) 288,302-303
Zeleny, Klaus ……………… 197,325
Zimmermann …………………… 188
Zogu I (1895-1961) …………… 314
Zweig, Stefan (1881-1942) …… 37, 63,237

文献表

再版・翻訳

1. Felix Ermacora, *Österreichische Bundesverfassung und Hans Kelsen : Analysen und Materialien : zum 100. Geburtstag von Hans Kelsen*, W. Braumüller, 1982.
2. *Vergeltung und Kausalität*, mit einer Einleitung von Ernst Topitsch, Hermann Bohlaus, 1982.
3. *Reine Rechtslehre*, Deuticke, 1983.
4. *Hauptprobleme der Staatsrechtslehre : entwickelt aus der Lehre vom Rechtssatze*, Scientia, 1984.
5. *Die Illusion der Gerechtigkeit : eine kritische Untersuchung der Sozialphilosophie Platons*, aus dem Nachlass herausgegeben von Kurt Ringhofer und Robert Walter, Manz, 1985.
6. *Das Problem der Souveränität und die Theorie des Völkerrechts*, Inter Documentation Co., 1986.
7. *La justice constitutionnelle et la Haute cour constitutionnelle d'Autriche*: （édition de 1928）, traduit par Charles Eisenmann, Economica, 1986.
8. *On the issue of the continental shelf : two legal opinions*, Springer-Verlag, 1986.
9. *Unrecht und Unrechtsfolge im Völkerrecht*, Inter Documentation Co., 1986.
10. *Reine Rechtslehre*, Scientia, 1985, Springer-Verlag, 1987.
11. Stanley L. Paulson（ed.）, *Die Rolle des Neukantianismus in der Reinen Rechtslehre : eine Debatte zwischen Sander und Kelsen*, Scientia Verlag, 1988.
12. *La démocratie : sa nature, sa valeur*, traduction de Charles Eisenmann; pré sentation de Michel Troper, Economica, 1988.
13. Gerd Roellecke（ed.）, *Rechtsphilosophie oder Rechtstheorie?* Wissenschaftliche Buchgesellschaft, 1988.
14. *The communist theory of law*, F. B. Rothman, 1988.
15. *Théorie pure du droit,* adaptée de l'allemand par Henri Thévenaz. 2. éd. Éditions de la Baconnière, 1988.
16. *Pure theory of law,* translation from the second（revised and enlarged）German edition by Max Knight, Peter Smith, 1989.

17. *Staat und Naturrecht : Aufsätze zur Ideologiekritik,* mit einer Einleitung, herausgegeben von Ernst Topitsch, W. Fink, 1989.
18. *General theory of norms,* translated by Michael Hartney, Clarendon Press, 1991.
19. Stanley L. Paulson (ed.), *Hans Kelsen und die Rechtssoziologie : Auseinandersetzungen mit Hermann U. Kantorowicz, Eugen Ehrlich und Max Weber*, Scientia Verlag, 1992.
20. *Introduction to the problems of legal theory*, a translation of the first edition of the *Reine Rechtslehre,* translated by Bonnie Litschewski Paulson and Stanley L. Paulson ; with an introduction by Stanley L. Paulson, Clarendon Press, 1992.
21. *Reine Rechtslehre*, Österreichische Staatsdruckerei, 1992.
22. *Allgemeine Staatslehre*, Österreichische Staatsdruckerei, 1993.
23. *Reine Rechtslehre*, 1. Aufl., Scientia-Verl., 1994.
24. *Théorie générale des normes,* traduit par Olivier Beaud et Fabrice Malkani, Presses universitaires de France, 1996.
25. *Law and peace in international relations*, Hein & Co., 1997.
26. *Théorie générale du droit et de l'État,* traduit de l'anglais par Beatrice Laroche ; introduction de Stanley L. Paulson, Bruylant, 1997.
27. *Society and nature : a sociological enquiry*, Routledge, 1998.
28. Stanley L. Paulson & Bonnie Litschewski Paulson (eds.), *Normativity and Norms: Critical Perspectives on Kelsenian Themes*, Clarendon, 1998.
29. *General theory of law and state*, Lawbook Exchange, 1999.
30. *Peace through law*, Lawbook Exchange, 2000.
31. *Reine Rechtslehre*, Nachdruck, 2000, Österreichische Staatsdruckerei, 2000.
32. *Society and nature : a sociological enquiry*, Lawbook Exchange, 2000.
33. *The law of the United Nations : a critical analysis of its fundamental problems,* with supplement, Lawbook Exchange, 2000.
34. *Was ist Gerechtigkeit?* Nachwort von Robert Walter, Reclam, 2000.
35. *What is justice? : justice, law, and politics in the mirror of science*, Lawbook Exchange, 2000.
36. *Collective security under international law*, Lawbook Exchange, 2001.
37. *Écrits français de droit international*, Presses Universitaires de France, 2001.
38. *Pure theory of law,* translation from the second (revised and enlarged) Ger-

man edition by Max Knight, Lawbook Exchange, 2002.
39. *Principles of international law*, Lawbook Exchange, 2003.
40. Hans Kelsen, Eugen Ehrlich, *Rechtssoziologie und Rechtswissenschaft : eine Kontroverse* (*1915/17*), mit einer Einführung von Klaus Luderssen, Nomos, 2003.

研究書

1. Felix Ermacora (ed.), *Die Österreichische Bundesverfassung und Hans Kelsen : Analysen und Materialien*, zum 100. Geburtstag von Hans Kelsen, W. Braumü ller, 1982.
2. *Die Reine Rechtslehre in wissenschaftlicher Diskussion,* Referate und Diskussion auf dem zu Ehren des 100. Geburtstages von Hans Kelsen von 22. bis 27. September 1981 abgehaltenen internationalen Symposion, Manz, 1982.
3. Werner Krawietz, Ernst Topitsch & Peter Koller (eds.), *Ideologiekritik und Demokratietheorie bei Hans Kelsen*, Duncker & Humblot, 1982.
4. Werner Krawietz & Helmut Schelsky (eds.), *Rechtssystem und gesellschaftliche Basis bei Hans Kelsen*, Duncker & Humblot, 1984.
5. Robert Walter, *Hans Kelsen : ein Leben im Dienste der Wissenschaft* : Bericht über die Enthüllung der Buste Kelsens, Manzsche Verlags- und Universitätsbuchhandlung, 1985.
6. Richard Tur & William Twining, *Essays on Kelsen*, Clarendon Press, 1986.
7. *La philosophie du droit de Hans Kelsen*, Centre de publications de l'Université de Caen, 1986.
8. Horst Dreier, *Rechtslehre, Staatssoziologie und Demokratietheorie bei Hans Kelsen*, Nomos, 1986.
9. Salvo Mastellone, *Storia della democrazia in Europa: da Montesquieu à Kelsen*, Libreria, 1986.
10. Francis Jaeger, *Le problème de la souveraineté dans la doctrine de Kelsen*, Inter Documentation Co., 1987
11. Stanley L. Paulson (ed.), *Die Rolle des Neukantianismus in der Reinen Rechtslehre : eine Debatte zwischen Sander und Kelsen*, Scientia Verlag, 1988
12. Gerhard Oberkofler & Eduard Rabofsky, *Hans Kelsen im Kriegseinsatz der k. u. k. Wehrmacht : eine kritische Würdigung seiner militärtheoretischen Angebote*,

Peter Lang, 1988.
13. Friedrich Koja (ed.), *Hans Kelsen, oder die Reinheit der Rechtslehre*, Bohlau Verlag, 1988.
14. Vittorio Frosini, *Kelsen e il pensiero giuridico italiano: Saggi su Kelsen e Capograssi*, Giuffre, 1988.
15. Luis Martinez Roldan, *Nueva aproximacion al pensamiento juridico de Hans Kelsen*, La Ley, 1988.
16. Sohuily Félix Acka, *Droit et science dans la pensée de Hans Kelsen: contribution a la théorie pure du droit*, Université de Lille, 1989.
17. Lino Rizzi, *Legittimità e democrazia: studio sulla teoria politica di Hans Kelsen*, A. Giuffre, 1990.
18. Keekok Lee, *The legal-rational state : a comparison of Hobbes, Bentham, and Kelsen*, Avebury, 1990.
19. Norberto Bobbio, *Diritto e potere : saggi su Kelsen*, Edizioni Scientifiche Italiane, 1992.
20. Gaetano Pecora, *La democrazia di Hans Kelsen*, Esi, 1992.
21. Walter Preiss, *Hans Kelsens Kritik am Naturrecht : die Naturrechtslehre, eine vergebliche Suche nach absoluter Gerechtigkeit*, P. Lang, 1993.
22. Francisco Cabrera, *Fondement anthropologique de la théorie du droit de Kelsen*, Beginn, 1994.
23. Cécile Tournaye, *Kelsen et la sécurité collective*, LGDJ, 1994.
24. Günther Winkler, *Rechtswissenschaft und Rechtserfahrung: Methoden- und erkenntniskritische Gedanken über Hans Kelsens Lehre und das Verwaltungsrecht*, Springer-Verlag, 1994.
25. Gaetano Pecora, *I pensatori politici: Kelsen*, Laterza, 1995.
26. Carlos-Miguel Herrera (ed.), *Le droit, le politique : autour de Max Weber, Hans Kelsen, Carl Schmitt*, Harmattan, 1995.
27. Michael W. Hebeisen, *Souveränität in Frage gestellt : die Souveränitätslehren von Hans Kelsen, Carl Schmitt und Hermann Heller im Vergleich*, Nomos, 1995.
28. Alfred Rub, *Hans Kelsens Völkerrechtslehre, Versuch einer Würdigung*, Schulthess, 1995.
29. Nicoletta Bersier Ladavac, *Hans Kelsen à Genève (1933-1940)*, Thémis, 1996.
30. David Dyzenhaus, *Legality and legitimacy : Carl Schmitt, Hans Kelsen, and*

Hermann Heller in Weimar, Clarendon Press, 1997.

31. Carlos Miguel Herrera, *Théorie juridique et politique chez Hans Kelsen*, Kime, 1997.
32. Carsten Heidemann, *Die Norm als Tatsache, Zur Normentheorie Hans Kelsens*, Nomos, 1997.
33. Robert Walter & Clemens Jabloner (eds.), *Hans Kelsens Wege sozialphilosophischer Forschung*, Manz, 1997.
34. Matthias Eberl, *Verfassungsgerichtsbarkeit bei Kelsen, Heller und C. Schmitt*, Henning Ottmann, 1997.
35. Detlef Lehnert, "*Staatslehre ohne Staat*"? *: zum kritischen Auftrag der rechts- und demokratietheoretischen Konzeption von Hans Kelsen gegenüber deutschen Staatsvorstellungen*, Institut für staatswissenschaften Fakultät für Sozialwissenschaften, Universität der Bundeswehr München, 1998.
36. Agostino Carrino, *Die Normenordnung : Staat und Recht in der Lehre Kelsens*, Springer, 1998.
37. Dan Diner & Michael Stolleis (eds.), *Hans Kelsen and Carl Schmitt : a juxtaposition*, Bleicher Verlag, 1999.
38. David Dyzenhaus, *Legality and legitimacy : Carl Schmitt, Hans Kelsen and Hermann Heller in Weimar*, Oxford University Press, 1999
39. Robert Walter, *Hans Kelsens Rechtslehre*, Nomos, 1999.
40. Carlos Miguel Herrera (dir.), *Actualité de Kelsen en France*, LGDJ, 2001.
41. Charles Leben, *Hans Kelsen : écrits français de droit international*, Presses Universitaires de France, 2001.
42. Clemens Jabloner & Friedrich Stadler (eds.), *Logischer Empirismus und Reine Rechtslehre : Beziehungen zwischen dem Wiener Kreis und der Hans Kelsen-Schule*, Springer, 2001.
43. Alexander Somek, *Soziale Demokratie : Jean-Jacques Rousseau, Max Adler, Hans Kelsen und die Legitimität demokratischer Herrschaft*, Verlag Österreich, 2001.
44. Jochen von Bernstorff, *Der Glaube an das universale Recht : zur Völkerrechtstheorie Hans Kelsens und seiner Schüler*, Nomos, 2001.
45. Uta Bindreiter, *Why Grundnorm? : a treatise on the implications of Kelsen's doctrine*, Kluwer Law International, 2002.

46. Pierre Hack, *La philosophie de Kelsen : épistémologie de la théorie pure du droit*, Helbing & Lichtenhahn, 2003.

47. Robert Christian van Ooyen, *Der Staat der Moderne : Hans Kelsens Pluralismustheorie*, Duncker & Humblot, 2003.

48. Marco Haase, *Grundnorm - Gemeinwille - Geist: der Grund des Rechts nach Kelsen, Kant und Hegel*, Mohr Siebeck, 2004.

49. Marc Schutze, *Subjektive Rechte und personale Identität : die Anwendung subjektiver Rechte bei Immanuel Kant, Carl Schmitt, Hans Kelsen und Hermann Heller*, Duncker & Humblot, 2004.

50. Stanley L. Paulson & Michael Stolleis (eds.), *Hans Kelsen - Staatsrechtslehrer und Rechtstheoretiker des 20. Jahrhunderts*, Mohr Siebeck.

51. Robert Walter, Clemens Jabloner &. Klaus Zeleny (eds.), *Hans Kelsen und das Volkerrecht*, Ergebnisse eines Internationalen Symposiums in Wien (1.-2. April 2004) / Manz'sche Wien.

52. *Collana Diritto e cultura : per la storia della filosofia sociale tedesca da Jhering a Kelsen*, Scientifiche Italiane.

53. Frantisek Weyr (ed.), *Rechts- u. Staatswissenschaftliche Studien* (*Spisy z oboru právní a státní vedy*), Taussig & Taussig.

著者紹介

長尾 龍一　（ながお りゅういち）

1938年　中国東北部斉々哈爾市生れ

1961年　東京大学法学部卒業。東京大学助教授を経て，1980年より東京大学教養学部教授，1998年より日本大学法学部教授（専攻・法哲学・政治思想史・憲法思想史）。

主要著書

『ケルゼンの周辺』（木鐸社・1980年），『リヴァイアサン』（講談社・1994年），『西洋思想家のアジア』（信山社・1998年），『文学の中の法』（日本評論社・1998年），『争う神々』（信山社・1998年），『されど、アメリカ』（信山社・1999年），『ケルゼン研究Ⅰ』（信山社・1999年），『法哲学批判』（信山社・1999年），『植原悦二郎集』（共編，信山社・2005年），編著『探求の生涯 ― 長尾克子（1938 ― 2003）の軌跡』（日刊工業新聞社・2004年）ほか。

信山社叢書

ケルゼン研究 II

2005年6月20日　初版第1刷発行

著　者　長尾龍一

装幀者　石川九楊

発行者　今井 貴＝村岡侖衛

発行所　信山社出版株式会社

113-0033　東京都文京区本郷6-2-9-102

TEL 03-3818-1019　FAX 03-3818-0344

印刷 亜細亜印刷　製本 渋谷文泉閣

ISBN 4-7972-5110-7 C 3332